Wolfgang Hien

Kranke Arbeitswelt

Wolfgang Hien ist Leiter des Forschungsbüros für Arbeit, Gesundheit und Biographie, Bremen, und Lehrbeauftragter der Universität Bremen. 2008 erschien von ihm bei VSA: »›Irgendwann geht es nicht mehr‹. Älterwerden und Gesundheit im IT-Beruf«.

Wolfgang Hien

Kranke Arbeitswelt

Ethische und sozialkulturelle Perspektiven

VSA: Verlag Hamburg

www.vsa-verlag.de

Umschlagfoto: kallejipp / photocase.de

Druck und Buchbindearbeiten: CPI books GmbH, Leck
ISBN 978-3-89965-703-6

Inhalt

Einleitung – »neue Autonomie« in der Arbeitswelt 7

1. Zur Geschichte der Arbeits- und Sozialmedizin – Anmerkungen aus ethischer und sozialpolitischer Sicht

Public-Health-Praxis braucht Berufsethik 20
Plädoyer aus historischer Perspektive

Geschichte der Arbeitsmedizin von der Monarchie bis zur Bundesrepublik 33
Der Landesgewerbearzt Franz Xaver Koelsch

Arbeitsmedizin im Nationalsozialismus 42
Die verdeckte Geschichte des Ernst Wilhelm Baader

2. Die tödlichen Folgen der kapitalistischen Fortschrittslogik

Die Asbestkatastrophe 47
Geschichte und Gegenwart einer Berufskrankheit

3. Neoliberale Arbeitsverhältnisse: Angriff auf unser Menschsein, Konturen neuer Widerstandspotenziale

Der kalkulierte menschliche Kollateralschaden 78
Die Zerstörung der Persönlichkeit im Neoliberalismus

Restrukturierungen – schicksalhaft gegeben? 94
Zu den gesundheitlichen Folgen verselbständigter Verwertungsprozesse

Paradoxien der betrieblichen Gesundheitspolitik – und mögliche Auswege 111
Ein Diskussionsbeitrag

4. Kapitalistische Landnahme im Gesundheitswesen

Krankenhausarbeit unter Ökonomisierungsdruck 123
Teilnehmende Beobachtung psychischer Belastungen

5. Über die Arbeit hinaus: gegen entfremdete Körperlichkeit – für eine Kultur der Leiblichkeit und Solidarität

Arbeit, Gesundheit und Leben 145
Eine kritisch-theoretische Perspektive

Leiblichkeit 161
Eine ebenso elementare wie schwierige Kategorie
einer kritischen Theorie des Subjekts

Postskriptum 180
Feministische, postfeministische und humanistische Perspektiven

Literatur 185

Nachweise 199

Einleitung – »neue Autonomie« in der Arbeitswelt

Allenthalben ist von einer »neue(n) Arbeitskultur« die Rede, die, befördert durch die »digitale Revolution«, einen neuen Typus von Arbeit, »Arbeit 4.0«, hervorbringen würde. Die industrie- und arbeitssoziologische, ebenso die arbeitswissenschaftliche und arbeitspsychologische Literatur, überschlägt sich im Bemühen, die proklamierten Neuerungen mit den ihnen zugänglichen empirischen Gegebenheiten auf einen Nenner und das Ganze irgendwie auf einen wissenschaftlichen Begriff zu bringen (z.B. Ulich/Wülser 2012; Sauer 2013). Gerade auch der Angriff auf unsere Gesundheit wird breit thematisiert (Kratzer/Dunkel et al. 2011; Becker et al. 2014; Georg/Peter et al. 2015).

Dagegen wäre nichts zu sagen, wenn nicht den Publikationen oftmals der Geruch der Anpassung anhaften würde – der Anpassung an vorgegebene Förderprogramme und Sprachspiele der überwiegend staatlichen Auftraggeber, die sich eine Aufrechterhaltung des Wirtschaftsstandortes unter den tradierten gesellschaftspolitischen Vorzeichen wünschen. Die sogenannten Keywords springen einem ins Auge: »Motivation«, »Produktivität«, »Kreativität«, »Wettbewerbsfähigkeit« und viele derartige mehr. Nur wenige Publikationen fallen etwas aus dem Rahmen, indem sie – was eigentlich jede gute Wissenschaft tun sollte – diese Keywords kritisch unter die Lupe nehmen. Zu nennen ist hier das lesenswerte Kompendium von Sighard Neckel und Greta Wagner: »Leistung und Erschöpfung« (Neckel/Wagner 2013). Doch die Mehrzahl der soziologischen Analysen dreht sich m.E. im Kreis empirischer und begrifflicher Beschränktheiten, die ihnen die Struktur des herrschenden Akademismus auferlegt.

Die im vorliegenden Buch enthaltenen Beiträge versuchen erst gar nicht, in diesem Sinne »anschlussfähig« zu sein. Sie legen bewusst die Finger in die Wunden »unserer« Arbeitsgesellschaft. Anders formuliert: Dieses Buch versteht sich als kritisch-kursorische Thematisierung nach wie vor wirksamer alter wie neuer Entwicklungen in »unserer« Arbeitswelt, welche die körperliche und psychische Gesundheit der Arbeitenden angreifen und zermürben. Das »unser« steht in Anführungsstrichen, weil der Autor dieser Zeilen davon ausgeht, dass Ziele, Zwecke und Bedingungen der Arbeitswelt, der wir ausgesetzt sind, nicht von »uns«, auch nicht von anonymen Marktgesetzen, sondern von Macht- und Herrschaftsstrukturen und insofern von konkreten Akteuren der Wirtschaftseliten bestimmt werden. Der Begriff

»Gesellschaft« bzw. »Arbeitsgesellschaft« soll anzeigen, dass es um diesen Macht- und Herrschaftszusammenhang geht und nicht nur um die Beschreibung der Wunden, die jener verursacht.

Die »schöne neue Arbeitswelt« entpuppt sich bei näherem Hinsehen – zumindest in ihrem Kern: harte Arbeit, deren Mehrwert in die Taschen der Kapitaleigner fließt – als wenig schön und wenig neu. Das Institut für Arbeit und Qualifikation (IAQ) der Universität Duisburg-Essen berechnet auf Grundlage aller verfügbaren Daten regelmäßig, wie viele Erwerbstätige unter welchen Lohn- und Arbeitsbedingungen arbeiten. In der Gesamtschau der IAQ-Reporte (www.iaq.uni-due.de/iaq-report) schält sich folgendes Bild heraus: Ein Drittel der abhängig Beschäftigten arbeitet unter insgesamt prekären Verhältnissen, zumeist unter körperlich anstrengenden Bedingungen, sozial wenig oder überhaupt nicht abgesichert, mit einem Einkommen, das an oder unter der Armutsgrenze von knapp 1000 Euro liegt. Ein weiteres Drittel kann dem Handwerk und eher kleinbetrieblichen Sektoren zugerechnet werden. Auch hier sind die Arbeitsbedingungen eher hart, und die Bruttolöhne liegen unterhalb von 2300 Euro, was netto etwa 1500 Euro ausmacht. Ein weiteres Drittel besteht hauptsächlich aus Stammbelegschaften großer Betriebe – wobei Produktions- und Angestelltenbereich jeweils etwa die Hälfte ausmachen –, in denen besser verdient wird und im oberen Management bekanntermaßen exorbitante Spitzeneinkommen erzielt werden.

Im Resultat dieser Befunde arbeiten mehr als die Hälfte aller Erwerbstätigen auch in Deutschland unter körperlich harten Bedingungen, was sich nicht zuletzt an den Krankheitsdaten zeigt. Muskel-Skelett-Erkrankungen stehen immer noch an erster Stelle in der Krankheitsarten-Statistik, und unter diesen Bandscheiben- und Gelenkschäden sowie Nervenschäden im Hand-Armbereich. Alleine für das Karpaltunnelsyndrom – eine schmerzhafte Nervendruckschädigung im Bereich des Handgelenks – wird eine Erkrankungsprävalenz von zehn Prozent aller Erwerbstätigen angenommen (Giersiepen/Spalek 2011).

Ein Großteil dieser Erkrankungen ist arbeitsbedingt, genauer: Die Arbeit steuert 30-50% zur Krankheitshäufigkeit bei. Ein Bruchteil davon wird als Berufskrankheit angezeigt, fast keine davon gelangt zur Anerkennung. Die weltweit hochgelobte Deutsche Gesetzliche Unfallversicherung (DGUV), einer der Grundpfeiler des Sozialstaates, versagt kläglich. Die Kosten von arbeitsbedingten Erkrankungen trägt die Allgemeinheit der Arbeiter/innen selbst.

An diesem Punkt erleben wir eine Metamorphose: Das schöne Bild der Gewissheit, sozial abgesichert zu sein, zerrinnt und wandelt sich in das weniger schöne Bild der Sozialstaatsillusion. Bestürzend ist die Empirie des Asbestproblems. Die anerkannten Asbest-Todesfälle in Deutschland betragen jährlich mehr als 1.500; die Dunkelziffer, insbesondere beim Lungenkrebs ist hoch; weltweit sterben pro Jahr mehr als 100.000 Menschen an den Folgen der Asbestexposition. Arbeitsschutz, Arbeitsmedizin und Sozialrecht haben sich jahrzehntelang eher als Institutionen des Verhinderns, der Abwehr und des Verleugnens denn als Institutionen der Hilfe und Vorbeugung hervorgetan. Die Menschen werden – im Durchschnitt – zwar älter, doch viele werden vorzeitig krank. Ihre Lebensbahn gerät auf ein Gleis, das von Angst, Schmerzen und Stigmatisierung umsäumt ist. Erschreckend ist die Ungleichheit bei Krankheit und Tod: Arbeiter/innen sterben mehr als zehn Jahre früher verglichen mit Wohlhabenden.

In Bremen beispielsweise lässt sich dieser krasse Unterschied an den Stadtteildaten ablesen: Schwachhausen ist reich und langlebig, Gröpelingen ist arm und lebt um ein Jahrzehnt kürzer. Die deutsche Arbeits- und Sozialmedizin hat – als Teil des modernen Medizinsystems und seiner tradierten Ideologien – an der Genese dieses bestürzenden Zustandes einen ebenso beachtlichen wie unrühmlichen Anteil. Menschen wurden unterteilt in wertvolle und weniger wertvolle Mitglieder der Gesellschaft. Menschen unterer Klassen und Schichten galten den Mediziner/innen als weniger wertvoll, ihre schwere und schädliche Arbeit mit all ihren Folgen galt ihnen als eher schicksalhaft gegeben denn als vermeidbare und zu bekämpfende. Die große Tradition der sozialethisch orientierten Arbeits- und Sozialmedizin wurde, da ihre Vertreter zumeist Juden waren, 1933 zerbrochen, ihre Vertreter aus Deutschland vertrieben. Die Konstitutions- und Selektionsmedizin blieb, und sie konnte sich lange – bis in unsere Tage hinein – als alleingültige beweihräuchern.

Krankheit erzeugt in manchen Ohren einen durchaus positiven Klang: An Krankheit lässt sich mittlerweile viel verdienen. Durch die schwarz-rot-grün befürwortete Einführung der Fallpauschalen und die politisch gewollten und gnadenlos durchgepeitschten Ökonomisierungs-Diktate mutiert das Gesundheitswesen zur »Gesundheitswirtschaft«. Die Leidtragenden sind nicht einmal hauptsächlich die Kranken, denn viele Ärzte und Ärztinnen und so gut wie alle Pfleger und Schwestern, die Altenpfleger/innen, die Physiotherapeut/innen sowie die Vielzahl der anderen im Gesundheitswesen engagierten Beschäftigten geben mehr, viel mehr als das, was ihnen die Gesundheitsökonomie zuweist. Die hauptsächlich Leidtragenden sind die Gesundheitsarbeiter/innen, insbesondere die Krankenhausarbeiter/innen. Deren Arbeitsleistung geht in den letzten Jahren weit über das erträgliche Maß der Belastbarkeit hinaus. Und ein Ende dieses unhaltbaren Zustandes ist nicht abzusehen. Die Großverdiener in der »Gesundheitswirtschaft« sind die Pharmakonzerne, die Medizingeräte-Hersteller, die Krankenhaus- und Pflegekonzerne und die spezialisierten Fachärzte. Die Mehrzahl der Gesundheitsarbeiter/innen zahlt drauf. Krankenhausarbeit ist Extremarbeit – körperlich, psychisch und mental hoch belastend und stark beanspruchend. Einer immer höher steigenden Zahl von Patienten steht eine stagnierende Zahl von Pflegekräften gegenüber. In vielen Bereichen bestimmen Personalkürzungen das Geschehen. Um die Arbeit halbwegs erträglich zu machen, müsste Personal aufgestockt werden. Traut sich ein beratender Arbeitswissenschaftler, das zu sagen, ist er schnell aus dem Beratungsgeschäft raus. So kommen die vielen »Consulter« zum Zuge, die das Krankenhaus zu einem ganz normalen, durchrationalisierten Industriebetrieb machen wollen. Die Veränderungen auf dem Beratermarkt haben fatale Auswirkungen auf die arbeitswissenschaftliche und arbeitsmedizinische Szene. Meriten werden nicht mehr mit kritischem Hinterfragen gesammelt, sondern mit möglichst schnellen Anpassungslösungen an die ökonomisierten Bedingungen. Das Lehrbuchwissen ändert sich, Problematisierungen werden seltener, den Pflegenden beispielsweise werden individualisierte Maßnahmen wie persönliches Stressmanagement und Resilienztraining anempfohlen.

Wer sich die betriebliche Situation der bundesdeutschen wie der globalen Wirklichkeit ohne rosarote Brille anschaut, muss aufpassen, dass er von der Fülle der Paradoxien, Aporien und Antinomien, d.h. der absolut unvereinbaren Tendenzen und Gesetzmäßigkeiten, nicht erschlagen wird. Während gewisse Gelehrte angesichts der Digitalisierung vom »Ende der Arbeit« fabulieren – das fing recht eigentlich schon in den 1960er Jahren bei Hannah Arendt (1967) an und erlebte in den Büchern von Jeremy Rifkin (2004) einen bisher unerreichten Höhepunkt –, überborden uns Menschenhändler mit Heeren arbeitswilliger Billiglöhner, die als Scheinselbständige unsere Straßen reparieren, öffentliche und private Gebäudekomplexe errichten und unsere Alten pflegen. Der Eindruck täuscht nicht: Wirtschaftselite und Politik unterstützen sich gegenseitig in ihrem Bemühen, den massenhaften Menschenhandel, die massenhafte Unterbezahlung, die massenhafte Unterschlagung der Sozialabgaben und die massenhafte Gesundheitszerstörung der so Ausgebeuteten weiterzutreiben und auszuweiten (SZ v. 27.8.2015, S. 14).

Es gibt nicht einmal eine halbwegs ordentliche Statistik, d.h. wir wissen nicht, wie viele Hunderttausende von Menschen hierzulande zerschunden werden und dann ohne jede soziale und finanzielle Entschädigung irgendwo in einem osteuropäischen Land ihr dürftiges Leben fristen, während hier Länder und Gemeinden stolz sind, mit geringen Kosten die Infrastruktur für die wohlhabende Mittel- und Oberschicht pflegen und erneuern zu können. Nicht zufällig werden gleichzeitig arme und »abgehängte« Stadtteile und Regionen ihrem Verfall überlassen. Ich kann mich des Eindrucks nicht erwehren, dass viele wissenschaftliche Kolleginnen und Kollegen diese Phänomene nicht sehen wollen oder sie unablässig herunterspielen.

Ich sehe in vielen Aspekten die Marx'sche Verelendungstheorie bestätigt. Selbstredend ist Deutschland immer noch eine Insel der Glückseligen, insofern hier der Nachkriegsboom und weitere Besonderheiten die Bildung einer breiten Mittelschicht begünstigt haben, die aber seit Jahren im Schrumpfen begriffen ist (SZ v. 27.8.2015, S. 1). Gleichzeitig nimmt der Anteil der armen Bevölkerung zu, und gleichzeitig leben Hunderttausende, wenn nicht Millionen, auch bei uns außerhalb des zwar löchrigen, doch immerhin noch existierenden sozialstaatlichen Netzes. Dieses Netz gibt es für viele – und dies ist eine wachsende Zahl – schlichtweg nicht. Und erst recht nicht für Millionen Menschen außerhalb Deutschlands, die durch die Verausgabung ihrer Arbeitskraft dafür sorgen, dass wir hierzulande Billigware kaufen können. Wir, genauer: der wohlhabendere Teil der Arbeiterklasse hierzulande, profitiert von einem gigantischen globalen Mehrwerttransfer, den Ernest Mandel schon vor Jahrzehnten analysiert hat (Mandel 1972). Doch treibt der Kapitalismus einen gewaltigen Spaltkeil in unsere Welt, der inzwischen auch mitten durch die Metropolen, also auch durch unser Land, geht. Die soziale Spaltung zwischen Arm und Reich nimmt auch bei uns dramatisch zu. Das wird Widerstand erzeugen, der alle sozialen Schichten und alle sozialen und kulturellen Milieus zu einer Haltung dazu herausfordern wird. Gemessen an den Auseinandersetzungen, die mit Wahrscheinlichkeit kommen werden, leben wir noch in einem Paradies des Klassenfriedens.

Es wurde schon erwähnt, dass in allen Medien und auf allen möglichen Ebenen Probleme der Arbeitswelt diskutiert werden. »Burnout« ist ein solches Schlagwort: Wir arbeiten zu viel, heißt es, und wir achten nicht auf unsere »Work-Life-Balance«. Der französische Soziologe Alain Ehrenberg hat in seinen Studien »Das erschöpfte Selbst« (2008) und »Das Unbehagen in der Gesellschaft« (2011) herausgearbeitet, dass wir an unserem zum alltäglichen Dogma, ja zum Fetisch erhobenen Erfolgszwang zugrunde gehen. Ehrenbergs Überlegungen fehlen auf keinem Management-Seminar, und man könnte meinen, dass wir selbst an unserem Elend schuld sind: Wir haben es doch, so wird suggeriert, selbst in der Hand umzusteuern. Das ist nicht ganz falsch, doch liegen die Verhältnisse viel komplizierter, als es in derartigen Weisheits-Sprüchen scheinen mag. In der kritischen De- oder Rekonstruktion der Verhältnisse kommt es selbstredend auf die Perspektive an, auf den Blickwinkel also, unter dem die Fakten, Deutungen, Meinungen und Spekulationen gesehen werden. Dazu ist nicht unbedingt eine groß angelegte Studie nötig, deren Wert ohnehin von den zugrunde liegenden Fragen und der methodischen Offenheit abhinge, unter der sie durchgeführt würde. Es reicht mitunter, einen kleinen Ausschnitt der Wirklichkeits-Repräsentation unter die Lupe zu nehmen. Als Leser der Süddeutschen Zeitung (SZ) werde ich mich im Folgenden auf einige im August 2015 erschienene Artikel beschränken.

Cornelia Koppetsch, Soziologin an der TU Darmstadt, zitiert in einem Interview die französischen Sozialwissenschaftler Luc Boltanski und Eve Chiapello, die in ihrem Buch »Der neue Geist des Kapitalismus« herausgearbeitet hätten, dass »die einst gegenkulturell formulierten Ideale wie Autonomie, Emanzipation, Eigenverantwortung, Freiheit, Kreativität … vom kapitalistischen Mainstream vereinnahmt worden« seien (SZ-Magazin, 7.8.2015, S. 30). Bleiben wir bei dem hier zuerst genannten Begriff: Autonomie. Wörtlich als »Selbstgesetzgebung« übersetzbar, wurde dieser Begriff insbesondere von Immanuel Kant genutzt, als Gegensatz zu Abhängigkeiten jedweder Art. Nicht abhängig zu sein, bedeutet, sein Leben selbst zu bestimmen, niemandes Mittel zu sein, sondern die Würde in Anspruch nehmen zu können, ein Wesen zu sein, »das keinem Gesetz gehorcht als dem, das es zugleich sich selbst giebt« (zit. nach: Gerhardt 1999, S. 136f.). Autonomie bedeutet also: Ich kann meine Handlungen so gestalten, dass sie meinen Zielen und zugleich meinen ethischen Orientierungen entsprechen. Davon ist die heutige Arbeitswelt weit entfernt, in manchen Bereichen sogar weiter denn je. Was Boltanski, Chiapello und Koppetsch nicht sehen, ist die völlige Verkehrung, die Pervertierung dessen, was einmal als Autonomie gefordert war.

Viel wäre zu lernen von André Gorz, der bis zu seinem Tod 2007 fast ein halbes Jahrhundert lang die marxistische Arbeitssoziologie prägte. Er bringt in seinem 1989 erschienenen Hauptwerk »Kritik der ökonomischen Vernunft« Autonomie mit Aufhebung von Fremdbestimmung und Entfremdung, ja: mit Befreiung und Freiheit in Verbindung. Momente der »Autonomie innerhalb der Arbeit« können nicht darüber hinwegtäuschen, dass es um »die Autonomie der Arbeit selbst« schlecht bestellt ist (Gorz 1989, S. 116ff.). Als autonom könnten solche Tätigkeiten gelten, deren Zweck konkret-nützliche Produkte oder Dienste für andere Menschen wären, unabhängig vom Tauschwert der Produkte oder Dienstleistungen (ebenda, S. 235ff.). Damit wird der Arbeitsbegriff selbst infrage gestellt. Befreite Arbeit ist keine Arbeit im herkömmlichen Sinne mehr. Sie wird ein tätiges und kontemplatives Leben im Kontext von Assoziationen freier Menschen sein.

Gorz gehörte nicht zu den Maximalisten. Er war sich durchaus der schwierigen und langwierigen Übergangsstrategie bewusst, die noch vor uns liegt. Er wusste, dass nur eine Vielzahl kleiner Schritte zum Erfolg führen, d.h. seine konkreten Forderungen waren durchaus reformistischer Natur. Nur wusste Gorz ebenso gut, dass wir, wenn unsere Ziel-Kategorien inhaltlich zerfließen und nur noch halbherzig begriffen werden, den Weg zum Ziel verfehlen. Dieses Zerfließen und Verschwimmen aber ist in vielen Gegenwarts-Diskursen das Übliche. So wird zu bedenken gegeben, dass viele Arbeiter/innen – ich versuche, den falschen Begriff des/der »Arbeitnehmer/in« zu vermeiden, denn wer »gibt« und wer »nimmt« die Arbeit? – sich in den neuen Arbeitsformen wohler fühlen als in den alten. Die Kommando-Kultur und die steilen Hierarchien – das alte kulturelle Modell – seien abgeschafft, heißt es, und die heute dominierenden Formen der Selbststeuerung und flachen Hierarchien – das neue kulturelle Modell – ermöglichten den Arbeitenden mehr Freiheiten. Dass viele Menschen, insbesondere in höheren Qualifikationen, ihre Arbeitszeit ausdehnen und freiwillig länger arbeiten, wird als Beleg dafür gesehen. Doch lässt sich dieses Phänomen auch ganz anders deuten. Könnte es sein, dass die alte protestantische Arbeitsmoral, modifiziert durch säkulare Mythen, Fetische und Ideologien, in Form eines ganz innerweltlichen Arbeitswahns wiederkehrt? Ein Wahn, nach dem die Menschen sich selbst und andere nach dem sortieren und selektieren, was sie angeblich leisten, in Wirklichkeit nach dem, was sie sich leisten können?

»Arbeit ist alles« war ein Artikel in der Süddeutschen Zeitung überschrieben, der die Arbeit bei Amazon in den Fokus nahm (SZ v. 22./23.8.2015, S. 23). Mit Fug und Recht vermuten die Autoren, dass Amazon kein »Ausrutscher« der ansonsten heilen Arbeitswelt ist, sondern ein Indikator, ein Wegweiser, ein Vorbote dessen, was auf uns zukommt. An der Leistung wird der Mensch gemessen, du musst »high performer« sein. Ein »low performer« gilt nichts, er wird von Vorgesetzten wie von Kollegen gemobbt, ausgegrenzt, aussortiert und »entsorgt«. Ein so herabgewürdigter Mensch gilt auch in seinem privaten Kontext als Verlierer, als Schwächling, als nicht oder nicht mehr vollwertig. Einmal von den schrecklichen historischen Assoziationen abgesehen, die an dieser Stelle nicht diskutiert werden sollen, versucht ein so stigmatisierter Mensch sein Stigma zu verheimlichen. Unter den Mitarbeiter/innen, so der SZ-Artikel, ist es »ungeschriebenes Gesetz, potentiell Langwieriges wie einen Bandscheibenvorfall oder gar psychische Probleme zu verschweigen« (ebenda). Die besondere Qualität der digitalisierten Arbeitsweisen bestehe nun darin, alle Tätigkeiten zugleich so zu erfassen, dass deren Daten einer Leistungsüberwachung zugeführt werden können. Ob Arbeit am Computer, am Terminal, in oder mit einem digital gesteuerten Gerät oder mit dem Handscanner: Wer auch nur eine Minute heimlich Pause macht, sägt am Ast, auf dem er sitzt. Aufgebaut werden also eine neue Art von Kontrolle und eine neue Art von Überwachung, die eine gegenseitige Taxierung, eine gegenseitige Denunziation und das Anheizen gegenseitiger Konkurrenz am Arbeitsplatz einschließen. Die neuen Technologien ermöglichen das. »Arbeit 4.0« bekommt Konturen. Myriam Bechtoldt von der Frankfurt School of Finance sagt dazu: »Man kann Leute triezen. Dadurch leisten sie auch mehr. Angst ist ein Motivationsfaktor.« (Ebenda) Die Kapitalberaterin meint dies nicht in erster Linie kritisch, sondern durchaus affirmativ. Sie mache sich nur Gedanken über die Nachhaltigkeit. Auch diese Gedanken sind, vom Ziel der Leistungssteigerung und der Erhöhung der gegenseitigen Konkurrenz einmal abgesehen, ergebnisoffen.

Die Feinstruktur der Arbeit bei Amazon – wobei Amazon zweifelsohne pars pro toto stehen kann – wird in einem SZ-Interview mit einer ehemaligen Amazon-Mitarbeiterin, die im mittleren Management arbeitete, deutlich. Man müsse sich mit den richtigen Leuten gutstellen, man müsse dafür sorgen, »dass man nur die Arbeit macht, die einen glänzen lässt, und das Alltagszeug andere erledigen lässt« (SZ v. 26.8.2015, S. 19). Die Interviewte sagt recht offen, dass es darauf ankomme, andere schlecht aussehen zu lassen, damit man selbst besser dasteht. »Man muss jemand sein, dem es egal ist, dass derjenige, mit dem man spricht, auch ein menschliches Wesen ist.« (Ebenda) Besonders aufschlussreich ist das, was die Insiderin über die Arbeitszeiten zu berichten hatte. Es sei völlig normal, dass Arbeit mit nach Hause genommen und am häuslichen PC weitergearbeitet wird. Nur dürfe man das im Team nicht offenlegen, weil sonst der Eindruck vermittelt werde, dass man die Arbeit nicht schaffe, also kein high performer sei. Die Balance zwischen dem geforderten Überengagement und dem Rollenspiel, alles im Griff zu haben, ist ein Kunststück, das nur diejenigen schaffen, deren Körper, Psyche und Geist sich vollständig in die Logik des die Arbeitsperson beherrschenden Unternehmens eingepasst haben.« Wenn man bei Amazon nicht lange arbeitet, macht man etwas falsch. Und wenn man lange arbeitet, denken sie, dass man nicht smart genug ist.« (Ebenda) Die Bahnhofsbuchhandlungen schwappen über von Ratgeber-Literatur zu diesen Themen: Wie verhalte ich mich richtig bei der Arbeit? Wie mache ich meinen Vorgesetzten auf mich aufmerksam? Wie kann ich seine Stimmung positiv – für mich – beeinflussen? Das ist also aus der Humanisierung des Arbeitslebens geworden. Damals waren derartige Ratgeber ausschließlich für Führungskräfte gedacht, und sie hatten solch lustige Titel wie »Menschengerechte Führung« oder »Menschenkenntnis für Führungskräfte«. Jetzt haben wir Führungskräfte, die Menschen als Manipulationsobjekte behandeln, und müssen den Geplagten Ratgeber an die Hand geben, wie sie – wohlgemerkt in der Rolle des unterworfenen Menschen – irgendwie überleben können.

Noch jedenfalls, folgt man gewerkschaftsoffiziellen Äußerungen, dominiert der Schein des Aufstiegs qualifizierter Arbeit. Die IG Metall will mehr IT-Beschäftigte gewinnen, inzwischen auch IT-Selbständige. Alle Gewerkschaften buhlen um qualifizierte und gut verdienende Kräfte. Sie sollen beraten werden, wie sie mit ihren neuen Freiheiten, mit neuen und ungewohnten Arbeitsbedingungen, umgehen sollen. Doch wie steht es um die vielerorts so gelobte »neue Autonomie« in der Arbeit und in der Lebensführung überhaupt? Ist es gut, dass wir in vielen Betrieben oder inzwischen oftmals auch als Selbständige frei wählen können, was wir arbeiten, für wen wir arbeiten, wo wir arbeiten, wann wir arbeiten und wie wir uns die Zeit zwischen Leben und Arbeiten aufteilen? Es kann nicht darum gehen, diese neuen Bedingungen abzuwehren und abzuschaffen. Niemand will die alte Kommando-Kultur zurück. Doch darf gefragt werden, was denn genau der Fortschritt sein soll, wenn ich wählen kann, ob ich vormittags oder nachts die Call-Center-Arbeit verrichte, für die es gar kein Call-Center mehr geben muss, sondern lediglich einen Heim-PC mit Internet und Headset. Gibt es dann keinen Vorgesetzten mehr? Keine Hierarchie? Bleiben wir einen Augenblick bei der Begrifflichkeit der neuen Autonomie. Hören wir dazu Marie-France Hirigoyen, eine französische Psychologin und Psychotherapeutin, die in ihrem Buch »Wenn der Job zur Hölle wird« (Hirigoyen 2002) ihre Erfahrungen mit Hunderten in der Arbeit Erkrankten zusammenfasst: »Die Autonomie der Arbeitnehmer hat sich in bestimmten Grenzen zu bewegen.

Obwohl auch traditionelle Unternehmen nach kreativen Beschäftigten verlangen, fürchten sie in Wahrheit jeden neuen Gedanken und bevorzugen die geistige oder zumindest die formale Konformität. (…) Man verlangt von den Mitarbeitern Initiativen und Verantwortung, aber je selbständiger sie werden, desto bedrohlicher wirken sie auf ihre Vorgesetzten, die befürchten müssen, ihre Macht zu verlieren. (...) Man fordert vom Arbeitnehmer großen Einsatz, erwartet von ihm, sich persönlich einzubringen, (...) lässt ihm aber für die geleistete Arbeit keinerlei Anerkennung zukommen.« (Ebd., S. 209, 211, 213). Möglicherweise stimmen einige dieser Aussagen nicht mehr ganz mit der inzwischen erreichten Wirklichkeit überein. »Neue Gedanken« und »Selbständigkeit« sind durchaus erwünscht, doch beides muss funktional sein und in die Logik des Unternehmens passen.

Was funktional oder dysfunktional ist, wird von den Kapitaleignern und deren Beratern bestimmt. Das kann sich immer wieder ändern, je nach ökonomischer oder ideologischer Großwetterlage. Diese Änderungen sind es, die den meisten Menschen zu schaffen machen, denn sie sind mithilfe logischen oder rationalen Denkens nicht voraussehbar. Möglicherweise vertut sich auch Hirigoyen – und mit ihr ein Großteil der Gesundheitsschutz- und Gesundheitsförderungs-Szene – auch mit ihrer Vermutung bzw. ihrer These, wenn sie in der Anerkennung die Lösung des Problems oder zumindest einen Ansatz dafür sieht. Anerkennung ist immer auch Verkennung, ist immer auch Verfestigung einer fremdbestimmten Rolle und insofern auch einer fremdbestimmten Identität (Bedorf 2010). Das Tragische ist, dass wir in unfreien Gesellschaften von Kindesbeinen an lernen, falschen Identitäten, Wunschvorstellungen und Zuschreibungen hinterherzurennen. Diese Problematik berührt die Frage des freien Willens. »Woher weiß ich, was ich wirklich will?«, fragt Wilfried Glißmann, Philosoph und Betriebsrat bei IBM (IG Metall 2005, S. 30). Niemand kann diese Frage schnell und geradeheraus beantworten. Dafür bedarf es gründlicher Reflexion, zu der uns die Bedingungen der herrschenden Lebens- und Arbeitswelt nicht gerade einladen. Der Mensch ist ausgestattet mit einem Vermögen, einer Potenzialität, gemeinsam mit anderen Menschen eine materielle, soziale und kulturelle Lebenswelt aufzubauen, zu erhalten und zu pflegen. Er ist insofern davon entfremdet, als er die Dinge, die er tut und die er schafft, im Modus des Tauschwertes erfährt. Interesse oder gar Lust in der Arbeit entwickelt sich im sozio-psycho-somatischen Kontext entfremdeter Arbeit und entfremdeten Lebens entlang von Momenten, welche eine Nähe zur konkret-nützlichen Ebene zulassen oder, wenn sie ideologisch verbrämt sind, auch vortäuschen. Ich will meine Arbeit gut machen, und mir scheint es, dass dies in bestimmten Situationen möglich ist. Also strenge ich mich an und bin, wenn mir die Arbeit gelingt, befriedigt und mitunter auch glücklich.

Der schwedische Soziologe Elin Thunman hat viele dieser Menschen, die ein derartiges Arbeitsglück empfanden, interviewt. Das Glück zerplatze oft, und die Schwerkraft der unschönen Realität ziehe viele Betroffene in die Depression hinab (in: Neckel/Wagner 2013, S. 58-85). In Banken, Versicherungen und Software-Firmen etwa werden Mitarbeiter/innen ermutigt, sich persönlich weiterzuentwickeln und an ihrer »Authentizität« zu arbeiten. Dieses Wort muss in Anführungszeichen stehen, weil es seitens der Führungsetagen selbstredend nicht im Sinne des existenzialistischen Philosophen Jean-Paul Sartres gemeint ist, sondern eher im Sinne verkaufsfördernder äußerer Eigenschaften. Jeder Augenblick einer persönlichen Aufrichtigkeit wird abgestraft. Du darfst dem Kunden nicht von schlechten Produkten abraten; das wäre dein soziales Todesurteil. Thunman hat vielen dieser Situationen nachgespürt und kommt zu folgendem Ergebnis: »Meine Analyse deutet darauf hin, dass man die heutige Forderung nach authentischer Selbstverwirklichung als einen bedeutenden Stressfaktor und damit auch als Grund für die hohen Zahlen von Diagnosen geistiger Erschöpfung verstehen kann (...). Meine Ergebnisse deuten darauf hin, dass die Selbstverwirklichung dann pathologisch wird, wenn man Mitarbeiter ermuntert, nach ihrem authentischen Selbst zu suchen und dieses zu präsentieren, sie aber im Gegenzug mit der Erwartung konfrontiert, auf eine Weise authentisch zu sein, die vom Unternehmen vorgegeben wird.« (Ebenda, S. 80f.) Fremdbestimmung, Restrukturierungen und Personalkürzungen lassen die Glücksmomente zerplatzen. Der Höhenflug offenbart sich als gefährliches Manöver, das man nie wirklich in der Hand hatte. Diese Erkenntnis, oder zumindest eine Ahnung davon, stellt sich bei manchen Betroffenen noch während des Absturzes ein – doch Fallschirme gibt es viel zu wenige. Es fehlt eine dafür nötige Kultur des Erfolgsverzichts. Es fehlt eine kulturelle Strömung, welche in eine andere Richtung weist: die Richtung einer anderen, solidarischen Ökonomie. Die Gewerkschaften, genauer: Gewerkschaftsführung und Gewerkschaftsbürokratie, verhalten sich dazu weitgehend abstinent. Es wird auf gesellschaftliche Initiativen, neue soziale Bewegungen und neue Allianzen ankommen, diese kulturelle Strömung zu schaffen.

Dabei kann und darf es – um zur verwickelten Problematik von Arbeiten, Tätigsein und Gemeinschaft zurückzukommen – nicht darum gehen, mit dem, was wir gerade an Arbeit leisten, Anerkennung zu erheischen. Nicht aus der Not eine Tugend machen, nicht als bester Schweißer in der Schweißerkolonne, nicht als umsatzstärkste Verkäuferin zu gelten, sich nicht als »Held der Arbeit« inthronisieren lassen – nein: Eine neue, emanzipatorische und die neoliberalen Fesseln sprengende Kultur der Arbeit wäre eine, welche die gegebene bzw. die vorgegebene Arbeit nicht als Nonplusultra, sondern als einen Aspekt unter vielen Aspekten von Lebensäußerungen und sozialen Feldern zu begreifen versucht. Das Vermögen des Menschen, die Potenzialität, birgt unendlich mehr an Möglichkeiten des Seins und des Werdens als das, was uns die Rollen bieten, in die uns Erziehung, berufliche Sozialisation, soziales Milieu und gesellschaftliche Normen und Erwartungen hineinzwängen. Gemeint ist die Vielgestaltigkeit, die Vielstimmigkeit, die unser Leben in angstfreien Kontexten annehmen kann. Gemeint ist – wofür ein garantiertes Grundeinkommen unabdingbar wäre – ein Möglichkeitsraum, in dem und aus dem heraus ungeahnte Ideen und Perspektiven wachsen können, wohlgemerkt: nicht müssen, vielleicht auch nicht unmittelbar als solche erkennbar sind. Strukturen herauszuarbeiten, die Derartiges ermöglichen: Das wäre Lebenswissenschaft, die diesen Namen verdient. Der italienische Sozialphilosoph Roberto Esposito fordert in seiner Studie »Person und menschliches Leben« (Esposito 2010) eine »bejahende Biopolitik«. Er versteht darunter eine radikale Distanzierung von tradierten normativen und zurichtenden Vorstellungen, welche der Definition der Person zugrunde liegen. Wissen als Herrschaftswissen provoziert neues, aufbrechendes Wissen, zurichtende Macht provoziert Gegenmacht. »Dies bedeutet keineswegs, ein solches Leben könne sich dem Wissen oder der Macht völlig entziehen (…). Es geht hier vielmehr um das Vermögen dieses Lebens, Wissen und Macht entsprechend den eigenen Bedürfnissen zu verändern.« (Ebenda, S. 61)

Diese Einleitung sollte gezeigt haben, dass der Autor dieses Buches und sein Verständnis dessen, was »kranke Arbeitsgesellschaft« heißt, deutlich abweicht vom Mainstream der herrschenden Arbeitswissenschaft, auch vom Mainstream der gewerkschaftlich orientierten. Um an dieser Stelle einmal in den Nominativ zu fallen: Ich gehe mit einer philosophischen Perspektive an das Thema heran. Mir geht es um die Würde des Menschen, unabhängig von seiner Herkunft und unabhängig von seiner Leistung. Ich sehe die gesellschaftlichen Zustände mit einem politischen, aber auch mit einem ethischen Blick, der den politischen unterstützen, ihm zuweilen sogar eine Leitplanke sein kann. Mir ist die sogenannte materialistische Analyse zu wenig, zu dürftig, zu insuffizient, um daraus die Perspektive einer anderen Gesellschaft, einer anderen Wirtschaftsweise, einer anderen Arbeitskultur zu entwickeln. Mir ist das klassische marxistische Verdikt, die Ethik sei immer eine Ethik der Herrschenden, wohl bekannt. Doch fehlt darin ein kleines, aber wichtiges Wort: Die herrschende Ethik ist dies, nicht die Ethik an sich. Die Ethik beispielsweise eines Emmanuel Levinas passt nicht in die herrschende kapitalistische und neokapitalistische Ideenwelt. Sie liegt quer dazu. Denn wenn mich der andere Mensch in eine Verantwortung stellt, die über die Regeln der Rechtstaatlichkeit mich als Person herausfordert, für menschliche Lebens- und Arbeitsbedingungen einzutreten, dann wird ein Tor zu einer anderen Wirklichkeit geöffnet, d.h. einer Wirklichkeit, in der der Mensch nicht mehr nach den Gesetzen der Marktwirtschaft taxiert wird. Mir ist klar, dass diese Sicht der Dinge weder in der Arbeitssoziologie noch in einer anderen Disziplin »anschlussfähig« ist. Dennoch gehe ich von der Hoffnung aus, dass sich einzelne Vertreter/innen dieser Disziplinen und einzelne Verantwortliche in Betrieben, Verbänden, Gewerkschaften und Administrationen angesprochen fühlen. Wenn die eingebrachten Gedanken zu Diskussionen und neuen Überlegungen führen, wäre der Zweck des Buches voll erfüllt.

Public-Health-Praxis braucht Berufsethik

Plädoyer aus historischer Perspektive

1. Einleitung

Angesichts der Schwierigkeit, Public Health als monoprofessionelle Disziplin zu beschreiben, scheint sich ein Konsens darüber herzustellen, dass Public Health als »Bereich« und die entsprechende Ethik als »Bereichsethik« aufgefasst werden sollten (Schröder 2007; Kaminsky 2008; Wehkamp 2008). Diese pragmatische Sicht hat vieles für sich, insbesondere auch dann, wenn die Bereichsethik in der Lage ist, dem oder der einzelnen Akteur/in Handlungsorientierung zu geben. Dennoch bleibt in der definitorischen Zuschreibung der Public-Health-Ethik als Bereichsethik das Problem unterbelichtet, dass der oder die Akteur/in in der konkreten Handlungssituation mit Handlungsspielräumen und nicht selten mit massiven Handlungsdilemmata konfrontiert ist, die das handelnde Subjekt in die »Einsamkeit einer existenziellen Verantwortung« zwingen (Dörner 2002).

Hier bedarf es einer Erweiterung der Bereichsethik hin zu einer Professions- oder Berufsethik, gerade weil dem/der Einzelnen geholfen werden soll, nicht in dieser Einsamkeit unterzugehen. Je näher die gesundheitswissenschaftliche Praxis an den »konkreten Menschen« kommt – etwa in kommunalen, betrieblichen oder sonstigen zielgruppenspezifischen Präventions- und Gesundheitsförderungsprojekten –, bleibt über die Bereichsorientierung hinaus immer ein mehr oder weniger großer »Rest« an existenzieller Verantwortung. Sie unterscheidet sich klar von der Funktionsverantwortung, die sich im Rahmen einer von der Organisation oder Institution hergeleiteten Arbeitsrolle herstellt. In die existenzielle Verantwortung geht nicht nur das persönliche Gewissen ein, sondern auch ein von Wissen und Erfahrung geprägtes berufsethisches Verständnis.

Der oder die im Public-Health-Bereich arbeitende Akteur/in muss – gleich auf welcher Ebene sich das Problem stellt – immer wieder Entscheidungen zwischen Ökonomie und Gesundheit hinsichtlich der Verteilung der Ressourcen oder einer definitorischen Risikozuschreibung treffen. Letztlich geht es immer um die Frage, ob eine Problemlage als gesellschaftliche oder individuelle im Sinne einer individualisierenden Sicht definiert wird. Handlungsdilemmata ergeben sich beispielsweise, wenn sich Prävention einer Marketing-Logik unterzuordnen hat oder wegen klammer Kassen ganz unterbleibt, wenn gesundheitsschädigende Verhältnisse de-thematisiert und Konzepte der Eigenverantwortung zur Ideologie werden, wenn sich Rationalisierung und Rationierung auf Kosten oder zulasten der Schwächsten durchsetzen. Eine Bereichsethik kann helfen, derartige Problemlagen durch legislative, exekutive und organisationale Regelsetzung zu minimieren oder hinsichtlich konkreter Handlungsoptionen zu antizipieren. Eine Bereichsethik reicht aber nicht, um die vielfältigen Situationen in der »verschmutzten Wirklichkeit« (Neuberger 2006) mit ihren Zwängen, Unklarheiten, Ambivalenzen und Zumutungen moralisch zu bewältigen.

Wie soll nun die hier gefragte, vom Berufsethos getragene Ethik bezeichnet werden? Nennen wir sie – so mein Vorschlag – ganz allgemein »Berufsethik«, unabhängig davon, ob der oder die betreffende Akteur/in einen gesundheitswissenschaftlichen Abschluss hat oder Angehöriger einer anderen Berufsgruppe ist. Entscheidend ist, ob die betreffende »professionelle Person« in einem präventiven, gesundheitsförderlichen oder im weitesten Sinne mit Gesundheitsmanagement betrauten Aufgabenbereich arbeitet. Die häufig benutzte Allegorie von den »Ertrinkende[n] im reißenden Fluss«, die einer/m Public-Health-Akteur/in – in Abgrenzung zu helfenden Berufen – auftrage, nicht Einzelne zu retten, sondern die Ursache dieses Unglücks zu suchen, ist viel zu grobschlächtig und in ihrer Vereinfachung schlichtweg zynisch. Die Wirklichkeit ist wesentlich komplexer und vielschichtiger. Die Ertrinkenden-Allegorie ist m.E. utilitaristisch verkürzt, gleichsam zweidimensional, wo doch die reale Situation vieldimensional ist. Konkret würde es viel wahrscheinlicher sein, dass der Beobachtende nicht allein ist, dass Kommunikationstechniken zur Verfügung ständen und sich eine multizentrische Aktivität entwickeln würde.

Neben der häufig zu bemerkenden Vereinfachung der Problemstellungen fällt eine zweite, mit dem bisher Benannten eng zusammenhängende Merkwürdigkeit ins Auge: Zwar ist von utilitaristischen, gerechtigkeitsethischen, diskurstheoretischen und kommunitaristischen Ansätzen oder Konzepten die Rede, nicht jedoch von verantwortungsethischen. Dies verwundert umso mehr, als zu Beginn des letzten Jahrhunderts Max Weber die Verantwortungsfrage in die Wissenschaft und die Politik eingebracht und damit ein vielfältiges Umdenken angestoßen hat, das sich nachhaltig auf die wissenschaftliche und politische Kultur auswirkte. Berufsethik hat sowohl mit innerer Haltung wie mit Verantwortung für die Folgen des eigenen Handelns zu tun (Thielemann 2009). Zugleich ist Verantwortung, sofern sie nicht nur als Funktionsverantwortung verstanden oder missverstanden wird, immer eingebettet in eine sozialethische Perspektive. Die saubere Trennung zwischen Sozial- und Individualethik, welche die akademische Philosophie gerne vornimmt, greift zu kurz. Sozialethische Orientierungen hinsichtlich einer gesellschaftlichen Ordnung, in der Freiheit, Gerechtigkeit und Solidarität Geltung besitzen, sind meist – wie im nächsten Abschnitt zu zeigen sein wird – gebunden an soziale, politische, kulturelle oder religiöse Traditionen oder Bewegungen. Darin aber handeln konkrete Personen, d.h. nicht Systeme, allein Subjekte können im moralisch relevanten Sinn Handlungen ausführen (Bühl 1998). Die ethische Frage nach moralisch geleiteten Handlungen in einem beruflichen oder professionellen System ist die Frage nach einer Berufsethik. Im Public-Health-Bereich verschmelzen sozial- und individualethische Herausforderungen in einer Bereichsethik, die um eine Berufsethik erweitert werden muss.

2. Die historische Hypothek von Public Health

In welcher Tradition steht Public Health? Wehkamp (2008) differenziert zwischen dem englischen Grundmodell einer Staatsmedizin und der von Virchows Postulat – jede Medizin habe eine »soziale Medizin« zu sein – geprägten Sozialhygiene, die sich in Deutschland und Österreich bis 1933 herausgebildet hatte. Sozialhygiene sei, so Wehkamp, näher am professionellen Handeln des medizinischen Einzel-Akteurs, während die staatsmedizinische Variante mit einer »atomistischen Gesellschaftstheorie« – gemeint ist wohl der Hobbes'sche Entwurf – und einer wirtschaftsliberalistischen Gesellschaftspraxis verbunden sei. Gerade dieser Hinweis ist sehr wertvoll: Wirtschaftsliberalismus und autoritärer Staat widersprechen sich keineswegs. Der englische Liberalismus wie dessen Fortführung im Neoliberalismus verbinden Bevölkerungspolitik mit sozialer Selektion und sozialer Exklusion. Der Umbruch von Sozialhygiene zur Rassenhygiene nahm – siehe hierzu beispielsweise »Menschliche Auslese und Rassenhygiene« von Fritz Lenz (1932) – starke Anleihen von gerade diesem nutzenökonomischen Denken.

Der Public-Health-Ethiker Warren T. Reich (2004), der sich seit Jahren mit den geistigen Wurzeln der US-amerikanischen Wettbewerbsethik befasst, sieht Parallelen zwischen dieser und der nationalsozialistischen Ethik. Er führt beide auf das von Thomas Hobbes entwickelte Welt- und Menschenbild zurück. Hobbes sieht in dem Anderen einen Feind; Rücksichtnahme oder gar Mitleid hat in dieser Philosophie keinen Platz. Der Wirtschaftsliberalist Vilfredo Pareto entwickelte zwanglos eine biologistische Elitetheorie (vgl. Lange 1968), d.h. wirtschaftsliberale und autoritäre Gesellschaftskonzepte schließen sich keineswegs aus, sondern lassen sich – und dies vor allem in Krisenzeiten – nicht nur miteinander vereinbaren, sondern auch in ihrem Zusammenwirken ethisch legitimieren. Ulf Schmidt arbeitet anhand der Biografie des führenden Nazi-Arztes Karl Brandt heraus, dass die damalige gesundheitswissenschaftliche Elite einen spezifischen Begriff von Ethik und Medizin-Ethik hatte und ihre praktischen Konzepte und Maßnahmen durchaus in Einklang mit einer solchen Ethik zu bringen versuchten (Schmidt 2009; Bruns 2009). An diesen Beispielen wird deutlich, dass die Differenzierung Wehkamps zur These berechtigt, dass der »alte« sozialmedizinische bzw. sozialhygienische Ansatz – auch und gerade im Zusammenhang mit einer Public-Health-Ethik – gegen den staatsmedizinischen Ansatz verteidigenswert ist. Der Staat kommt hier – vor dem Hintergrund der Arbeiterbewegung – eindeutig als Sozialstaat ins Spiel.

Die »alte« Hygiene-Bewegung machte die materiellen Lebensbedingungen, insbesondere sauberes Wasser, saubere Luft und die Wohn-, Ernährungs- und Arbeitsbedingungen zum Gegenstand des Forschens und der tätigen Praxis. Einer der großen Väter der Konzeption einer sozialstaatlich regulierten Prävention war der Wiener Sozialmediziner Ludwig Teleky (1913). Er forderte schon zu Beginn des 20. Jahrhunderts die systematische Zusammenführung natur- und sozialwissenschaftlicher Methoden, d.h. die Betrachtung von Bevölkerungsgruppen, um den Einzelfall besser verstehen zu können, und die Vertiefung in den Einzelfall, um die epidemiologischen Fragen genauer stellen zu können (Milles/ Schmacke 1999; Wulf 2001). Wer das sechsbändige »Handbuch der sozialen Hygiene und Gesundheitsfürsorge« (Gottstein/Schloßmann/Teleky 1925-27) in die Hand nimmt, wird erstaunt sein über die Fülle und das Niveau »moderner« Abhandlungen, deren Lektüre auch für heutige Gesundheitswissenschaftler/innen von hohem Gewinn sein kann. Zugleich wird gerade in diesem Werk die sozialpolitische Ambivalenz von Prävention und Gesundheitsförderung sichtbar, insofern nämlich auch konstitutions- und rassenhygienische Vektoren – und dies mit durchaus »modernen« ökonomistischen Begründungen – sichtbar werden.

In der momentanen Public-Health-Debatte bleiben m.E. diese Gesichtspunkte weitgehend ausgeblendet. So hat das »Pareto-Optimum« in der gegenwärtigen Public-Health-Debatte Hochkonjunktur, ein auf Nutzenmaximierung basierendes Modell, das – wie Biesecker/Kesting (2003, S. 413ff.) überzeugend ausführen – systematisch Ungleichverteilung sowie Herrschafts- und Machtkonstellationen ausblendet. Die normative Kraft des Faktischen zeigt sich überdeutlich in der merkwürdig eindimensionalen Diskussion über die Frage, wieviel Gesundheit »wir uns noch leisten können«, und welche Gesundheitsinvestitionen »sich lohnen« und welche nicht. Augenfällig wird dies beispielsweise in dem Diktum der Europäischen Union, alle Anstrengungen auf die »Beschäftigungsfähigkeit der Bevölkerungen« zu konzentrieren, was in der Praxis dazu führt, dass zum einen die Arbeitsbedingungen hinsichtlich Personen des Hochleistungstypus »optimiert« werden, und dass zum anderen die »Nicht-Beschäftigungsfähigen« – die in Abgrenzung zur Hochleistungs-Beschäftigungsfähigkeit immer zahlreicher werden – als »kostenträchtiges gesellschaftliches Problem« dargestellt werden (Wolf 2009). Die »Maximierung des gesundheitlichen Gesamtnutzens« (Schröder 2007) birgt – auch wenn programmatisch die individuelle Menschenwürde berücksichtigt wird – immer auch die Gefahr, dass Einzelne und mehr oder weniger große Minderheiten-Kollektive stigmatisiert, sanktioniert und hinsichtlich der allgemeinen Gesundheitsgüter ausgegrenzt werden, sofern vermeintliche oder tatsächliche Gründe des individuellen Fehlverhaltens festzumachen sind. Wir wissen, dass Hartz-IV-Empfänger/innen überdurchschnittlich viel rauchen. Wir wissen auch, dass dahinter sozialpsychologische Ursachenketten stehen. Die teilweise dominierende ökonomistische Sichtweise in der gegenwärtigen Gesundheitspolitik lässt jedoch die Befürchtung einer »Pflicht zur Gesundheit« aufkommen, die beispielsweise das Rauchen an sich zur Fehlhandlung stempelt, ohne die soziale Kontextuierung zu berücksichtigen, ohne im Übrigen etwas gegen die Tabakwerbung zu unternehmen. Die neoklassische Wirtschaftstheorie gibt ohnehin dem Nachfrager, nicht dem oligopolen und manipulativen Anbieter »die Schuld«.

3. Geschichte der Sozialethik als Problemkontext

Ende des 19. Jahrhunderts formierten sich – im Kontext religionsphilosophischer Traditionen – verschiedene sozialethische Orientierungen, von denen für die Sozial- und Gesundheitsdiskurse die protestantische und die jüdische Sozialethik eine besondere Bedeutung erlangten. In seinem Buch

»Das Wesen des Christentums« ging Adolf von Harnack, der damals wohl bekannteste Theologe und erste Präsident der Kaiser-Wilhelm-Gesellschaft, auf die drängenden sozialen Fragen seiner Zeit ein. Harnack plädiert dafür, »die Notlage des arbeitenden Volkes zu lindern«, um die Menschen dem »Reich des Satans« zu entreißen und sie so auf »das Reich Gottes« vorzubereiten (Harnack 1900/1977, S. 45). Ähnliches äußerten auch andere Vertreter aus Kirche und kirchennahen Verbänden. Wie schon zuvor die katholische Kirche in ihrer Enzyklika »Rerum Novarum« rang sich zwar nun auch der Protestantismus ein Lippenbekenntnis zur sozialen Frage ab, was aber die soziale und gesundheitliche Lage der Arbeiterklasse kaum verbessern helfen konnte, da an den Grundfesten der ökonomischen und sozio-ökonomischen Verhältnisse nicht gerüttelt werden sollte. Ein Großteil der christlichen Theologie konnte sich die Erlösung von Armut und Krankheit recht eigentlich – das zeigt die Argumentation Harnacks sehr eindrücklich – erst im Jenseits des irdischen Daseins vorstellen. Im Diesseits konnte man eben nur »Not lindern«. Die Sozialethikerin Edith Bauer (2008) nennt dies eine von Barmherzigkeit geleitete Sozialethik. Signifikant unterschieden davon sieht sie die jüdische Sozialethik, die – gleichsam als Antwort auf Harnack – kurze Zeit später von Leo Baeck, damals Rabbiner in Düsseldorf und später Oberrabbiner in Berlin, in die Diskussion gebracht wurde. Baeck setzt »verantwortliches Handeln« an die oberste Stelle, genauer: »das Gebot, das Gute in der Welt zu verwirklichen, um das Reich Gottes in der Welt des Menschen« aufzubauen (Baeck 1905/1991, S. 271). Im Unterschied zur Barmherzigkeit ist hier die Gerechtigkeit – und dies ganz im Sinne einer praktisch wirksamen sozialen Gerechtigkeit – als Leitmotiv zu sehen (Bauer 2008). In vielen gesellschaftlichen Bereichen, so auch in der Gesundheits- und Medizinethik, sind jüdische Wurzeln auszumachen, die schon im Wilhelminischen Deutschland autoritäre Gegenkonzepte hervorriefen. Die in den Humanwissenschaften artikulierte »Humanität« wurde als verweichlichende, unnatürliche und den Staat zersetzende »jüdische Lehre« empfunden. Das »Humane« wurde »so gut wie überall als Schlappheit deklariert und als undeutsch diffamiert« (Glaser 1993, S. 207).

Die sozialpolitische Diskussion seit den 1880er Jahren war aufgeheizt durch schnell wachsenden industriekapitalistischen Reichtum einerseits und ebenso schnell wachsende Massenproletarisierung in den industriellen Zentren andererseits. Die zunehmende Stärke des sozialen Protestes der Arbeiterbewegung – es ging dabei auch und gerade um den Kampf gegen Unfalltod und vorzeitigen körperlichen Verschleiß bei der Arbeit, um bessere

Wohn- und Ernährungsbedingungen und um eine grundsätzlich gesicherte gesundheitliche Versorgung – zwang den Staat zu einem sukzessiven Ausbau des Arbeiterschutzes und der Sozialpolitik. Zugleich brandete im bürgerlichen Lager nicht nur die Diskussion über ökonomische Tragbarkeit und die ökonomischen Grenzen der Sozialpolitik auf; sowohl im medizinisch-hygienischen wie im kirchlichen Raum wurde die Forderung nach einer strengen »Moralhygiene«, d.h. nach strengen Maßnahmen der Verhaltenskontrolle, laut (Labisch 1992). Der Fabrikarzt, die Fabrikfürsorgerin, der Krankenkontrolleur, die Gemeindeschwester, der Pfarrer, die Lehrerin, d.h. alle Akteure, denen man eine verhaltenssteuernde Kompetenz zusprach, sollten die Menschen unter Druck setzen, diszipliniert zu arbeiten, hygienische Regeln einzuhalten und dem Alkohol und anderen »Vergnügungen« zu entsagen, wobei es von besonderer Bedeutung war, Simulanten und Querulanten zu identifizieren und zu sanktionieren. Im praktischen Handlungsfeld der Sozial- und Moralhygiene kam es so zu einem Amalgam zwischen einer Orientierung am gesundheitlichen Gesamtnutzen im Sinne einer Volksgesundheit und Leistungsfähigkeit des »Volkskörpers« und einer radikalen Risiko-Individualisierung. Augenfällig waren hierbei Legitimationen, welche immerzu »das Gute« versprachen.

Vor dem Hintergrund dieses sozialgeschichtlichen Kontextes kritisierte Max Weber die – wie er sie nannte – »Gesinnungsethik«, wie er sie bei führenden Vertretern von Politik und Wissenschaft antraf (Weber 1973). Es reiche nicht, nur die gute Absicht zu haben; worauf es ankomme, sei die Übernahme von sozialer Verantwortung für die Folgen des eigenen Handelns. Dietrich Bonhoeffer radikalisierte angesichts der Erfahrungen des Faschismus Max Webers Forderung nach Verantwortung, indem er sie mit Webers Kritik des protestantischen Berufskonzeptes verband (Bonhoeffer 1949). Bonhoeffer geht mit dem tradierten preußischen »Kulturprotestantismus« und der darin eingebetteten Ansicht ins Gericht, nach der Berufsverantwortung sich in der disziplinierten Erfüllung der »Dienstpflichten« erschöpfe. Das genaue Gegenteil sei der Fall: Verantwortung beziehe sich immer auf »das Ganze der Wirklichkeit« und schließe auch »den Fernsten« mit ein. »Gerade weil Beruf Verantwortung ist und weil Verantwortung eine ganze Antwort des ganzen Menschen auf das Ganze der Wirklichkeit ist«, sei ein »banausisches Sichbeschränken auf die engste Berufspflicht [...] Verantwortungslosigkeit« (Ebenda, S. 200). Hier verabschiedet sich Bonhoeffer von einem funktionalistischen Verantwortungsbegriff zugunsten eines existenziellen.

4. Ein historisches Beispiel: die Gewerbehygiene

Geht man in der Geschichte der Industrietoxikologie und der Arbeitsmedizin zurück, um zu den Grundlagen des modernen Gesundheitsschutzes in der Arbeitswelt und in der Lebensumwelt zu gelangen, so stößt man auf zwei Persönlichkeiten, deren ganzes wissenschaftliches und praktisches Leben der Grundlegung einer solchen präventiven Orientierung gewidmet war. Es handelt sich um den Berliner Toxikologen Luis Lewin (1856–1928) und den – bereits erwähnten – Wiener Sozialmediziner Ludwig Teleky (1872–1957). Es ist von nicht unerheblicher Bedeutung, dass beide Wissenschaftler jüdischer Herkunft waren und sich – vielleicht auch wegen ihrer säkularen Haltung – weigerten, zum christlichen Glauben zu konvertieren. Beiden verwehrte man lebenslang eine ordentliche Professur; beide waren immer wieder heftigen Anfeindungen ausgesetzt, deren antisemitischer Gehalt unschwer auszumachen ist. Lewin und Teleky stehen für viele jüdische Vertreter einer – im Sinne einer an den Bedürftigen orientierten – fortschrittlichen sozialen Medizin und eines darin eingebetteten öffentlichen Gesundheitswesens. Lewin befasste sich als einer der ersten Wissenschaftler systematisch mit Industriegiften; sein Hauptwirkungsort war Berlin, wo er als Privatgelehrter forschte und Studenten der Charité und später auch der Technischen Universität Charlottenburg unterrichtete (Hoppe 1985). Teleky wirkte zunächst in Wien, übernahm 1921 die Stelle eines preußischen Landesgewerbearztes in Düsseldorf, die er 1933 quittieren musste, ging wieder zurück nach Wien, emigrierte 1938 schließlich nach New York, wo er noch einige grundlegende Übersichtsarbeiten schrieb.

1905 richtete die Centralstelle für Arbeiterwohlfahrtseinrichtungen in Hagen eine Sonderkonferenz aus zum Thema: »Die Belehrung der Arbeiter über die Giftgefahren in gewerblichen Betrieben« (Centralstelle für Arbeiterwohlfahrtseinrichtungen 1906). Anlass war die zunehmende Zahl von Vergiftungsfällen; allein diejenigen mit tödlichem Ausgang gingen damals in die Tausende pro Jahr. Es handelte sich also um ein Public-Health-Problem ersten Ranges. Lewin hielt das Einleitungsreferat, in dem er herausstellte, dass zum einen die Schutzmaßnahmen absolut unzulänglich seien und zum anderen die Beschäftigten überhaupt nicht aufgeklärt würden über die drohenden Gesundheitsgefahren. Er forderte, dass die Arbeitgeber und die Berufsgenossenschaften hier sehr viel mehr tun müssten. Er äußerte sein Mitleid mit den Betroffenen und gab seinem »großen Zorn« darüber Ausdruck, das »Derartiges in unserer Zeit noch möglich« sei. Carl Duisberg, Direktor der Leverkusener Farbenfabriken vorm. Bayer & Co in Leverkusen, später langjähriger Direktor und Vorstandsvorsitzender der I.G. Farben, hielt die Gegenrede. Er bezweifle den Sinn solcher Aufklärungsmaßnahmen, denn die Arbeiter seien »von Natur aus« nicht in der Lage, derart komplizierte Dinge zu begreifen, und er fügte hinzu: Arbeiter seien »in dieser Beziehung unwissende Menschen.« (Ebenda, S. 88) Nun war sich Lewin darüber im Klaren, dass eine abstrakte Aufklärung die Situation kaum verbessern würde. Er bestand aber darauf, dass die Arbeiter durchaus einen Zusammenhang zwischen stofflicher Belastung und Krankheiten begreifen könnten, wenn ihnen die dazu notwendigen Kenntnisse »in viel persönlicherer Weise beigebracht« würden. Weiter: »Jedem Menschen, auch dem Ärmsten und Bedrücktesten, ist sein Leben für sich und die Seinigen lieb.« (Ebenda, S. 21) Duisberg entgegnete, als Folge der Lewin'schen Politik wäre die Industrie gezwungen, ins Ausland abzuwandern. Als Viktor Adler 1908 im österreichischen Parlament das furchtbare Schicksal der böhmischen und mährischen Zündholzarbeiter/innen thematisierte (Adler 1924), antwortete ihm der Handelsminister mit dem gleichen Argument, das Duisberg gegenüber Lewin vorbrachte: Gesundheitsschutz gefährde die Industrie und damit den »lebenswichtigen« Export. Unschwer lässt sich die Aktualität dieser Auseinandersetzungen erkennen.

Kurze Zeit später stieß der leitende Fabrikarzt der Bayer-Werke, Theobald Floret, ins gleiche Horn wie sein Arbeitgeber: Die Giftgefahren, so Floret (1913), würden seitens »bestimmter Gelehrter« übertrieben. Das Problem sei ein ganz anderes: »Der Arbeiter« habe grundsätzlich einen Hang zum »Simulantentum« und sei von »Begehrlichkeiten« gegenüber Arbeitgeber und Sozialversicherung erfüllt. Floret befürwortete daher eine engmaschige Kontrolle der Arbeiter und ihrer Familien, wobei »am besten« die Kontrolle direkt durch die Fabrikärzte – in den folgenden Jahren bürgerte sich hierfür der Begriff des Betriebsarztes ein – und ihre Helfer erfolgen sollte, was dann auch bis in die 1960er Jahre geschah. Ludwig Teleky schaltete sich in diese Debatte, die im Zentralblatt für Gewerbehygiene geführt wurde, sofort ein und widersprach Floret sehr energisch. Er argumentierte, als Angestellte des Fabrikunternehmers seien Fabrikärzte nicht unabhängig (Teleky 1913). Es bedürfe einer starken staatlichen Kontrolle und Einflussnahme, insbesondere durch staatliche Gewerbeärzte, und zwar einer Kontrolle vornehmlich der betrieblichen Verhältnisse. Für Teleky galt nach wie vor die Richtschnur, »die Einwirkung gegebener sozialer und beruflicher Verhältnisse auf die Gesundheitsverhältnisse festzustellen und anzugeben, wie durch Maßnahmen sanitärer und sozialer Natur derartige schädigende Einwirkungen verhindert werden können« (Milles/Schmacke 1999, S. 98). Teleky entwickelte, ausgehend von der Konditionalhygiene, ein präventionspolitisches Konzept, das kollektive Phänomene – d.h. die epidemiologische Perspektive – mit der individuellen Fallbetrachtung verknüpft, immer von dem Postulat ausgehend, dass auch »Schwächere« vor Gesundheitsgefahren geschützt werden müssen.

Das durch die Konstitutionshygiene geprägte Gegenkonzept – in der Arbeitsmedizin nahm der langjährige bayerische Landesgewerbearzt Franz Koelsch (1876-1970) eine führende Rolle ein – war und ist auf Leistung und Selektion ausgerichtet, d.h. »Schwächere« werden als »nicht tauglich« aussortiert, was wiederum als »individuelle Fürsorge« umgedeutet wird (Koelsch 1913). Zugleich wird »Fürsorge« gegenüber »Vorsorge« prinzipiell abgewertet. Schon ansatzweise in seinen Publikationen vor dem Ersten Weltkrieg (ebenda) und schließlich seit den 1930er Jahren durchgehend bis zur vierten Auflage seines »Lehrbuch(es) der Arbeitsmedizin« thematisierte Koelsch (1963) die Problematik der »kränklichen«, »neurasthenischen« Person – er sprach auch vom »Schwächlingstyp« – und der von ihr ausgehenden Belastung »des Volkes«. Er benutzte in diesem Zusammenhang den Begriff der »sozialen Verantwortung«, die der Schwächling vermissen lasse. Man müsse ihm daher mit »Strenge« und »Härte« entgegentreten (ebenda, S. 21, 60). Wenn in unseren Zeiten, freilich mit einer anderen Wortwahl, wohl aber mit Konzepten einer biologistisch durchwobenen Sozialtheorie im Rücken, ähnliche Problematisierungen vorgenommen werden, müssen diese vor dem Hintergrund der historischen Erfahrungen höchst bedenklich erscheinen.

5. Berufsethik als Verantwortung vom Anderen her

In den letzten Jahren hat Klaus Dörner, Nestor der deutschen Sozialpsychiatrie, m.E. einen substanziellen Beitrag zur Ethik-Debatte im Sozial- und Gesundheitswesen geleistet (Dörner 2002; 2007). Er orientiert sich dabei an einem Dreigestirn von paternalistischer, dialogischer und alteritätstheoretischer Ethik, wobei letzterer – anknüpfend an Emmanuel Levinas – die größte Bedeutung zukommt. Alterität – das ist die Andersheit des Anderen, den ich nie ganz verstehen kann, der mir immer mehr oder weniger fremd bleiben wird, der trotzdem meine Hilfe braucht, den ich unterstützen oder gar verteidigen muss gegen Angriffe ausbeuterischer, kontrollierender, diskriminierender, stigmatisierender und körperlich oder geistig zerstörender Art. Dörner präzisiert dieses allgemeine Postulat und betont, dass es ihm um den Aufbau von Selbstsein, Selbstbewusstsein, Selbstbestimmungs- und Widerstandspotenzialen zu tun ist, keinesfalls um Gängelung oder »fürsorgliche Kontrolle«. Dörner bezieht sich auf Levinas, der im internationalen Ethik-Diskurs immer stärkere Beachtung findet. Verantwortung ist immer eine »Verantwortung vom anderen her«, und Levinas formuliert weiter: »Das eigentlich Zwischenmenschliche liegt in einer Nicht-Gleichgültigkeit des Einen für die Anderen, in einer Verantwortlichkeit des Einen für die Anderen, noch bevor die in unpersönlichen Gesetzen festgeschriebene Gegenseitigkeit diese Verantwortlichkeit [...] überdecken kann« (Levinas 1995, S. 128f.). Dies bedeutet aber nicht, dass Levinas dem Recht oder der normativen Gerechtigkeit einen minderen Wert zuweist, sondern: Niemand könne sich verstecken hinter allgemeinen Gesetzen, Vorschriften, irgendwelchen Kodizes oder irgendwelchen Systemzwängen. Zugleich fordert er eine Verbesserung der Gesetze, möglichst auf internationaler Ebene, um den Benachteiligten und Bedrängten ein Mindestmaß an Möglichkeiten zu geben, Subjekt zu sein. Immer aber gilt es, den Einzelnen vor Zumutungen des Systems in Schutz zu nehmen, und immer gilt es, sich von der Not des Anderen berühren zu lassen. Diese verwickelte Dialektik der »Systemethik« levinasscher Provenienz ist von dem Münchener Soziologen Walter L. Bühl (1998) in brillanter Weise herausgearbeitet worden.

Bühl sollte für die Public-Health-Ethik-Debatte »entdeckt« und fruchtbar gemacht werden. Sein Hauptargument: Gruppen, Organisationen und Institutionen sind zwar Systeme, deren Rahmen und Struktur mehr oder weniger gute Voraussetzungen für ethisches Handeln bieten, doch ist nicht den Systemen, sondern den darin handelnden Menschen eine Ethik bzw. Kriterien ethischen Handelns überantwortet. Durch ihren Einfluss können Systeme menschlicher werden, was wiederum die Möglichkeiten des Einzelnen, den Ruf nach Verantwortung zu hören, verbessert. Schon Ulrich Beck (1988) wendet sich gegen die Ansicht, Verantwortung sei in hoch komplexen Systemen nicht mehr festmachbar, »verschwinde« gleichsam im Geflecht systemischer Netzwerke, wobei der Verantwortungsbegriff selbst bei Beck noch unklar bleibt. Bühl hat sich der Mühe einer Differenzierung unterzogen, sowohl soziologisch, indem er Komplexitäten »entflicht«, als auch philosophisch, indem er die Verantwortungsbegriffe sortiert. In deren »Inneres« dringt schließlich Zygmunt Bauman (1995) ein, wobei er vor allem mit den philosophischen Schulen Aristoteles'scher und Kant'scher Prägung hart ins Gericht geht. Seiner Auffassung nach kann ich mich hinter keiner Gemeinschaft, keiner Autorität, keinem Gesetz und Regelwerk verstecken. Bauman fragt nach der Person und nicht nach der Rolle, er fragt nach der persönlichen Moralität in konkreten Situationen und nicht nach der Erfüllung von Loyalitäten oder Pflichten. Und Dörner erinnert uns daran, dass wir im wirklichen Leben nur selten eine Reziprozität – ein kommunikatives Handeln auf Augenhöhe – vorfinden, sondern oftmals ein Gefälle, insbesondere dann, wenn wir es mit Schwächeren zu tun haben. Einer sich in diesem Kontext herstellenden Verantwortung können wir nie ganz gerecht werden; wir bleiben also immer »in der Schuld des Anderen«.

Eine Bereichsethik, in der Freiheit, Gerechtigkeit und Solidarität als unhintergehbare Kernkriterien angesehen werden, soll einer »volksgesundheitlichen« Funktionalisierung von Public Health einen Damm entgegensetzen. Doch ein Bereich, der von massiven ökonomischen, politischen und marktlogischen Interessen beeinflusst wird, kann auch – je nach makro- und mesopolitischen Kräftekonstellationen – seinen »Charakter« ändern. Niemand weiß, wie es dann, wenn sich marktradikale Interessen durchsetzen sollten, um Public Health bestellt ist. Niemand weiß, ob es nicht auch in der »Bereichsethik« eine Werte-Verschiebung geben wird. Die geistige Haltung jedenfalls großer Teile unserer Wirtschaftselite lässt – wie Ulrich Thielemann (2009) aufzeigt – leider nichts Gutes hoffen. Gerade dann aber ist eine Public-Health-Berufsethik unverzichtbar. Gerade dann ist ein von ethischen Kriterien geleitetes Berufsverständnis, gleich an welchem Ort ich mich befinde, für meine tägliche Praxis von außerordentlicher Bedeutung. Berufsethik kann dann auch heißen: Informelle horizontale Vernetzungen von Public-Health-Akteuren und -Akteurinnen zu bilden, möglicherweise gegen vertikale Zumutungen und Instrumentalisierungen.

6. Schlussbemerkungen

Was also können wir tun? Wie sollen wir uns in der Public-Health-Praxis verstehen? Was heißt Professionalität oder ethisch bewusste Beruflichkeit für uns? Eine solche Beruflichkeit erfordert höchstmögliche Sachkompetenz bei gleichzeitig höchstmöglichem Einfühlungsvermögen; sie erfordert eine Handlungsorientierung, die sich an Kriterien orientiert wie Verstehen, Respekt, Anerkennung, Selbstbestimmung und Autonomie des Anderen, Beteiligung und Empowerment, aber auch Schutz und Fürsorge für diejenigen, die sich nicht selbst helfen können. Es muss immer darum gehen, die Subjektivität und »die vorhandenen Kräfte des Menschen zu fördern« (Alice Salomon, zitiert nach Bauer 2009, S. 366f.). Abzulehnen ist eine Konzeption, deren Hauptkriterien in Anpassung, Integration und Leistungsfähigkeit bestehen. Seyla Benhabib (1995) kommt – ausgehend von der feministischen Sorgeethik und der nachkantianischen Gerechtigkeits- und Diskursethik – zu einem ähnlichen Ergebnis: Menschliches Handeln muss sich orientieren an der Würde des konkreten Anderen und zugleich an derjenigen des verallgemeinerbaren Anderen. Immer gehe es dabei – wie weit auch mein Gegenüber entfernt sein mag – um konkrete Prozesse »zwischen Menschen aus Fleisch und Blut« (ebenda, S. 168). Im beruflichen Alltag werden wir immer mit einem »Mix« ethischer Perspektiven zu tun haben: Da ist zum einen die konkrete Sorge um Benachteiligte, d.h. um diejenigen, denen wir Gesundheitsschutz und Gesundheitsförderung zukommen lassen müssen. Da ist zum anderen immer auch die allgemeine Ebene all dessen, was wissenschaftlich noch im Bereich des Nichtwissens und globalpolitisch im Bereich des Noch-Nicht-Erreichbaren liegt. Zu denken ist hier nur an die massenhaften Giftmüllexporte in Länder der Dritten Welt. Grundsätzlich bin ich für die gesundheitlichen Folgen, unter denen die so betroffenen Menschen leiden, verantwortlich, auch wenn mein berufliches Handeln mir angesichts der Dimension des Problems ohnmächtig erscheint. Mit dem kritischen Nachdenken darüber beginnt Ethik.

Geschichte der Arbeitsmedizin von der Monarchie bis zur Bundesrepublik

Der Landesgewerbearzt Franz Xaver Koelsch

In der Geschichte der Medizin führt die Arbeitsmedizin ein merkwürdiges und in sich höchst widersprüchliches Schattendasein. Hippokrates sah wohl das Leid der Sklaven, notierte aber, dass die Befassung mit diesen nicht zu seinen Aufgaben gehöre. Zugleich wusste er, wie wichtig Vorsorge, Prävention für die Gesundheit des Menschen ist. Seinen wohlhabenden Patienten empfahl er gesünderes Essen und insgesamt eine gesündere Lebensweise. Dass schwere und gesundheitszerstörende Arbeit Krankheit und frühen Tod verursachten, wusste Hippokrates sehr genau – das wussten im Prinzip alle: die Herrschenden wie die Betroffenen. Die entscheidende Frage freilich war die nach der Bewertung dieses Faktums: Wird diese schreiende Ungerechtigkeit in moralischer, ethischer und juristischer Hinsicht als solche wahrgenommen und gesehen? Oder ist die herrschende moralisch-ethisch-juristische Vorstellung so strukturiert, dass dieses Unrecht als rechtens bzw. als gerechtfertigt empfunden wird? Letzteres war der Fall, und diese Sichtweise änderte sich über die Jahrtausende kaum.

Die griechische Philosophie – und damit die Leitideen des sogenannten Abendlandes – lehrte ein Rassenkonzept, das zwischen wertvollen, weniger wertvollen und wertlosen Menschen unterscheidet. Krankheit und Tod der vermeintlich wertlosen Menschen wurden billigend und zumeist ohne schlechtes Gewissen in Kauf genommen. Dass eine derartige geistige Strömung bewusst oder unbewusst das professionelle Denken und Handeln selbst dann beeinflusst, wenn das offizielle Konzept – bedingt durch Renaissance, Aufklärung und die sozialen Forderungen der Arbeiterbewegung – sich geändert hat und zumindest programmatisch ein jeder Mensch, auch der ärmste und bedrückteste, Anspruch auf Gesundheit und ein gutes Leben hat, zeigt die Geschichte der modernen Medizin und insbesondere die Geschichte der Arbeits- und Sozialmedizin.

Der »Nestor der Arbeitsmedizin«

Nun war und ist die Arbeits- und Sozialmedizin im Konzert der medizinischen Disziplinen nicht wirklich anerkannt, weil sie nicht mit den neuesten Behandlungs- und Operationstechniken aufwarten kann, also nicht den Mythos des Heilens und des Heilers nährt. Mit anderen Worten: Arbeits- und Sozialmedizin befasst sich im Vorfeld von Krankheit mit krankmachenden Arbeitsbedingungen: einem Handlungsfeld, das außer gewissen Messtechniken lediglich ein hohes Maß an Wissen erfordert. Erfolgserlebnisse, wie sie die therapeutische Medizin kennt, und damit assoziierte teure und publikumswirksame Therapiemethoden liegen damit außerhalb des Handlungskreises der Arbeits- und Sozialmedizin. Das erzeugt Häme bei den einen und Neid bei den anderen. Umso mehr war und ist die Arbeits- und Sozialmedizin bemüht, sich den herrschenden Diskursen der Medizin – und damit dem Diskurs der Herrschenden – anzuschließen, ja: sich geradezu anzubiedern. Franz Koelsch, bayerischer Landesgewerbearzt von 1909 bis 1950 und erster Landesgewerbearzt des Deutschen Reiches überhaupt, ist dafür ein paradigmatisches Beispiel.

Gine Elsner, emeritierte Professorin für Arbeitsmedizin, hat über das Leben und Wirken Koelschs ein fulminantes und höchst lehrreiches Buch vorgelegt: Gine Elsner, Staatstragende Arbeitsmedizin. Franz Xaver Koelsch (1876-1970), Bayerischer Landesgewerbearzt von der Monarchie bis zur Bundesrepublik, Hamburg 2014. Wer dieses Buch studiert, erfährt en passant eine Menge über die politische Geschichte des Deutschen Reiches, genauer: der Weimarer Republik und des Nationalsozialismus. Doch nicht nur das: Zugleich werden Leser und Leserin mit einer Fülle von Einzelfakten aus der Industrie- und Medizingeschichte konfrontiert, nicht zuletzt mit den Lebens- und Wirkungsgeschichten eines guten Dutzends weiterer Arbeitsmediziner, die zum Teil – wie Koelsch selbst – noch weit in die Bundesrepublik und die Deutsche Demokratische Republik hinein wirkten.

Es fällt nicht leicht, den roten Faden dieser großen Studie zu finden. Koelsch war ein erzkatholischer, antidemokratischer Konservativer, ein durch und durch autoritätsorientierter Mensch, der sich auf höchst virtuose Weise mit dem Nationalsozialismus arrangierte. Um es gleich an dieser Stelle festzuhalten: Wie für viele deutschnationale Wissenschaftler und Professionelle war für Koelsch die Kategorie der »Ausmerze« keine im praktischen Denken und Handeln relevante, wohl aber die Kategorie der »Minderwertigkeit«. Das reichte den radikaleren Teilen der Naziverbrecher, um sich mit dem Schein »seriöser« Wissenschaftlichkeit zu schmücken. Von Koelsch ist, wie von so vielen anderen, nicht bekannt, dass er sich aktiv gegen die »Vernichtung durch Arbeit« eingesetzt hätte. Doch er war sich nie einer Schuld bewusst.

Koelsch hat sich selbst am Ende seines Lebens als »Nestor der Arbeitsmedizin« stilisiert. Er ist dies in einem gewissen Sinne, nämlich insofern, als er wesentliche Beiträge zur Leistungs- und Selektionsmedizin beigesteuert hat. Im Sinne einer sozial und sozialethisch orientierten Arbeitsmedizin ist er dies nicht. Dieser Titel gebührt eindeutig dem Wiener Sozialmediziner und späteren Düsseldorfer Landesgewerbearzt Ludwig Teleky, der aufgrund seiner jüdischen Herkunft und seiner sozialdemokratischen Orientierung von den Nazis vertrieben wurde und dann in Österreich wie in Deutschland jahrzehntelang vergessen war. Koelsch hat davon – wie viele andere »arische« Wissenschaftler – immens profitiert. Er diente genau genommen fünf verschiedenen politischen Systemen: dem bayerischen Königreich, der Weimarer Republik, dem Nationalsozialismus, der US-amerikanischen Besatzungsmacht und der Bundesrepublik Deutschland. Zugleich konnte sein seit der Weimarer Zeit vielfach wiederaufgelegtes zweibändiges Handbuch der Berufskrankheiten noch posthum 1972 in der DDR, bei VEB Fischer in Jena, erscheinen. Dies ist ein Fingerzeig, dass die Arbeits- und Sozialmedizin auch in der DDR nicht wirklich in der Lage war, ihre unheilvolle Vorgeschichte zu überwinden.

Vertreter der Konstitutionsmedizin

Die erste Auflage seines Handbuchs der Berufskrankheiten erschien 1935, die erste Auflage seines Lehrbuchs der Gewerbehygiene, dessen Titel sich in späteren Auflagen in Arbeitshygiene und schließlich in Arbeitsmedizin verwandelte, erschien 1937. Entgegen anderen Einschätzungen – auch der von Gine Elsner – sah Koelsch im Nationalsozialismus besonders gute Rahmenbedingungen, um sein Wissen und seine Erfahrungen in systematischer Weise der Fachöffentlichkeit zu offerieren. Koelschs Lehrbücher imponieren durch ihre Detailkenntnis der Berufe, der Arbeitsstoffe und der Arbeitsplätze, doch vieles in diesen Darstellungen ist nur halbwahr oder falsch. Medizinisches und arbeitsmedizinisches Wissen wird umfänglich referiert, doch auch hier ist vieles merkwürdig, verdreht oder schlicht falsch. So beispielsweise die Abhandlungen zu Arsen – darauf wird zurückzukommen sein.

Koelsch lobt sich selbst in seinen Lehrbüchern über den grünen Klee. Doch in vielen Bereichen der originären Arbeitsmedizin hat Koelsch, ganz entgegen seinem – in späteren autobiografischen Schriften niedergelegten – Selbstbild, nicht die entscheidenden Entdeckungen und Erkenntnisse geliefert. Er pflegte besondere Beziehungen zur Badischen Anilin- und Sodafabrik – der BASF – in Ludwigshafen. Die Pfalz gehörte bis 1945 zu Bayern und damit zum Handlungsbereich des bayerischen Landesgewerbearztes. Dessen Beziehung zu diesem Chemieunternehmen entwickelte sich über die Jahrzehnte zu einer insbesondere »den BASF-Herren« gegenüber »höchst freundschaftlich[en]« (S. 36), doch die elementaren Beiträge zur Aufdeckung des Harnblasenkrebses bei Farbenarbeitern – des Anilinkrebses – und des Lungenkrebses bei Chromatarbeitern – des Chromatkrebses – kamen von anderen. Der Anilinkrebs wurde von dem Frankfurter Chirurgen Ludwig Rehn entdeckt, der Chromatkrebs vom Fabrikarbeiterverband in Ludwigshafen. Koelsch schenkte den Gewerkschaftsberichten jahrzehntelang keinen Glauben, behauptete aber später, selbst an der Aufdeckung des Chromatkrebses beteiligt gewesen zu sein. Ähnlich sah Koelsch seine Arbeit zur Steinstaublunge, der Silikose. Seine Behauptung, er selbst habe die staatlichen Stellen davon überzeugen können, die Silikose in die Liste der Berufskrankheiten aufzunehmen, »verfälscht«, wie Elsner schreibt, »das wahre Geschehen« (S. 187). Es waren Gewerkschaftsvertreter, die diese entscheidende Wendung herbeiführten.

Koelsch war ein unermüdlicher ärztlicher Untersucher. Doch häufig blieben seine Untersuchungen auf halbem Wege stehen, weil er meist nur die noch Arbeitsfähigen, nicht aber die bereits Erkrankten untersuchte, und weil er immer wieder eine »konstitutionelle Minderwertigkeit« – er sprach auch von »Unterwertigkeit« – für den Ausbruch der Erkrankungen verantwortlich machte (S. 185). Dass die Konstitutionsmedizin damals – und dies gilt auch für die Gegenwart – über keinerlei empirische Basis verfügte, dass also das unablässige Gerede über sie dem Reich des Mythos angehört, störte Koelsch wie so viele andere, die sich Wissenschaftler nannten, nicht. Das Leben dieses vielfach, unter anderem mit dem Bundesverdienstkreuz geehrten Mannes ist voll von derartigen Umdeutungen, Verdrehungen, Unwahrheiten und Erfindungen.

Selektionsmedizin

Gine Elsner hat sich die Aufgabe gestellt, in mühevoller Recherche einem Detail ums andere nachzugehen, um die Faktizität der Biografie Koelschs herauszuschälen. Das ist für die heute forschende Person ein schwieriges Unterfangen, und wie bei anderen historischen Forschungen sind bereits die Beschreibungen von der jeweiligen Sichtweise, von den Hintergrundannahmen und schließlich und endlich vom kollektiven Denkstil der Disziplin abhängig, welcher der oder die jeweilige Forscher/in sich angehörig fühlt. Bei Gine Elsner merkt man, dass sie eine überaus engagierte Arbeitsmedizinerin ist und sich mit negativen Bewertungen der Arbeitsmedizin als solche stark zurückhält. Doch wie die arbeitswissenschaftlichen Fächer als Ganzes ist auch die Arbeitsmedizin immer schon in höchstem Maße ambivalent: Zum einen ist es ihr Anspruch, gesundheitsschädliche Arbeitsbedingungen zu erkennen und durch ihren professionellen Beratungseinfluss abzuschaffen. Zum anderen aber war die Arbeitsmedizin immer schon darauf ausgerichtet, die Leistungsfähigkeit und Leistungswilligkeit der Arbeitenden zu erhöhen und die nicht oder nicht ausreichend Leistungsfähigen zu benennen und an den Rand der Arbeitswelt abzudrängen.

Dafür waren und sind der Arbeitsmedizin die Theorie der genetischen Disposition und die Praxis der Eignungsuntersuchung unverzichtbar. Selektionsmedizin hat eine lange Geschichte, die bis heute andauert. Der Nationalsozialismus hat dieses Konzept zur brutalsten Ausformung gebracht, doch angelegt war es, von Anfang an, in der kapitalistischen Gesellschaft, unterstützt und legitimiert durch die geistesgeschichtliche Tradition des platonisch-aristotelischen Rassismus. Koelsch steht in dieser Tradition, und zwar ganz bewusst, um nicht zu sagen: ganz und gar selbstbewusst. Die Selektionsmedizin lässt sich in dem schier unerschöpflichen Materialreichtum, den Gine Elsners Buch bietet, als durchgängige Denkfigur Koelschs herauslesen. So findet sich in praktisch allen großen Beiträgen, die Koelsch seit 1909 veröffentlichte, und in allen Auflagen seiner großen Lehrbücher der Arbeitsmedizin, ebenso wie in allen Auflagen seines Handbuchs der Berufskrankheiten, ein umfangreiches Kapitel zum Thema »Konstitution und Berufseignung«. Darin wird unverblümt und bis in die letzten Ausgaben sprachlich unverändert davon schwadroniert, dass Menschen eine sehr unterschiedliche »Giftfestigkeit« besäßen und dass »ein guter Arbeitsmediziner« in der Lage sei, dies anhand von Haut- und Haarfarbe, Körperhaltung, Gang und Gesamthabitus zu erkennen. Koelsch spricht abschätzig von »Vagotonikern«, »Schwächlingstypen« und »Unterwertigen«. Das ist ungeheuerlich und durch nichts zu entschuldigen, auch nicht durch die Feststellung, dass Koelsch »Kind seiner Zeit« gewesen sei. Selbst wenn es gewisse Empfindlichkeiten geben sollte, so wären die Empfindlicheren dadurch zu schützen, dass die betrieblichen, das heißt technisch-organisatorischen Schutzmaßnahmen verbessert werden. So hat dies beispielsweise Ludwig Teleky gesehen, der sich bereits vor Koelsch intensiv mit Arbeitsmedizin befasste. Zugegeben: Teleky stand damit in der Medizinerzunft ziemlich allein. Umso mehr muss man ihn heute ehren, umso mehr muss man den vielen linkssozialistischen, linkslibertären und anarchosyndikalistischen Stimmen – wie beispielsweise die von Otto Rühle – Respekt zollen, die schon frühzeitig auf die verheerenden Gefahren der sozialdarwinistischen Ideologie aufmerksam gemacht haben.

Koelsch und Teleky

Es gibt noch einen wesentlichen Unterschied zwischen der hegemonialen Sicht der Koelsch'en Arbeitsmedizin und einer sozialen Arbeitsmedizin, wie sie von Ludwig Teleky vertreten wurde. Teleky versuchte mit allen verfügbaren Mitteln, zum Beispiel durch enge Kooperation mit Krankenkassen, herauszufinden, ob und wie viele Arbeiter/innen durch die Arbeitsbedingungen bereits so krank geworden waren, dass sie nicht mehr im Betrieb vorfindbar oder bereits an arbeits- oder berufsbedingten Erkrankungen gestorben waren. Teleky hatte einen eminent sozialepidemiologischen Ansatz. Koelsch hingegen – und das ist dem Material Gine Elsners sehr gut zu entnehmen – interessierte sich für die »Ausgeschiedenen« nicht besonders und vernachlässigte diesen wichtigen Aspekt zusehends. Dies jedoch ist ein entscheidender Aspekt bei der Erkennung von Berufskrankheiten (im Folgenden mit BK abgekürzt). Bei BK-Verfahren gab sich Teleky nie mit der ärztlichen Untersuchung zufrieden. Er versuchte immer, die Arbeitsvorgeschichte minutiös zu rekonstruieren, er ging bei BK-Verfahren – oftmals gegen den Widerstand der Arbeitgeber – in die Betriebe, bohrte bei Arbeitern und Arbeiterinnen, bei Vorgesetzten, Technikern und Ingenieuren nach, ließ Arbeitsverfahren nachstellen und ließ nicht locker, bis er selbst die feinsten physikalischen, chemischen und toxikologischen Sachverhalte verstanden hatte. So konnte er gegen eine Übermacht ablehnender medizinischer Gutachter immer wieder Betroffenen zu ihrem Recht verhelfen.

Ganz anders Koelsch: Er war der Auffassung, dass der gewerbeärztliche Dienst sich schwerpunktmäßig auf die medizinischen Untersuchungen und medizinischen Begutachtungen beschränken sollte. Zugegeben: Es gab in Preußen wie in Bayern zahllose Konflikte zwischen technischer und medizinischer Gewerbeaufsicht: Wer sollte gleichsam »die Führung« haben, wer sollte Aufsichts-, Revisions- und Anordnungsbefugnis haben? Teleky wollte diese Befugnis durchaus, schon allein deshalb, weil er die oftmals arbeitgeberfreundliche Tätigkeit der Betriebsärzte als stark kontrollbedürftig ansah. Koelsch wollte diese Kontrolltätigkeit nicht, ihm war ein gutes Verhältnis zu den Betrieben und Betriebsärzten angelegen. Koelsch war in seinen späteren Jahren, trotz seiner langsamen Erblindung, immer noch als Gutachter in BK-Verfahren tätig. Den Berufsgenossenschaften war er als willfähriger wissenschaftlicher Zuarbeiter seit Langem wohlbekannt. Koelschs Wirken auf diesem Gebiet hatte in der Nachkriegszeit fatale Folgen, was sich in besonders ausgeprägter Weise im Zusammenhang mit der Arsenkatastrophe an der Mosel zeigte – ein leider von Gine Elsner nur kurz gestreiftes, doch nach Ansicht des Rezensenten zur Beurteilung der Person Koelsch wie auch der Nachkriegs-Arbeitsmedizin bedeutsames Thema.

Die Arsenkatastrophe an der Mosel

Der Weinbau an der Mosel war bereits im 19. Jahrhundert wiederholt von Insektenbefall bedroht. Zu Beginn der 1920er Jahre bot die BASF den Weinbauern Arsentrioxid als Insektenvernichtungsmittel an. In der Folge wurde dieses Mittel massenhaft eingesetzt. Ebenso massenhaft starben dann ab den 1940er Jahren und bis in die 1970er Jahre hinein viele Winzer, wahrscheinlich mehr als tausend, an furchtbaren, unvorstellbar quälenden Mehrfachkrebsen der Haut, der Leber und der Lunge. Koelsch war der Auffassung, dass nicht der unverantwortliche Arseneinsatz, sondern der Umstand, dass die Weinbauern an heißen Spätsommertagen den arsenverseuchten Trester-Haustrunk zu sich nahmen, verantwortlich zu machen sei. Der Haustrunk ist eine mit Zucker und viel Wasser aufgerührte Suspension aus ausgepressten Traubenschalen und Rebzweigen, die maximal drei Prozent Alkohol entwickelt. Davon tranken alle, auch die Frauen und Jugendlichen – an heißen Tagen bis zu mehreren Litern. Doch an Krebs erkrankten überwiegend Männer, die mit primitivsten Spritzgeräten auf dem Rücken mehrmals pro Jahr an den Steilhängen gearbeitet hatten und vollkommen mit Arsenbrühe durchnässt waren. Das kümmerte Koelsch wenig: Für ihn waren für den frühen Krebstod der Bauern der hohe Alkoholkonsum in Kombination mit dem im Haustrunk befindlichen Arsen und zudem die genetische Disposition ursächlich verantwortlich. In einer Übersichtsarbeit von 1958 schrieb er selbst: »Mir genügt für die Klärung der Zusammenhänge schon der Alkohol« (zit. S. 324).

Koelsch schrieb zwischen 1952 und 1957 insgesamt 121 Gutachten zu Arsen-BK-Fällen an der Mosel. Er lehnte alle Fälle ab. Er sah von den Erkrankten persönlich nur wenige und rühmte sich selbst damit, allein schon aufgrund seiner »reichhaltigen Erfahrung« urteilen zu können. Die Gutachten hatten im Wesentlichen alle den gleichen Text. Doch damit nicht genug: Er empfahl darüber hinaus allen Ernstes, den vor 1952 berufserkrankten Winzern, deren Krebs positiv begutachtet wurde, rückwirkend ihre Anerkennung abzuerkennen.

Koelsch überging die zwei Jahre zuvor erschienene umfangreiche Studie des Bonner Pathologen Ferdinand Roth mit einigen höchst abschätzigen Worten. Der Pathologe hatte zahlreiche früh verstorbene Winzer obduziert und identifizierte die berufliche Exposition als Ursache der Hautkrebserkrankungen, die zumeist mit vielen weiteren Krebsen der inneren Organe verbunden waren. Roth war – im Gegensatz zu Koelsch – den Lebens- und Arbeitsgeschichten seiner Fälle auf das Genaueste nachgegangen, d.h. er besuchte die Angehörigen, befasste sich mit den Arbeitsvorgängen, veranlasste chemische und toxikologische Untersuchungen und kam schließlich zu der Auffassung, dass der Arseneinsatz als ein »untragbares Massenexperiment« zu werten sei.

Koelsch gefiel sich darin, Kollegen wie Roth zu ignorieren und die Leidenden zu verhöhnen. Das wiederholt sich auch in den späteren Auflagen seiner Lehrbücher. Koelsch hat mit seinem Wirken nicht nur den Mainstream der Arbeitsmedizin in beiden deutschen Staaten bis weit in die 1980er Jahre hinein beeinflusst, nein: Er hat auch Tausende von armen Familien durch seine sogenannten Obergutachten in Not und Ungemach gebracht. Indem er den von Krankheit Betroffenen auch noch selbst die Schuld zuwies, stürzte er die Todkranken und – wie sich der Autor dieser Zeilen in vielen Interviews an der Mosel überzeugen konnte – auch ihre Kinder und Enkelkinder in eine Art Schockstarre: einen von Fatum, Armut, Schuld und Tabuisierung bestimmten Mentalitätszustand. Koelsch sah sich selbst auf der Seite der Auserwählten und die Berufserkrankten auf der Seite der »Unterwertigen«.

Zwar hielt der Katholizismus in der großen Enzyklika rerum novarum (Leo III, 1891) noch an der Gottgegebenheit der Klassenunterschiede fest, doch gestand er auch den Nicht-Auserwählten ein Recht auf ein halbwegs gesundes Leben zu. Dass der gläubige Katholik Franz Xaver Koelsch beim Abfassen seiner Gutachten weder Skrupel noch Scham verspürte, zeigt erneut, wie anpassungsfähig das gelebte Christentum an Kolonialismus, Rassismus und Faschismus war. Koelsch teilte diese Eigenschaften mit sehr vielen Persönlichkeiten der deutschen und österreichischen Medizin-, Rechts- und Wissenschaftsgeschichte. Die zugrunde liegenden Denksysteme der tradierten griechischen Elitephilosophie, die Lehre von der natürlichen Ungleichheit der Menschen, die Konzepte des Berechenbarmachens des Menschen, die Beurteilung des Menschen allein nach seiner Leistungsfähigkeit – all das wäre in diesem Zusammenhang zu thematisieren. Doch das wäre ein anderes, ein neues Buch.

Arbeitsmedizin im Nationalsozialismus

Die verdeckte Geschichte des Ernst Wilhelm Baader

Während der 1970er Jahre wurden mehr und mehr die Arbeitsmedizin und die Tätigkeit der arbeitsmedizinisch ausgebildeten Betriebsärzte thematisiert. In italienischen Arbeiterkämpfen bei Fiat, Olivetti und anderen Betrieben, insbesondere aber in der oberitalienischen Chemieindustrie, hatten kämpfende Arbeiter und kritische Intellektuelle die reaktionäre Rolle der dortigen Arbeits- und Betriebsmedizin unterstrichen. Sie konnten zeigen, dass das, was Betriebsärzte taten, meist nur Selektionsmedizin war. Diejenigen Arbeiter, deren Gesundheit verschlissen war, meldeten sie den Betriebsleitungen als dauerhaft arbeitsunfähig, mit der Folge, dass kranke Arbeiter ihren Arbeitsplatz verloren. Bemühungen um die Herstellung gesundheitsgerechterer Arbeitsbedingungen sahen sie nicht als ihre Aufgabe. Die italienischen Kämpfer forderten daher, dass die Gesundheit der Arbeiter und Arbeiterinnen nicht mehr an Arbeitsmediziner delegiert werden, sondern in die eigenen Hände genommen werden müsse. »Non delegata« war das Schlagwort, »Arbeitermedizin« das neue Konzept.

In Deutschland war die Situation keine grundlegend andere. Auch bei BASF, Thyssen und Opel sortierten Betriebsärzte Arbeiter/innen aus, die ihrer Meinung nach nicht mehr leistungsfähig waren, und setzten sie damit auf die Abschussliste. Nur besonders verdiente Angehörige der Stammbelegschaften konnten hoffen, einen »Schonarbeitsplatz« zu bekommen. Krankheit war ein Zeichen der Schwäche, genauer: der Schwächlichkeit, oder – schlimmer – ein Zeichen des Simulantentums. Darin war die Arbeitsmedizin immer ganz groß: Simulanten zu »enttarnen«.

Doch die damalige Situation war komplizierter, komplexer, verwickelter. Wer Anfang der 1970er Jahre das Problem der gesundheitszerstörenden Arbeitsbedingungen in der deutschen Industrie aufwarf, hatte viele Gegner. Die Gewerkschaften hatten in vielen Tarifverträgen schmutzige und gesundheitsschädliche Arbeit mit finanziellen Zulagen verknüpft, sodass Arbeiter/innen unterer Lohngruppen sich ihre Gesundheit oftmals abkaufen ließen.

Das war im Übrigen in der DDR nicht anders. Wer von Zulagen lebte, dem waren die »Gesundheitsapostel« Feinde. Doch als mächtiger und hoch aggressiver Gegner erwies sich das Medizinsystem und insbesondere die Arbeitsmedizin höchstselbst. Wer in ihren eigenen Reihen – oder noch schlimmer: auf ihren Veranstaltungen, in ihren heiligen Hallen – kritische Fragen stellte, riskierte den beruflichen Ausschluss, kam auf diverse schwarze Listen und geriet mitunter auch ins Fadenkreuz des Verfassungsschutzes.

In den Auseinandersetzungen wurde relativ schnell klar, dass die führenden Vertreter der Arbeitsmedizin eng mit der Industrie liiert waren und sich auf eine bislang ungebrochene Tradition stützen konnten, deren Hauptwurzeln im Nationalsozialismus zu finden waren. Nur wenige kritische Mediziner wie Karl Heinz Roth, Sepp Graessner, Gine Elsner, Rainer Müller und nur wenige Historiker wie Dietrich Milles begannen in den 1970er Jahren, sich mit der unheilvollen Geschichte der Arbeitsmedizin auseinanderzusetzen. Beim Gesundheitstag 1980 trugen Roth und Graessner erste Ergebnisse vor, 1985ff. legten Elsner, Müller, Milles und andere Forscher/innen, vorwiegend der Universität Bremen, weiteres Material vor. Die Bremer Hochschullehrer/innen Müller und Elsner, die zugleich auch Fachärzte/-ärztinnen für Arbeitsmedizin waren, und weitere Arbeitsmediziner/innen, denen eine enge Verbindung zu »den Bremern« nachgesagt wurde, galten bei der Deutschen Gesellschaft für Arbeitsmedizin als »unerwünschte Personen«. Sie wurde gleichsam exkommuniziert. Stattdessen hob man die vermeintlichen Säulenheiligen der arbeitsmedizinischen Tradition wie etwa die Arbeitsphysiologen Atzler und Lehmann und dann immer stärker Baader auf den Sockel.

Von Atzler und Lehmann wusste man längst, dass sie überzeugte Nazis waren. Baader galt als Mitläufer, und nach ihm benannte man in den 1980er Jahren auch den Ernst-Wilhelm-Baader-Preis für besondere Verdienste auf dem Gebiet der Arbeitsmedizin. Ebenfalls nach ihm benannt wurde die Ernst-Wilhelm-Baader-Gedächtnis-Vorlesung bei der jährlichen oder zweijährlichen Jahrestagung der Fachgesellschaft. Im Jahr 2000 veröffentlichte Gine Elsner, mittlerweile Ordinaria in Frankfurt a.M., einen kritischen Artikel zu Baader, elf Jahre später ein ganzes Buch zu ihm (Elsner 2011). Nun war Baaders Verstrickung in den Nationalsozialismus »eigentlich« nicht mehr zu leugnen. Doch das Präsidium der arbeitsmedizinischen Fachgesellschaft wollte das immer noch nicht gänzlich wahrhaben, sodass Karl Heinz Leven, Direktor des Instituts für Geschichte und Ethik der Medizin an der Universität Erlangen-Nürnberg, beauftragt wurde, »dieser Sache« erneut nachzugehen. Man hoffte offenbar auf »Entlastung«. Doch es kam anders.

Vorgelegt wurde eine sehr wichtige Studie, die noch einmal in ganzer Schärfe die Tradition der Arbeitsmedizin als Leistungs- und Selektionsmedizin herausarbeitet und exemplarisch an der Person Baader festmacht: *Philipp Rauh/Karl-Heinz Leven, Ernst Wilhelm Baader (1892-1962) und die Arbeitsmedizin im Nationalsozialismus, Frankfurt a.M. 2013.*

Baader, ein Emporkömmling, der von der Vertreibung der damals führenden jüdischen Arbeitsmediziner wie etwa Ludwig Teleky profitierte, schloss sich auf verschiedenen Handlungsfeldern der NS-Gesundheitspolitik an. Baader wurde 1934 Professor und Direktor des Universitätsinstituts für Berufskrankheiten in Berlin-Neukölln. Doch das genügte ihm nicht. Er zeigte in seinem Ringen um einflussreiche Positionen in der NS-Medizin eine schier gnadenlose Rücksichtslosigkeit. Die Studie von Rauh/Leven belegt seinen Anpassungsdrang an die antisemitisch-rassistische Ideologie genauso wie seine bedenkenlose Mitarbeit an Wehrmachts- und Lagermedizin. Baader unterstellte, wie andere NS-Mediziner auch, kranken Arbeitern, wenn nicht gleich eine Ursache gefunden werden konnte, schnell ein »Simulantentum«. So abgestempelte Simulanten galten für ihn als »minderwertige Menschen«. Neu und über den bisherigen Forschungsstand hinausgehend ist der Nachweis der Autoren, dass Baader führend an Menschenversuchen mit russischen Zwangsarbeitern 1943/44 in Berlin beteiligt war. Es gibt zwar noch Forschungslücken, doch Baader zeichnete als Institutsdirektor für Versuche mit verhungernden Russen verantwortlich. Es ging dabei um die »Behandlung« von Zahnfleischerkrankungen mit Nikotinsäureamid und das Ausloten der maximal verträglichen Dosis. Man muss sich vergegenwärtigen: Die dem Tod geweihten Zwangsarbeiter wurden als Versuchsobjekte genutzt.

Entlassen aus US-amerikanischer Kriegsgefangenschaft, ließ sich Baader in Hamm nieder, wo er 1947 »entnazifiziert« wurde. Er arbeitete als Internist am örtlichen Knappschafts-Krankenhaus und wurde alsbald auch dessen Direktor, bemühte sich aber gleichzeitig um die Fortsetzung seiner wissenschaftlichen Karriere. 1951 wurde er zum Honorarprofessor für Pathologie und Klinik der Berufskrankheiten der Medizinischen Fakultät der Universität Münster ernannt. 1962 erhielt Baader, kurz vor seinem herzinfarktbedingten Tod, das Bundesverdienstkreuz.

In der Zeit zwischen 1947 und 1962 vernetzte sich Baader mit allen seinen früheren Mitarbeitern und Kollegen, auch mit Teleky und anderen Emigranten, um das weltweite arbeitsmedizinische Wissen in einem Handbuch zu bündeln. Baader schaffte es, ein siebenbändiges und insgesamt fast 6.000 Seiten umfassendes Handbuch zusammenzustellen, das zwischen 1961 und 1963 erschien. Noch in den 1980er Jahren wurde dies, auch von kritischen

Arbeitsmediziner/innen, als beispiellose wissenschaftliche Großtat gefeiert. Unbestritten ist, dass man in »Baaders Handbuch« auch heute noch viele wichtige Informationen finden kann, so zum Beispiel Kasuiken, d.h. detaillierte Arbeitsplatzbeschreibungen und Erkrankungsgeschichten, die später so nie mehr aufgeschrieben wurden. Wie gesagt: Es haben viele Arbeitsmediziner mitgewirkt, auch kritisch-engagierte. Zugleich aber machen manche Kasuiken stutzig, insbesondere wenn es sich um sehr genaue Schilderungen eines Vergiftungsverlaufs handelt. In der Regel finden sich keine genauen Angaben zu Person und Ort. Es muss vermutet werden, dass unter der Hand Ergebnisse von Menschenversuchen eingeflossen sind, auch von Versuchen, die in KZs durchgeführt wurden. Rauh/Leven machen in ihrer Studie deutlich, dass die Tradition medizinischer Forschung schon vor 1933 den Menschenversuch kannte und solche Versuche auch nach 1945 praktizierte – man denke etwa an die bewusste Exposition von Soldaten gegenüber radioaktiven Strahlen in der Wüste von Nevada. Einmal von den Beiträgen Telekys abgesehen, gibt sich in Baaders Handbuch immer wieder die Leistungsmedizin zu erkennen. Die Gesundheit des Arbeiters oder der Arbeiterin ist nicht deshalb zu schützen, weil er oder sie ein Mensch, sondern weil er oder sie Produktionsfaktor ist. An dieser Schräglage krankt die Arbeitsmedizin bis heute, auch wenn sie nunmehr versucht, sich vom Erbe des Nationalsozialismus zu lösen.

Auch die Autoren der hier besprochenen Studie bleiben in diesem inneren Widerspruch hängen, wenn sie schreiben, dass Baader »sicherlich« kein Anhänger der Leistungsmedizin nach dem Vorbild der Deutschen Arbeitsfront (DAF) gewesen sei. Die DAF-Dokumente sind bis 1938 ganz auf der Linie der bis dahin artikulierten medizinischen und arbeitsmedizinischen Mehrheitsmeinung. Erst 1939, nach Kriegsbeginn, wandelt sich das Bild in Richtung Vernichtung durch Arbeit. Doch vorher gab es einen breiten Konsens. Die Vorstellung, dass Menschen im Arbeitsprozess möglichst lange, möglichst bis zum siebzigsten Lebensjahr, ausgepresst werden sollen, um die Dauer zwischen Ende des Arbeitslebens und Tod auf ein Minimum zu reduzieren, einte NS-Politik, Wissenschaft und praktische Medizin. Das konzedieren auch Rauh/Leven in ihrer Darstellung der Arbeits- und Leistungsmedizin im Nationalsozialismus. Wie also kommen sie zu dem Schluss, dass Baader nicht auf dieser Linie lag? Hier kann nur spekuliert werden. Das ist wahrscheinlich der Teil der Studie, der mit heißer Nadel gestrickt wurde, um den Auftraggeber nicht allzu sehr zu verschrecken. Der Vorsitzende der Deutschen Gesellschaft für Arbeitsmedizin und Umweltmedizin

(DGAUM), Hans Drexler, ist Professor für Arbeitsmedizin an der gleichen Fakultät wie die Autoren der hier diskutierten Studie. Und immerhin wurde die Studie finanziert von der Ernst-Wilhelm-Baader-Stiftung, deren Vorstandsvorsitzender ebenfalls Herr Drexler ist. Das ist eine – einmal sehr vorsichtig ausgedrückt – doch recht schwierige Konstellation. Gerade deshalb ist es erstaunlich, wie viel Material die Studie dennoch zutage befördert hat – Material, das hinreichen müsste, sich von Baader loszusagen, die Stiftung und die in seinem Namen vergebenen Stipendien und Preise umzubenennen, die in seinem Namen gehaltenen Gedächtnisveranstaltungen und die Lobpreisungen seiner Person in den Lehrbüchern ersatzlos zu streichen.

Die Asbestkatastrophe

Geschichte und Gegenwart einer Berufskrankheit

Der ökonomische Verwertungsprozess nimmt, insofern er sich den Herrschaftsprinzipien des Kapitalismus unterwirft, keine Rücksicht auf Gesundheit und Menschenwürde der Arbeitenden. So wurden und werden in der Produktionssphäre todbringende Arbeitsstoffe eingesetzt, wenn sie im Sinne des industriellen Fortschritts technisch und ökonomisch positive Effekte versprechen. Ein solcher todbringender Stoff ist das im vorliegenden Text im Mittelpunkt stehende Asbest, ein Silikatmineral, das sich für vielfältige technische Verwendungen eignete. Bereits in den 1920er und 1930er Jahren war der arbeitsmedizinische Erkenntnisstand soweit gediehen, dass Asbest hätte verboten werden müssen. Doch erlebten Abbau und Verwendung von Asbest erst danach, im Nachkriegsboom, ihren eigentlichen Aufschwung. Bis heute stellt Asbest ein besonders eindrückliches Beispiel für den unverantwortlichen Technologieeinsatz in der globalen Arbeitswelt dar. Auch in den kommenden Jahren sind viele arbeits- und berufsbedingte Erkrankungen zu befürchten – global wie auch hierzulande.

Spitze des Eisberges der Berufskrankheiten

1884 wurde unter Bismarck das Unfallversicherungsgesetz erlassen, das den am Arbeitsplatz verunfallten Arbeitern und Arbeiterinnen wenigstens eine gewisse Entschädigung zubilligte (Weber 1988, S. 113ff.). Diese Unfallrenten – damals noch in bescheidener Höhe – wurden von den neu gegründeten Berufsgenossenschaften gezahlt,[1] d.h. die Arbeitgeber wurden zugleich im Zuge der Haftungsablösung durch die Berufsgenossenschaften entlastet. Es dauerte Jahrzehnte, bis auf massiven Druck der Gewerkschaften und der Sozialdemokratie hin erreicht wurde, dass einige schwere Erkrankungen, die sich Arbeiter und Arbeiterinnen ursächlich durch ihre Tätigkeit

[1] Im Folgenden wird der Begriff der Berufsgenossenschaften (BGen), zu denen auch die Unfallkassen des Bundes, der Länder und der Kommunen sowie die Landwirtschafts-BGen gehören, synonym mit dem Begriff der Unfallversicherungsträger (UVT) benutzt.

zugezogen hatten, als sogenannte Berufskrankheiten den Unfällen gleichgestellt wurden und somit dem Prinzip nach entschädigt werden konnten (ebenda, S. 148ff., 216f.; vgl. auch Müller/Milles 1984 sowie Milles/Müller 1985). Die erste Berufskrankheiten-Verordnung 1925 listete 13 vorwiegend durch die Einwirkung gefährlicher Arbeitsstoffe ausgelöste Erkrankungen auf. Dazu gehörten zum Beispiel Erkrankungen, die durch Blei, Phosphor, Quecksilber, Arsen und Benzol ausgelöst wurden, durch Ruß, Paraffin, Teer verursachter Hautkrebs, Grauer Star bei Glasmachern, Erkrankungen durch Röntgenstrahlung, die Wurmkrankheit der Bergleute und die Schneeberger Lungenkrankheit, der durch radioaktive Erze verursachte Lungenkrebs. 1929 kamen weitere Erkrankungen hinzu, so die schwere Staublungenerkrankung (Silikose) der Bergleute, die Lärmschwerhörigkeit und Infektionskrankheiten in Heilberufen. Die derzeit gültige Berufskrankheiten-Liste (BK-Liste) umfasst mittlerweile (2015) 77 Positionen.[2] Gegliedert ist die BK-Liste in folgende Kapitel: (1) durch chemische Einwirkungen wie zum Beispiel Metalle, Erstickungsgase, Lösemittel, Schädlingsbekämpfungsmittel verursachte Krankheiten; (2) durch physikalische Einwirkungen verursachte Erkrankungen, wozu die »mechanischen BKen« wie zum Beispiel Sehnenscheiden-, Meniskus- oder Wirbelsäulen-Erkrankungen gehören, sowie Schäden durch Druckluft, Lärm und Strahlen; (3) durch Infektionserreger verursachte Krankheiten; (4) Erkrankungen der Atemwege; (5) Hautkrankheiten und (6) das Augenzittern der Bergleute.

Berufskrankheiten werden rechtlich auf der Basis des Siebenten Sozialgesetzbuches (§ 9) geregelt (www.gesetze-im-internet.de/sgb_7/index.html). Als Berufskrankheit (BK) werden Erkrankungen bei Personen anerkannt, die in erheblich höherem Grade als die übrige Bevölkerung über viele Jahre hinweg – als Faustformel gilt hier: mindestens zehn Jahre oder länger – schweren oder sehr schweren beruflichen Belastungen ausgesetzt waren. Die Rechtsprechung verlangt eine »überwiegende Wahrscheinlichkeit« des beruflichen Einwirkungsfaktors oder des beruflichen »Ausgesetztseins« – der Exposition – für die Krankheitsverursachung. Das bedeutet, die beruf-

[2] 2014 beschloss das Bundeskabinett die Dritte Verordnung zur Änderung der Berufskrankheiten-Verordnung, die am 1. Januar 2015 in Kraft trat. Die Liste der Berufskrankheiten findet sich unter: [http://www.bgrci.de/fileadmin/BGRCI/Downloads/DL_Reha/Formulare/Liste_der_Berufskrankheiten.pdf]; die im Folgenden genannten Zahlen zu Anzeigen und Anerkennungen einzelner BKen finden sich auf der Webseite der Deutschen Gesetzlichen Unfallversicherung (DGUV) unter dem Stichwort »Berufskrankheiten-Geschehen«.

liche Exposition muss mehr wiegen als alle anderen nicht beruflichen Faktoren bzw. Faktoren des privaten Lebensstils zusammen. Hierdurch sollte eine Trennungslinie zur »normalen« alters- und schicksalsbedingten oder selbst verschuldeten Krankheit und Invalidität gezogen werden.

Auch in der aktuellen Fachdebatte wird zwischen arbeits- und berufsbedingten Erkrankungen unterschieden. »Arbeitsbedingt« soll heißen, dass Arbeit ein ursächlicher Faktor unter anderen ist; »berufsbedingt« heißt hingegen, dass die Arbeit die hauptsächliche Krankheitsursache ist. Dieses sogenannte Kausalitätsprinzip ist nach wie vor geltendes Recht. Die Berufsgenossenschaften sind – allein schon aus ökonomischen Gründen – angehalten, Berufskrankheiten »mit allen Mitteln« zu verhüten. Das kann auch heißen, die Hürden für eine Anerkennung durch eine Reihe weiterer Bedingungen, wie zum Beispiel die Aufgabe der Tätigkeit, sehr hoch zu setzen. Schon diese wenigen Definitionen lassen erahnen, dass die meisten Arbeitserkrankungen im Sinne des BK-Rechts nicht anerkennungsfähig sind. Im Jahr 2013 wurden mehr als 70.000 Anzeigen auf Berufskrankheit erstattet, davon wurden lediglich rund 15.000 anerkannt, das sind 22%. Im gleichen Zeitraum gab es 4.815 neue BK-Renten. An Berufserkrankungen verstarben 2.343 Menschen.

Asbest kommt bei den tödlich verlaufenden Berufskrankheiten die traurige Ehre einer Spitzenposition zu. Im BK-Geschehen insgesamt nehmen Asbesterkrankungen nach Lärmerkrankungen mit 3.683 anerkannten Fällen den zweiten Platz ein. Die Anerkennungsquote beträgt hier immerhin 41%. Dies hängt auch damit zusammen, dass Asbestschäden, insbesondere diejenigen des Rippen- und Bauchfells, sehr spezifisch sind, d.h. durch eine gute Diagnostik mehr oder weniger gut von anderen Erkrankungen bzw. anderen Verursachungen zu unterscheiden sind. Anhaltende Auseinandersetzungen um Asbest, die – wie noch zu zeigen sein wird – nach wie vor seitens berufsgenossenschaftlicher Institute angeheizt werden, verweisen gleichwohl auf die Notwendigkeit einer gründlichen Arbeitsanamnese, d.h. die detaillierte Erhebung der Arbeitsvorgeschichte und der in ihr stattgefundenen Expositionen. Doch schon die Zahlen der anerkannten Erkrankungen sind bestürzend genug. Im Einzelnen handelt es sich um 1.920 Asbestosen, also Lungenverhärtungen durch Asbest, 793 Asbest-Krebse der Lungen und des Kehlkopfes sowie 970 Mesotheliome, d.h. Krebserkrankungen des Rippen- und Bauchfells. Im gleichen Zeitraum starben 159 Personen an Asbestose, 556 an Asbest-Lungen- oder Kehlkopfkrebs und 730 am Mesotheliom. Das sind zusammengenommen 1.445 anerkannte Asbest-Todesfälle in Deutschland – in einem Jahr. Umgerechnet und bezogen auf die Gesamtbevölkerung beläuft sich die jährliche Asbest-Neuerkrankungsrate auf 4,5 Fälle und die Asbest-Todesrate auf 1,8 Fälle pro 100.000 Personen. Vor allen Dingen auf den Werften wurde tonnenweise mit Asbest gearbeitet (Hien 2002, S. 78-86). Im kleinen Bundesland Bremen gab es in den vergangenen Jahrzehnten eine besonders ausgeprägte Werftindustrie. So liegen in Bremen die Asbest-Neuerkrankungs- bzw. Todesraten mit 47 bzw. 18 Fällen rund zehn Mal höher als im Bundesdurchschnitt.[3]

Zur Geschichte des Asbesteinsatzes

Was ist Asbest? Es handelt sich um ein faserförmiges, natürlich vorkommendes Silikat-Mineral, das vor allem in Kanada, aber auch in Russland und China abgebaut wird. Es gibt verschiedene Asbestarten, wobei hauptsächlich der Weißasbest – Crysotil – zum Einsatz kam. Asbest ist unbrennbar und höchst beständig und wurde daher jahrzehntelang als Brandschutz- und Isolationsmaterial eingesetzt, unter anderem auf Schiffen, in Transformatoren und Großmotoren, an Hochöfen und anderen Bereichen der Hitzearbeit. Ein besonders absurdes Anwendungsgebiet für Asbest: brandbeständige Schutzkleidung bei Hitzearbeit vor allem in der Eisen- und Stahlindustrie. In der Textilindustrie beschäftigte Arbeiterinnen waren ebenfalls hochgradig diesem tödlichen Stoff ausgesetzt.

Recht genau seit der Wende zum 20. Jahrhundert berichteten Mediziner auf Kongressen und in Fachblättern über Einzelfälle von tödlichen Asbesterkrankungen (Höper 2008, S. 149ff.). In den 1920er Jahren häuften sich die Berichte, vor allem aus England. Sie wurden auch von der deutschen Arbeitsmedizin rezipiert. Pathologen fanden bei verstorbenen Arbeitern völlig mit Asbestfasern angefüllte Lungen. In den 1930er Jahren verdichteten sich die Beweise für die gesundheitlichen Asbestfolgen derart, dass »schwere Asbeststauberkrankungen (Asbestose)« in die 1936 erlassene »Dritte Verordnung über die Ausdehnung der Unfallversicherung auf Berufskrankheiten« aufgenommen wurden. Zunächst also war es die tödlich verlaufende Asbestose, die den Medizinern Kopfzerbrechen bereitete. Der Grund war die extreme Staubkonzentration, die in der Zeitperspektive

[3] Zahlen zu den einzelnen Bundesländern verfügbar bei der DGUV, Referat BK-Statistik/ZIGUV.

schneller zur Lungenzerstörung führte als dies eine Krebserkrankung tun könnte. Krebs braucht eine gewisse Zeit, um sich von geschädigten Zellen bis zu einem Tumor zu entwickeln – die Latenzzeit. Sie beträgt bei Asbest zwischen 15 und 40 Jahren.

Mit der neuen Berufskrankheiten-Verordnung vom Januar 1943 gelangte Asbest auf die Liste der krebserzeugenden Stoffe. In Verbindung mit Asbestose sollten auch Lungenkrebserkrankungen als Berufskrankheiten anerkannt werden. Entsprechende Maßnahmen zur Staubbekämpfung wurden beschlossen, doch aufgrund der Kriegswirtschaft nicht umgesetzt. Robert Proctor, Wissenschaftshistoriker an der Stanford University, zeigte in seiner fulminanten, zugleich auch irritierenden Studie »Blitzkrieg gegen den Krebs« ein widersprüchliches Bild der nationalsozialistischen Gesundheitspolitik (Proctor 2002). Auf der einen Seite der NS-Zerstörungswahn, auf der anderen Seite eine moderne und konsequent präventiv ausgerichtete Gesundheitspolitik, die beachtliche Ressourcen für Ursachenforschung, Aufklärung und Schutzmaßnahmen mobilisierte. Proctor betont die Forschungen des Hannoveraner Pathologen Martin Nordmann, der bereits 1938 nachwies, dass zwölf Prozent der von Asbestose befallenen Arbeiter Lungenkrebs entwickelten (ebenda, S. 129f). Nordmann und seine Arbeitsgruppe konnten die eindeutige krebserzeugende Wirkung des Asbestes auch im Tierversuch zeigen. Proctor schreibt: »Deutschland war zu diesem Zeitpunkt in der Erforschung der Zusammenhänge zwischen Lungenkrebs und Asbest unbestritten führend.« (Ebenda, S. 132) Und nicht nur das, noch vor Ende des Krieges publizierten NS-Mediziner über Fälle von Pleuramesotheliom, also des Krebsbefalls von Rippen- und Brustfell, welcher binnen weniger Monate zum qualvollen Tod führt (ebenda). Der Technikhistoriker Wolfgang Höper urteilt vorsichtiger: »Impulse zurück aus der Medizin in die betriebliche Praxis [waren] kaum erkennbar. Asbestose wurde auch erst bei einer Minderung der Erwerbsfähigkeit ab 50 Prozent als Berufskrankheit anerkannt. Diese Einschränkung mutet in Anbetracht des tödlichen Krankheitsverlaufs der Asbestose sarkastisch an.« (Höper 2008, S. 163) So gesehen entpuppt sich der Präventionsakzent der NS-Medizin eher als ideologischer Feldzug denn als praktisch wirkende Strategie – zumal die Millionen Fremd- und Zwangsarbeiter ohnehin aus dem Schutzkonzept ausgenommen waren.

Immerhin war nach dem Ende der NS-Herrschaft arbeitsmedizinisches Wissen vorhanden, das Grundlage für eine weitergehende Präventionspolitik hätte sein können. In seinem *Lehrbuch der Arbeitshygiene* schreibt der bayerische Landesgewerbearzt Franz Koelsch: »Das Eindringen der im Staub befindlichen feinsten Asbestfasern (Asbestnadeln) erzeugt eine chronische Entzündung des (interstitiellen) Zwischengewebes zwischen den Lungenbläschen. Die Fasern bohren sich, begünstigt durch die Atembewegungen, in das Gewebe ein und verbreiten sich in der ganzen Lunge. Die Krankheitserscheinungen treten nach 3-5 (bis 10) Arbeitsjahren auf.« (Koelsch 1947, S. 226) Im *Handbuch der gesamten Arbeitsmedizin*, das der ehemalige NS-Mediziner Ernst-Wilhelm Baader 1961 herausgab, werden die Folgen der Asbestbelastung nicht beschönigt: »Der Hustenreiz wird stärker, ist besonders in den Morgenstunden sehr quälend (…). In schwersten Fällen besteht schon in Ruhe Atemnot mit Anspannung der Hilfsmuskeln des Halses, inspiratorischen Einziehungen der Halsgruben und Zyanose. Die Erscheinungen der Schwäche des rechten Herzens infolge der Erschwerung des Lungenkreislaufes mit Leberstauung und Ödemen können in den Vordergrund treten und schließlich zum Tode führen.« (Böhme 1961, S. 216ff.) Die Wahrscheinlichkeit, einen Asbest-Lungenkrebs zu entwickeln, steige mit der Expositionszeit auf mehr als 40%. Wörtlich schreibt der Lungenfacharzt: »Der Tod erfolgte bei den von mir untersuchten Patienten im Alter von 44 bis 64, durchschnittlich von 53 Jahren.« (Ebenda, S. 221)

Doch die Gesundheitsgefährlichkeit von Asbest – wie auch von vielen anderen Stoffen – interessierte in der Nachkriegszeit und in den Wirtschaftswunderjahren kaum jemanden (ebenda, S. 164ff.). Schon 1957 wurden im Bremer Überseehafen mehr als 40.000 Tonnen Rohasbest umgeschlagen (ebenda, S. 167f.). Ende der 1970er Jahre erreichten die Asbestimporte in der BRD einen jährlichen Rohmaterialumsatz von rund 170.000 Tonnen, in der DDR von etwa 70.000 Tonnen (www.dguv.de/ifa/Fachinfos/Asbest-an-Arbeitspl%C3%A4tzen/ index.jsp). Im offiziellen Arbeitsschutz kam Asbest lediglich als Allzweck-Werkstoff für Brand- und Hitzeschutz vor. Gewerbeaufsichtsbeamte – seit 1902 zusammengeschlossen im Verein Deutscher Revisionsingenieure – thematisierten bis Ende der 1960er Jahre Asbest ausschließlich unter dem Gesichtspunkt der Nützlichkeit für Brand- und Unfallschutz.[4] So standen auch für die praktische Arbeitsmedizin, d.h. für die

[4] Vgl. Jahrbücher der VDRI (Verein Deutscher Revisionsingenieure) der Jahre 1955, 1956, 1961 und 1962, zu finden auf der VDRI-Archivseite: www.vdri.de/historisches. Erst im Jahrbuch 1969 wird Asbest unter dem Thema »Staubbekämpfung« kritisch angesprochen – zugleich finden sich im gleichen Jahrbuch weiterhin völlig unkritische Empfehlungen beispielsweise für Schutzhelme (S. 34) oder Flammschutzmittel (S. 66).

Betriebsärzte, »Wiederaufbau und Wohlstand« in der Prioritätenliste ganz oben. So wurden 1950 in der BRD lediglich 17 Asbestosefälle angezeigt und nur fünf Fälle berentet. In der DDR gab es lange überhaupt keine registrierten Fälle (Aulmann 1990, S. 184-199). Bis in die 1970er Jahre bleiben die Zahlen auf diesem Niveau.

Zugleich betrachtete die Arbeitsmedizin der Siegermächte, allen voran diejenige Großbritanniens und der USA, die »deutschen Erkenntnisse« als irrelevant (Proctor 2002, S. 134). Für sie erfüllten ausführliche Fallbeschreibungen – Kasuistiken – und Fallberichte nicht das Kriterium der Wissenschaftlichkeit. Diese begann und beginnt für die angelsächsische Medizin und Arbeitsmedizin erst ab der »epidemiologischen Stufe«, d.h. erst auf der Basis großer bevölkerungsbezogener Datenmengen, die statistisch zu sichern sind. Noch bis in unsere Tage reicht der Spott des britischen Epidemiologen Sir Richard Doll über Martin Nordmann, der anhand weniger Einzelfälle den Zusammenhang zwischen Asbest und Krebs, so Doll, »zu bewiesen haben glaubte« (ebenda) – im Lichte des sich schon seit den 1970er Jahren in Umrissen klar andeutenden Ausmaßes der Asbestkatastrophe war das purer Zynismus. Erst Irving Selikoff, Lungenmediziner und Epidemiologe am Mount Sinai Hospital in New York, gelang es, das Steuer der verheerenden Asbestpolitik herumzureißen (Epstein 1979, S. 79-102). Selikoff war während der 1950er Jahre aufgefallen, dass viele seiner Patienten im Asbestabbau beschäftigt waren, und er ging der Sache nach. Die Industrie verweigerte die Kooperation, doch mithilfe der Daten der Gewerkschaften konnte er eine Kohorte von mehr als 600 Arbeitern zusammenstellen und epidemiologisch auswerten. In epidemiologischen Studien werden Krankheits- bzw. Todesursachen exponierter Personen mit denen nicht exponierter Personen verglichen. Ergebnis ist ein relatives Risiko, das heißt eine Aussage zum Faktor, um den das Risiko durch die Exposition steigt. Selikoff fand bei den Asbestarbeitern ein achtfaches Risiko für Lungenkrebs und ein mehr als hundertfaches Risiko für Mesotheliom. Selikoff ging 1964 nicht nur an die Fachöffentlichkeit (Selikoff 1964, S. 22-26), sondern sorgte auch für eine Verbreitung seiner Ergebnisse in den Medien. Er wurde als »Industriefeind« bekämpft und hatte eine jahrelange, gegen ihn gerichtete Kampagne zu ertragen.

Inzwischen waren auch die Folgen des massiven Asbesteinsatzes im Schiffbau spürbar. Während des Zweiten Weltkrieges waren in den USA mehr als 1,7 Millionen Werftarbeiter mit der Produktion von Kriegsschiffen beschäftigt. Das Pentagon tut seither ein Übriges, Asbesterkrankungen zu verniedlichen und Druck auf medizinische und epidemiologische Asbestforscher_innen auszuüben (Fite 2004). Doch hauptsächlich gab und gibt die internationale Asbestindustrielobby viel Geld aus, um Erkenntnisse über Gesundheitsgefahren durch Asbest zu unterdrücken, zu verfälschen und zu bagatellisieren. Samuel Epstein, in den 1970er Jahren Präsident des US-amerikanischen Krebsforschungszentrums, berichtet in seinem Buch *The Politics of Cancer* über die jahrzehntelangen Auseinandersetzungen, die im Gefolge des von Richard Nixon ausgerufenen »war against cancer« eher zu einem Bürgerkrieg um die Hoheit der Krebspolitik mutierten (Epstein 1979). Mit der Zeit verdichtete sich eine Vermutung zur Gewissheit: Nicht immer geht einem Asbest-Lungenkrebs eine Asbestose voraus. Dann kommt der Krebs »wie aus heiterem Himmel«. Die langen Latenzzeiten für Mesotheliom – aber auch das lange Hintertreiben der entsprechenden medizinischen Erkenntnisse – führten dazu, dass diese furchtbare Erkrankung, die tatsächlich einzig und allein durch Asbestexposition erzeugt wird, erst 1977 in die Berufskrankheitenliste aufgenommen wurde (Koch 1981, S. 184ff.). In Deutschland wie weltweit schossen die Erkrankungszahlen in die Höhe. Derzeit sind es weltweit über 100.000 Personen jährlich, die aufgrund einer Asbestkrankheit sterben. Erst 1990 bis 1993 kamen die längst überfälligen gesetzlichen Asbestverbote. Aufgrund der langen Latenzzeiten sind die Zahlen immer noch steigend. Was besonders traurig ist: Kanada, Russland, China und einige weitere Länder stellen ökonomische Interessen – genauso wie es auch die hiesige Asbestindustrie jahrzehntelang getan hat – weiterhin über die der Gesundheit.

Zum Beispiel Bremen: Asbesteinsatz bei Werft- und Hafenarbeit

Aus Brandschutzgründen wurden jahrzehntelang alle inneren Wände und Decken in Schiffen mit Asbestplatten ausgekleidet, was zu einer besonderen Belastung von Werftarbeitern geführt hat. 1968 schrieb das Gewerbeaufsichtsamt Bremen einen ausführlichen Brief an die Werftleitungen, in dem die Asbestgefahren – freilich auf dem damaligen Stand des Wissens – benannt und Schutzmaßnahmen angeordnet wurden (Hien et al. 2007). Im Falle der Bremer Vulkan-Werft ist nachweisbar, dass das Management diesen Brief hat verschwinden lassen, sodass jahrelang ohne Schutzmaßnahmen weitergearbeitet wurde (ebenda). Verfügungen der Gewerbeaufsicht wurden mit juristischen Mitteln bekämpft. Mitte der 1970er Jahre gab es dann erste Bewegungen in dieser Sache, dies auch deshalb, weil eine Gruppe von Betriebsräten, die »Echolot«-Gruppe, die Initiative ergriff und die Belegschaft kontinuierlich über die tödlichen Asbestgefahren informierte – gegen den Widerstand der IG Metall-Mehrheit im Betriebsrat.

Ein Vorfall soll wegen seiner exemplarischen Bedeutung nicht unerwähnt bleiben:[5] 1983 sollte ein hochgradig asbestverseuchtes Schiff, die *United States*, zur Reparatur und zum völligen Innenumbau in die Bremer Vulkan-Werft kommen. Die vom Werftmanagement vorgesehenen Schutzmaßnahmen waren jedoch vollkommen unzureichend. 1983 stellte die »Echolot«-Gruppe die Mehrheit im Betriebsrat (BR) und damit den BR-Vorsitzenden, Fritz Bettelhäuser. Die Gruppe machte auf die extremen gesundheitlichen Gefahren des Asbests aufmerksam. Die Werft erlebte in diesen Tagen tumultartige Szenen. Es gab eine Sonderbetriebsversammlung, auf der Fritz Bettelhäuser zum Boykott der Reparaturarbeiten auf der *United States* aufrief. Er wurde daraufhin »wegen geschäftsschädigenden Verhaltens« fristlos entlassen – es gelang ihm jedoch, sich wieder einzuklagen. Von einem hundertprozentigen gewerkschaftlichen Rückhalt der Asbestgegner konnte keine Rede sein, vielmehr war die IG Metall in dieser Frage tief gespalten. Asbestkritiker wie Bettelhäuser oder Rolf Spalek, die als Betriebsräte Dutzenden von schweren Asbesterkrankten zur Seite standen und sie bei BK-Anzeigen berieten, wurden als »Arbeitsplatzvernichter« beschimpft und teilweise auch körperlich angegriffen.[6]

Schließlich kam die *United States* nicht nach Bremen; sie sollte dann in der Hamburger HDW-Werft einlaufen, deren Belegschaft und Betriebsrat sich – trotz auch dort mangelhaft vorhandener Schutzmaßnahmen – zur Übernahme der Reparatur- und Umbauarbeiten bereit erklärt hatten. Doch dazu kam es ebenfalls nicht, weil sich Schiffs- und Werfteigner nicht über den Preis einigen konnten.[7] Die »Echolot«-Gruppe wurde in den späten

---

5 Zum Folgenden siehe Bogun/Hildebrandt 1994; ferner persönliche Mitteilung von Fritz Bettelhäuser an den Verfasser (Interview im Januar 2001 in Bremen-Nord).

6 Persönliche Mitteilung von Rolf Spalek an den Verfasser (Interview im Januar 2001 in Bremen-Nord)

7 Siehe www.spiegel.de/spiegel/print/d-13514750.html; die United States wurde erst ein Jahrzehnt später in der Ukraine entkernt und asbestsaniert: http://de.wikipedia.org/wiki/United_States_%28Schiff%29. Die Auseinandersetzung um die United States hat tiefe Spuren im kollektiven Gedächtnis der ehemaligen Vulkan-Arbeiter hinterlassen. Diejenigen, die für den Boykott waren, können es ihren

1980er Jahren in ähnlichen Fällen regelmäßig im Betriebsrat überstimmt. Wenn auch nicht mehr in dem Ausmaß wie noch in den 1970er Jahren, gab es Asbestexpositionen bis zur Schließung der Vulkan-Werft im Jahr 1997. Über viele Jahre hinweg, und auch noch nach 1983, gab es auf der Werft zudem die informelle Übereinkunft, dass »ein geregelter Arbeitsschutz an Bord nicht möglich« sei (ebenda). Diese Ansicht wurde auch von der Mehrheit der IG Metall-Vertreter in der Selbstverwaltung der damaligen Norddeutschen Metall-Berufsgenossenschaft mitgetragen.

Der ehemalige »Echolot«-Betriebsrat Rolf Spalek berät seit 1974 Berufserkrankte. Bis heute sind es über 650, die überwiegende Mehrheit davon ehemalige Vulkan-Arbeiter, und viele von ihnen sind bereits verstorben (Hien et al. 2007). Leider versucht die zuständige Metall-Berufsgenossenschaft immer wieder, Anerkennungsverfahren zu blockieren (ebenda, S. 52ff.). Ein besonders empörendes Beispiel: Arbeiter, die 1978 über mehrere Monate hinweg Reparaturarbeiten auf dem Schiff *Kungsholm* ausführten, waren extrem asbestbelastet (Hien et al. 2002, S. 83). Das damalige Staubforschungsinstitut der Berufsgenossenschaften versuchte, die Faserkonzentration in der Atemluft am Arbeitsplatz zu messen. Die Konzentration war so hoch, dass die Messköpfe verstopften, sie lag aber sicher über 90 Fasern pro Kubikzentimeter (F/cm^3). Am schlimmsten betroffen waren die sogenannten Bystander, Arbeiter, die in der Nähe eines Tischlers standen, der mit der Flexsäge Asbestplatten bearbeitete. Heute sagt man den Asbestose- und Krebserkrankten: »Es liegen keine Messwerte vor.« Erst mittels Zeugenaussagen ehemaliger Kollegen oder durch den Vergleich mit bereits abgeschlossenen, anerkannten Fällen kann dann den Betroffenen geholfen werden.[8]

In der europäischen Gesamtschau kann heute gesagt werden, dass ohne die Arbeit der »Echolot«-Gruppe das Asbestverbot wahrscheinlich noch länger auf sich hätte warten lassen. Das Auftreten von immer mehr Asbesterkrankungen war jedoch nicht mehr zu verhindern.

Noch unerquicklicher ist die Situation der ehemaligen Hafenarbeiter. Der Bremer Überseehafen war jahrzehntelang, bis zu seiner Schließung 1991, Hauptumschlagplatz für Rohasbestlieferungen an die deutsche Industrie. Der

---

früheren HDW-Kollegen nicht verzeihen, ihnen »in den Rücken gefallen« zu sein (persönliche Mitteilung von Rolf Spalek).

[8] Persönliche Mitteilung im Mai 2011 von Rolf Spalek an den Verfasser im Rahmen des Berufskrankheitenprojektes der Arbeitnehmerkammer Bremen 2011-2013.

Asbest wurde in Jutesäcken geliefert. Die Säcke waren oftmals beschädigt. »Die Stauer standen dann im dicksten Nebel und wateten tief im Asbeststaub«, so ein ehemaliger Hafenarbeiter (Förster 2007, S. 16).

Wenn es heute um Entschädigungen geht, ist das Problem, dass es seit der Hafenschließung über die 1960er und 70er Jahre, in denen große Mengen an Rohasbest umgeschlagen wurden, so gut wie keine Unterlagen mehr gibt (vgl. hierzu und zum Folgenden: ebenda). Die Unterlagen zu denjenigen Betrieben, die bereits in den 1980er Jahren ihre Existenz aufgaben, sind auch bei der zuständigen Berufsgenossenschaft erloschen. Asbesterkrankungen haben wie erwähnt eine lange Latenzzeit. Bei der AOK Bremen häuften sich ab der Jahrtausendwende die Mesotheliom- und Lungenkrebsfälle ehemaliger Hafenarbeiter. Die AOK zeigte diese Fälle bei der damals zuständigen Großhandels- und Lagerei-Berufsgenossenschaft als Berufskrankheit an, zunächst ohne Erfolg. Die Berufsgenossenschaft (BG) hatte von vielen Betrieben und somit von vielen Arbeitsplätzen keine Kenntnis mehr. Der bremische Landesgewerbearzt konnte aber aufgrund seiner Unterlagen viele der alten Betriebe benennen. Die damals zuständige BG konnte zunächst, so der Landesgewerbearzt, »einen Asbestumschlag oft nicht bestätigen« (Frank Hittmann, Mail an den Verf. v. 25.2.2013). Wiederholt musste er ihr die Auskunft geben, dass es diese Stauerei gab und dass dort Asbest umgeschlagen wurde, weil schon andere Asbestfälle aus dieser Firma gemeldet worden waren (ebenda). Die AOK Bremen und Bremerhaven startete, nachdem sich die Fälle häuften, 2006 auf Grundlage der Unterlagen der Gewerbeaufsicht und mithilfe von Public-Health-Studierenden ein Projekt, im Rahmen dessen die Lage der alten Hafenspeicher, Hafenschuppen, Stauereien und Lagerhallen rekonstruiert wurde (Förster 2007). Es tauchten dann nach und nach weitere Unterlagen in Archiven und insbesondere in alten Schuppenkontrollbüchern auf, die man in den Beständen des Hafenmuseums ausfindig machte. Hier fanden sich eindeutige Einträge zu Asbest. Zusätzlich führte das Projektteam mit etwa hundert ehemaligen Hafenarbeitern Interviews durch. So entstand Stück für Stück eine »Hafenkarte«, auf der alle Orte, an denen Asbest gelagert und umgeschlagen wurde, gekennzeichnet waren. Landesgewerbearzt und AOK konnten auf diese Weise der nunmehr zuständigen BG Handel und Warendistribution dazu verhelfen, die zur Prüfung von BK-Anzeigen aus dem alten Überseehafen Bremen nötigen Daten wieder in ihren Bestand aufzunehmen. Erfreulicherweise gestaltet sich heute – nach Jahren mühevoller Kleinarbeit des AOK-Projekts – die Anerkennungspraxis bei ehemaligen Hafenarbeitern und deren Witwen deutlich erfolgreicher als vor zehn Jahren.

»Bedingt gefährlich« – Grenzwerte und Asbestverbot

Erst Ende der 1960er Jahre findet sich in der Arbeitsschutz- und Arbeitsmedizin-Szene die erste Mitteilung über einen möglichen Grenzwert für Asbestfasern: Dieter Hasenclever vom Staubforschungsinstitut des Hauptverbandes der gewerblichen Berufsgenossenschaften referierte auf der Jahrestagung des Vereins der Deutschen Revisionsingenieure im Juni 1969 in Würzburg Überlegungen zu einem aufzustellenden Grenzwert für Asbestfasern (Hasenclever 1969). Mittlerweile war klar, dass insbesondere dünne und lange Fasern die Schäden verursachen. Diese Erkenntnis hatte sich auf Basis rasterelektronenmikroskopischer Studien der Stäube wie auch des befallenen Lungengewebes herausgeschält. Die Hauptsorge galt der Asbesttextilindustrie, für die es »Empfehlungs-Werte« abzugeben galt. Hasenclever referierte: Konzentrationen bis zu 20 F/cm^3 seien ungefährlich, Konzentrationen zwischen 20 und 60 F/cm^3 seien bedingt gefährlich, mehr als 60 F/cm^3 müssten als gesundheitlich gefährlich angesehen werden.

Zu beachten ist, dass man bei dieser Konzentration die Hand vor Augen nicht mehr sehen kann. Sechzig Fasern pro Kubikzentimeter sind gleichbedeutend mit 60 Millionen Fasern pro Kubikmeter Atemluft. Eine Arbeiterin atmet bei schwerer Arbeit im Schnitt mehr als acht Kubikmeter Luft ein, ein Arbeiter mehr als zehn Kubikmeter; pro Arbeitsschicht können beim Erreichen dieses Grenzwertes 600 Millionen Fasern eingeatmet werden. Die Asbestfasern bleiben im Lungengewebe stecken und führen zu Dauerentzündungen, deren Folgen sich sowohl in der Fibrose – der Vernarbung und Verhärtung des Lungengewebes – wie auch in der Entstehung von Krebszellen zeigen. Hasenclever: »Die Verwendung des Asbestes als Rohstoff geht jedoch weit über den Bereich der Asbest-Textilindustrie hinaus. Neben der Herstellung von Bremsbelägen und der Benutzung von Asbest für Isolierzwecke nimmt gerade in jüngster Zeit die Asbestzementindustrie immer mehr an Bedeutung zu. In diesen Fällen dient der Asbest zum Teil nur als Zuschlagstoff. Unsere derzeitigen Erfahrungen und Untersuchungsergebnisse reichen hier noch nicht aus, um endgültige Grenzwerte zur Beurteilung der Arbeitsplatzsituation in diesen Industriezweigen aufzustellen.« (ebenda, S. 77)

Eingedenk der schrecklichen Krankheitsfolgen, die zum Zeitpunkt der Veröffentlichung der Schrift schon seit drei Jahrzehnten bekannt waren, muten diese Einlassungen befremdlich und kalt an. Doch ist an dieser Stelle eine grundsätzliche Überlegung angezeigt. Nicht ohne Grund schreibt schon Franz Koelsch 1947 in seinem *Lehrbuch der Arbeitshygiene*: »Vorbeugung: Lückenlose Staubabsaugung an allen Arbeitsplätzen; andernfalls Staubmasken mit Kolloidfiltern.« (Koelsch 1947, S. 226) Die Krebsforschung hatte längst den Beweis dafür erbracht, dass jede noch so kleine Dosis eines krebserzeugenden Stoffes Krebs erzeugen kann. Mit anderen Worten, wissenschaftlich gesehen gibt es für Kanzerogene wie das Asbest keine Schwellendosis, unterhalb derer von einer gesundheitlichen Ungefährlichkeit gesprochen werden könnte. Karl-Heinrich Bauer referiert 1963 in seiner großen und in den 1960er Jahren viel beachteten Monografie *Das Krebsproblem* ausführlich das bestehende Wissen, nicht nur zu Asbest (Bauer 1963, S. 334f.), sondern auch zur Frage der Schwellendosis. So heißt es dort: »Die Effekte auch kleinster Einzeldosen bleiben die ganze Lebensdauer voll summationsfähig erhalten.« (Ebenda, S. 505) Jede Grenzwertfestsetzung bei Asbestfasern beinhaltet also bereits eine Inkaufnahme von asbestbedingten Krebserkrankungen. Es darf vermutet werden, dass dies zumindest der medizinisch gebildeten Elite durchaus bewusst war, dass aber Gesichtspunkte des am westlichen Kapitalismus orientierten Wirtschaftswachstums die Oberhand behielten. Leider muss das Gleiche auch für die DDR gesagt werden. Auch hier wurde in der Praxis systematisch arbeitsmedizinisches Wissen ignoriert, und die erste von mehreren Regelungen zu Asbest, die sich in den folgenden Jahren am »Westen« orientierten, findet sich, zumindest auf dem Papier, im Jahr 1976 (Konetzke et al. 1980, S. 18ff.).

Durch Selikoffs Öffentlichkeitsarbeit Mitte der 1960er Jahre und die steigenden Fallzahlen kam Bewegung in die Sache. Zugleich wurde klar, dass Asbestkrebs oft erst 30 Jahre nach Erstexposition, teilweise noch zeitverzögerter, ausbricht (Höper 2008, S. 182ff., die folgenden Zahlen beziehen sich auf diese Quelle). 1970 wurde der Grenzwert – damals hieß dieser Wert noch MAK-Wert (Maximale Arbeitsplatz-Konzentration) – auf 20 F/cm^3 gesenkt, 1973 auf 6 F/cm^3 und 1985 auf 2 F/cm^3. Nach dem Asbestverbot 1993 wurde ein TRK-Wert aufgestellt, d.h. eine Technische Richtkonzentration für krebserzeugende Stoffe, die das Krebsrisiko beispielsweise bei Sanierungsarbeiten zwar nicht ausschalten, wohl aber vermindern sollte. Der TRK betrug 0,25 F/cm^3, das waren immer noch 250.000 F/m^3. In einer Arbeitsschicht konnten also bei schwerer Arbeit immer noch mehrere Millionen Fasern eingeatmet werden. Inzwischen waren sich alle Experten darin einig, dass damit ein nennenswertes Krebsrisiko verbunden war. Es wurden deshalb weitgreifende Schutzbestimmungen erlassen, so zum Beispiel das totale Asbestverbot, das 1993 in Kraft trat, sowie umfangreiche Vorschriften wie zum Beispiel diejenige, dass Abbruch- und Sanierungsarbeiten nur mit Vollschutzanzug und Fremdbelüftung durchgeführt werden dürfen. Man muss wissen, dass noch während der 1980er Jahre führende Wissenschaftler wie Professor Karl Überla vom damaligen Bundesgesundheitsamt oder Professor Wilfried Schmähl vom Deutschen Krebsforschungszentrum sich für verharmlosende Äußerungen von der Asbestindustrie haben kaufen lassen (Koch 1981, S. 182ff.). Eternit und andere Unternehmen und eben auch viele gekaufte Wissenschaftler behaupteten bis zuletzt, Asbest sei nicht oder nur gelegentlich krebserzeugend.

Leider muss zugleich festgehalten werden, dass auch führende Gewerkschafter und viele Betriebsräte sich damals dieser Meinung anschlossen, ganz einfach auch deshalb, weil sie um Arbeitsplätze fürchteten. Das ist eines der dunkelsten Kapitel der deutschen Gewerkschaftsgeschichte. Denjenigen Gewerkschaftern, die sich innerhalb ihrer Organisationen für ein Asbestverbot einsetzten, wurde das Leben schwer gemacht. Da die Zahl der Asbesttoten Jahr um Jahr stieg, wuchs in den 1980er Jahren die Gewissheit, dass an einem Asbestverbot kein Weg vorbeiführen würde. Doch bis zum endgültigen Verbot sollte es noch dauern. Sigbort Dobbertin, Wissenschaftler im Umweltbundesamt, erstellte und verantwortete 1980 eine umfängliche Studie seines Amtes zu Asbest, in der der asbestbedingte Lungenkrebs in der Bundesrepublik auf 4.000 Fälle pro Jahr hochgerechnet wurde (Umweltbundesamt 1980). Dobbertin forderte ein schrittweises Asbestverbot, das in der Konsequenz den völligen Verzicht auf diesen Werkstoff beinhaltete. Die bundesdeutsche Asbestindustrie, allen voran die Firma Eternit, zögerte nicht lange und verklagte das Amt mit dem Ziel, die weitere Verbreitung der wissenschaftlichen Erkenntnisse zu Asbest verbieten zu lassen. Die Industrie war insofern erfolgreich, als es ihr gelang, die Wogen derart aufzuschäumen, dass sich der damalige Bonner Arbeits- und Sozialminister zu einem Machtwort genötigt sah: Er halte ein generelles Verbot des Asbests für nicht realisierbar und »wegen der damit bewirkten Gefährdung von Arbeitsplätzen auch nicht vertretbar« (Koch 1981, S. 187). Dobbertin verblieb zwar noch einige Jahre in seinem Amt, doch man entzog ihm schrittweise die Zuständigkeiten. Er wurde isoliert und in eine sich verschlimmernde Krankheit hinein gemobbt.[9]

---

[9] Persönliche Mitteilung Sigbort Dobbertins während eines Fachinterviews zu Grenzwerten, das der Verfasser im Rahmen eines Forschungsprojekts des Frankfurter Instituts für sozial-ökologische Forschung mit Herrn Dobbertin im Januar 1990 in Berlin führte.

Zum Beispiel Lungenkrebs – herunterrechnen und leugnen

Das Mesotheliom ist eine derart hochspezifische Erkrankung, dass nur Asbest als Ursache infrage kommt. Anders liegt der Fall bei Lungenkrebs. Diese Erkrankung ist sehr unspezifisch, sie kann sowohl durch Tabakrauch, durch verschiedene Umwelteinflüsse und schließlich durch verschiedene Einflüsse am Arbeitsplatz verursacht werden. Auch gibt es hier hochkomplexe Kombinationswirkungen, die zum Teil noch nicht oder nicht gut erforscht sind.

Deshalb ist beim Lungenkrebs die Arbeitsanamnese entscheidend für die Beurteilung der Kausalitätsfrage. Hierzu wurde die Hilfsgröße der »Faserjahre« entwickelt.[10] Wenn eine Person am Arbeitsplatz ein Jahr lang eine Konzentration von einer Faser pro Kubikzentimeter eingeatmet hat, bemisst sich seine über die Zeit angehäufte Exposition auf »ein Faserjahr«. Hat er die gleiche Konzentration zehn Jahre lang eingeatmet, so hat er zehn Faserjahre abbekommen. Hat er bei einer Atemluftkonzentration von zehn Fasern pro Kubikzentimeter zehn Jahre lang gearbeitet, so hat er die enorme Menge von 100 Faserjahren abbekommen. Die Größe der Faserjahre wird also im Prinzip durch die Multiplikation der Konzentration mit den Arbeitsjahren ermittelt. Der toxikologische und epidemiologische Erkenntnisstand führte zu einer Abschätzung der für die Anerkennung notwendigen Exposition. Diese Schwelle beträgt 25 Faserjahre. Nur wer die 25 Faserjahre oder mehr erreicht, hat eine Chance auf Anerkennung.

Am Beispiel des Asbestlungenkrebses lässt sich nun zeigen, auf welchen Ebenen die aktuellen Auseinandersetzungen um das Berufskrankheitenproblem laufen: Zum einen versuchen die technischen Aufsichtskräfte der Berufsgenossenschaften die Asbestexposition zu leugnen oder mittels rechnerischer Methoden zu minimieren, sodass die Bedingung der haftungsbegründenden Kausalität – das Ausmaß der stattgehabten Exposition – nicht erreicht wird. Zum anderen versuchen medizinische Institute der Berufsgenossenschaften die krebserzeugende Wirkung des Weißasbestes kleinzureden und damit die haftungsausfüllende Kausalität – d.h. die Erkenntnisse hinsichtlich der krankheitsverursachenden Wirkung – auszuhebeln.

---

[10] Berufskrankheiten-Verordnung-Empfehlung des Ärztlichen Sachverständigenbeirats – Sektion »Berufskrankheiten«, Bek. des BMA v. 24. April 1996 – IVa 4-45212/18, Bundesarbeitsblatt 6-1996, S. 2-28.

Die Ebene der Expositionsleugnung soll anhand eines konkreten Falles dargestellt werden.[11] Ein Arbeiter war bei einer Firma beschäftigt, die Sanierungs- und Entsorgungsarbeiten vorwiegend im Bereich Schiffsreparaturen mit hohen Asbestbelastungen durchführte, d.h. im sogenannten Schwarzbereich. Gearbeitet wurde unter Atemschutz mit Vollmaske der Partikelstufe 3. Der betreffende Arbeiter, aktuell an Lungenkrebs erkrankt, war insgesamt 4,4 Jahre an diesen hochbelasteten Arbeitsplätzen beschäftigt. Er wurde in das korrekte Tragen des Atemschutzes nicht oder nur ungenügend eingewiesen. Die zuständige Berufsgenossenschaft für Transport und Verkehrswirtschaft lehnte die Berufskrankheit ab mit dem Argument, der Versicherte habe mit Vollschutz gearbeitet und könne allenfalls gegenüber einem Faser pro Kubikzentimeter exponiert gewesen sein, sodass sich lediglich 4,4 Faserjahre ergäben – weit unterhalb der Anerkennungsschwelle. Die Aufsichtsperson bezieht sich auf den Faserreport, der beim trockenen Entfernen von Spritzasbest eine Konzentration von 300 F/cm^3 annimmt (Hauptverband der gewerblichen Berufsgenossenschaften 2007, S. 159). Zugleich aber wird unterstellt, dass der Atemschutz zu beinahe 100% funktioniert habe, sodass die Konzentration – einer entsprechenden BG-Regel (Deutsche Gesetzliche Unfallversicherung 2009, S. 26, Tab. 1) zufolge – mit einem Faktor von bis zu 400 heruntergerechnet wird.

Interessant ist nun aber, dass der Faserreport von einer wesentlich ungünstigeren Annahme ausgeht. Ihm zufolge beträgt bei geeignetem Atemschutz die Konzentration hinter dem Atemschutz immer noch 10%. Dann betrüge die kumulative Exposition immer noch mehr als 120 Faserjahre. Nehmen wir an, dass teilweise feucht gearbeitet wurde; dadurch würde sich die Expositionsgröße vermindern, jedoch nicht so stark, dass sie unter die Schwelle von 25 fiele. Nun belegt die Ermittlung des technischen Aufsichtsbeamten durchaus nicht das permanente Tragen des Atemschutzes und schon gar nicht die korrekte Schulung und Wartung. Im Bericht heißt es lediglich, dass der Versicherte bei einem »renommierten Entsorgungsunternehmen« angestellt gewesen und daher von korrekten Arbeitsverhältnissen auszugehen sei. Unwillkürlich kommt hier die Frage auf, wie viele Betroffene mit derartigen Argumenten abgewiesen werden und sich damit abfinden. Es bleibt die un-

[11] Die BK-Akte befindet sich bei der Beratungsstelle für Berufskrankheitenfragen der Arbeitnehmerkammer Bremen, beim Landesgewerbearzt der Freien und Hansestadt Bremen sowie in anonymisierter Form beim Autor im Forschungsbüro für Arbeit, Gesundheit und Biographie.

gute Vermutung, dass der geschilderte Fall kein Einzelfall ist und solche Interventionen zu einer beträchtlichen Dunkelziffer beitragen.

Die Interventionen auf der Ebene der Vernebelung toxikologischer, arbeitsmedizinischer und epidemiologischer Erkenntnisse gehen noch einen Schritt weiter. Wissenschaftler/innen des Deutschen Mesotheliomregisters am Institut für Pathologie der Ruhr-Universität Bochum publizierten im Herbst 2011 eine Arbeit, in der die lungenschädigende Wirkung von Weißasbest infrage gestellt wird (Neumann et al. 2011). Dazu muss man wissen, dass das Mesotheliomregister von der Deutschen Gesetzlichen Unfallversicherung getragen und finanziert wird. Wie verläuft nun die Argumentationslinie und wie wird diese belegt? Weißasbest – im Fachbegriff: Chrysotil – hat eine geringere Biobeständigkeit als Braun- und Blauasbest – im Fachbegriff: Amphibol –, d.h. es löst sich im Verlauf der Jahre im Lungengewebe langsam auf, sodass nach Jahrzehnten Asbestfasern oder Asbestkörperchen im Lungengewebe oftmals nicht mehr nachweisbar sind. Daraus wird der Schluss gezogen, dass chronische Schäden – somit auch Krebs – von Weißasbest nicht zu erwarten sind, sondern lediglich von Beimengungen anderer Asbestarten. Finden also die Pathologen keine Asbestkörperchen in der Lunge, ist nach dieser Logik der BK-Antrag abzulehnen. Und in der Tat zeigt sich seit einigen Jahren ein Trend erhöhter Ablehnungsquoten beim Lungenkrebs, der mit Gutachten des Mesotheliomregisters begründet wird. Wie belegt die Bochumer Publikation ihre These? Ausschließlich mit tierexperimentellen Daten des privaten toxikologischen Instituts von David Bernstein, der von der kanadischen und kalifornischen Asbestindustrie bezahlt wird (Statement »Asbestos panel member previously paid by industry«, Canadian Medical Association Journal, 21.10.2008, S. 179).

Die Folgen sind für Betroffene fatal. Trotz gesicherter Exposition von über 25 Faserjahren wurde ein an Lungenkrebs erkrankter Isolierer von der BG abgelehnt mit dem Argument, in seiner Lunge seien nicht genügend Asbestkörperchen vorhanden.[12] Eine sorgfältige Auswertung aller verfügbaren epidemiologischen Studien zu Asbest, die am Zentralinstitut für Arbeitsmedizin am Universitätsklinikum Hamburg-Eppendorf durchgeführt wurde, zeigt jedoch, dass »Unterschiede bei Chrysotil- im Vergleich zu Amphibol-

---

[12] Dieses Fallbeispiel wurde von Prof. Joachim Schneider, Institut und Poliklinik für Arbeits- und Sozialmedizin der Universität Gießen, anlässlich eines Asbest-Workshops des Bundesverbandes der Asbestose-Selbsthilfegruppen am 18.1.2012 in Hamburg berichtet.

Asbest kaum feststellbar sind« und daher dem Chrysotil ein ebenso hohes Krebspotenzial zugesprochen werden müsse wie anderen Asbestarten (Baur et al. 2012). Entscheidend für die Anerkennung eines Asbestlungenkrebses ist also die Arbeitsanamnese und die sorgfältige Expositionsermittlung. Diese Ermittlung kann nur durch Indizienketten, nicht durch »naturwissenschaftliche Beweise am betroffenen Menschen« erbracht werden. Keine Lungenbiopsie kann die Expositionsermittlung ersetzen. Um die Verbreitung dieses Wissens bemühen sich seit Jahren Asbestselbsthilfegruppen und Professor Xaver Baur. Das Engagement Baurs wurde und wird augenscheinlich nicht gerne gesehen.[13] Noch während seiner Zeit als Direktor des Zentralinstituts für Arbeitsmedizin und maritime Medizin in Hamburg wurden ihm zusehends Steine in den Weg gelegt.

Juridische Neubewertungen des Schadenersatzes

Das Bundesarbeitsgericht (BAG) hat in einer Entscheidung im Jahr 2013 eine zunächst sensationell erscheinende Wende in der Haftungs- und Schadenersatzfrage eingeläutet (Bundesarbeitsgericht, Aktenzeichen: 8 AZR 471/12, 20.6.2013). Wenn ein Arbeitgeber vorsätzlich und wider besseres Wissen Gesundheit und Leben eines Mitarbeiters oder einer Mitarbeiterin gefährdet, verwirkt er die Haftungsablösung nach § 104 SGB VII, d.h. dann steht der Arbeitgeber, zusätzlich zu den eventuellen Leistungen des Unfallversicherungsträgers, in der Pflicht zur vollen Schadensersatzhaftung einschließlich eines Schmerzensgeldes. Die Problematik der erläuterten Grenzwerte und deren Veränderung im Laufe der Zeit verschiebt jedoch leider, in Verbindung mit den Verjährungsfristen und vielen weiteren juristischen Spitzfindigkeiten, den nachzuweisenden Vorsatz gleichsam ins Nirwana. Doch zunächst sei der konkrete Fall, der dem Bundesarbeitsgericht vorlag, kurz geschildert. Im Jahr 1995 verpflichtete ein Arbeitgeber im Öffentlichen Dienst einen Sozialarbeiter, den für seine Arbeit vorgesehenen Büroraum selbst zu

---

[13] Es ist zu vermuten, dass insbesondere die Berufsgenossenschaften und leider auch die gewerkschaftlichen Selbstverwalter in den Berufsgenossenschaften Baurs Einfluss zu beschränken suchen. So beispielsweise hat die Senatorische Behörde der Hansestadt Hamburg, entgegen sonstiger jahrzehntelanger Übung bei Emeritierungen, Herrn Baur mit dem Erreichen seiner Altersgrenze 2012 jedwede weitere Tätigkeit in seinem Institut oder einem anderen Institut der Universität Hamburg verwehrt. Persönliche Mitteilung Herrn Baurs an den Verfasser im Mai 2013.

sanieren. Der Sozialarbeiter tat dies, zusammen mit einer größeren Gruppe von Personen, unter ihnen weitere Angestellte des Amtes, Zivildienstleistende und Asylbewerber. Dem Amtsleiter war die hochgradige Asbestverseuchung des Gebäudes vollinhaltlich bekannt. Unter anderem musste eine stark asbesthaltige Wandbeschichtung abgespachtelt werden. Die Asbestfaserstaubbelastung war erheblich.

Anlässlich einer Erkrankung im Jahr 2006 verklagte der Sozialarbeiter seinen Arbeitgeber mit dem Ziel einer grundsätzlichen Feststellung einer Verpflichtung zur Zahlung eines Schadensersatzes. Diesem Ersuchen hat nun, nach mehreren Instanzen, das BAG stattgegeben. Das erscheint als juristische Sensation, hielt sich bei allen Verantwortlichen doch bisher immer die grundsätzliche Meinung, dass alle Folgen von berufsbedingten Gesundheitsrisiken vollständig durch die Haftungsablösung an die Unfallversicherung abgedeckt sind und – das war bislang das Spezifikum des deutschen Sozialrechts – darüber hinaus keine Schadensersatzansprüche geltend gemacht werden können. Die Haftungsablösung – gleichbedeutend mit dem Begriff des Haftungsausschlusses – bezieht sich auf die im früheren Unfallversicherungsgesetz und seit 1997 im Sozialgesetzbuch (SGB) VII, § 104 festgelegte Bestimmung. Liest man den § 104 genau, so fällt auf, dass von einer grundsätzlichen und für alle Fälle geltenden Haftungsablösung nicht die Rede sein kann. Unternehmer sind den Versicherten bzw. deren Hinterbliebenen, so heißt es da, »nach anderen gesetzlichen Vorschriften (als denen der Unfallversicherung; W.H.) zum Ersatz des Personenschadens, den ein Versicherungsfall verursacht hat, nur verpflichtet, wenn sie den Versicherungsfall vorsätzlich (...) herbeigeführt haben.« Diesen »anderen Fall« haben jetzt die Richter des Bundesarbeitsgerichts behandelt. In diesem »anderen Fall« gilt das Bürgerliche Gesetzbuch (BGB).

Zu erwähnen ist jedoch, dass die Schadensersatzhaftung nach BGB nur 30 Jahre besteht und danach verjährt ist. Bei näherem Hinsehen tauchen in der Lektüre des Urteils weitere Einschränkungen und Probleme auf, die eine Übertragung auf andere Fälle, beispielsweise auf anerkannte Berufskrankheiten, schwierig machen. Die Vorsätzlichkeit und Fahrlässigkeit muss nachgewiesen werden. Die Richter fordern für einen solchen Fall den »doppelten Vorsatz«. Allein der Verstoß gegen geltende Schutzbestimmungen reicht nicht aus. Es muss auch ein »Willenselement« hinzutreten, was so zu verstehen ist, dass dem Vorgesetzten das Risiko eines später eintretenden Krebstodes seines Mitarbeiters vollinhaltlich bekannt war und er dennoch die klare Anweisung gab, ohne jede Schutzmaßnahme weiterzuarbeiten. Der

Arbeitgeber überließ die Frage von Leben und Gesundheit seines Mitarbeiters somit dem Zufall. Das beinhaltet ein bewusstes Wollenselement der Gefährdung. In der Folge muss gegebenenfalls auch eine persönliche Haftung des Vorgesetzten angenommen werden. Der Nachweis des Wollenselementes dürfte jedoch in sehr vielen Fällen schwierig werden, was im Folgenden zu erläutern sein wird.

Was können aus diesen Kontextbedingungen für Schlussfolgerungen gezogen werden? Kann beispielsweise den Vulkan-Managern der doppelte Vorsatz nachgewiesen werden? Ja und nein. Ja, weil sie jahrelang absichtlich und bewusst die Anordnungen und Hinweise der Behörde umgangen und ignoriert haben. Nein, weil wahrscheinlich dem Management das Ausmaß der tödlichen Gefährdung nicht deutlich war. Die Asbestexposition war bis zu den damals immer noch exorbitant hohen Grenzwerten erlaubt, und Bundesgesundheitsamt und so mancher Experte vertraten jahrelang – gelinde gesagt – noch stark hinhaltende Positionen.

Berufskrankheiten und prekäre Beschäftigung

Erst 1990 und in den darauf folgenden Jahren ist aufgrund der nunmehr eindeutigen Informationslage für Arbeitgeberanweisungen, mit Asbest ohne Schutzmaßnahmen zu arbeiten, ein doppelter Vorsatz gegeben. Solche Fälle dürften zwischen 1990 und 1994/95 durchaus vorgekommen sein, doch davon sind die meisten verjährt. Ab 1995/96 muss davon ausgegangen werden, dass nur in besonderen Fällen von Arbeitgebern oder Vorgesetzten mit nennenswerter krimineller Energie Menschen in derartige Gefährdungen mit tödlichen Risiken hineingetrieben wurden. Wo es wahrscheinlich zu einer dennoch beachtlichen Anzahl derartiger Fälle auch heute noch kommt, ist der Bereich der prekären Arbeit, insbesondere die undurchsichtigen Verhältnisse mit zumeist ausländischen Werkvertragsnehmern, beispielsweise im Baugewerbe und hier wiederum im Abbruch-, Sanierungs-, Recyclings- und Abfallgewerbe.

Oft sind Arbeitnehmer hier als nicht versicherte Scheinselbständige eingesetzt – eine Folge der unsäglichen Arbeitsmarktliberalisierung unter der Schröder-Fischer-Regierung. Die gleiche Regierung hat auch das Signal für einen massiven Abbau der Gewerbeaufsicht gesetzt (Hien 2004). Wie sollen also derartige Fälle von doppelt vorsätzlicher Gefährdung von Leib und Leben festgestellt und geahndet werden? Erforderlich wäre eine transnationale Initiative aus Gewerkschaftern, Arbeitsmedizinern, Umweltaktivisten und weiteren Menschen und Institutionen, mit dem Ziel, erkrankten und geschädigten Menschen auch und gerade dann, wenn sie in Polen oder Rumänien leben, zu ihrem Recht zu verhelfen.

Die Frage, ob nicht auch andere Gefährdungen hinreichen würden, das neue BAG-Urteil zur Schadenersatzhaftung anzuwenden, muss sehr vorsichtig beantwortet werden. Geht man die geltende Liste der Berufskrankheiten durch, so sind keine auch nur annähernd dem Asbestkrebsrisiko vergleichbaren Gefährdungsfaktoren erkennbar. Schwere Lungenerkrankungen durch toxisch oder allergisierend wirkende Stoffe wären noch am ehesten zu diskutieren. Doch die Datenlage hierzu ist nicht so eindeutig wie beim Asbest. Auch resultieren die gesundheitlichen Folgen der Belastung nur in seltenen Fällen in einem kausal eindeutigen tödlichen Ausgang.

Über andere Krebserkrankungen wie beispielsweise Leukämie, Lymphome oder Blasentumore und den Zusammenhang mit eindeutig krebserzeugenden Stoffen ist viel bekannt, doch kommen diese Stoffe – zum Beispiel Benzol oder aromatische Amine – bei sozialversicherungspflichtig Beschäftigten nicht oder nur noch selten in offener und damit expositionsrelevanter Form vor. Anders sieht es freilich bei Zehntausenden selbständiger internationaler Tanklastwagenfahrer aus, die Benzol und andere hochgiftige und krebserzeugende Flüssigkeiten transportieren. Man kann sie jeden Tag zu Hunderten beispielsweise in der BASF in Ludwigshafen sehen.[14] Die Fahrer sind zugleich Allround-Arbeiter. Sie müssen ihre Tanks selbständig reinigen und sind in der Regel nur unzureichend unterrichtet und qualifiziert. Doch die europäische Liberalisierung der Wirtschaftstätigkeiten war den verantwortlichen Politikern, auch der damaligen rot-grünen Regierung, wichtiger als die Gesundheit der Menschen. Einwänden und Warnungen von Gesundheitsschützern wurde der Begriff der »Eigenverantwortung« entgegengeschleudert. Heute zeigt sich die verhängnisvolle Folge: Gerade die schwersten Gesundheitsschäden – und Gefahrguttransporteure leiden mit Sicherheit an überzufällig hohen Erkrankungsraten – landen im sozialpolitischen Nirwana. Sie wurden von keinem Arbeitgeber zu einer offenen Gefährdung ihrer Gesundheit gezwungen. Der Markt hat sie gezwungen. Hier greift das Bürgerliche Gesetzbuch nicht.

[14] Persönliche Mitteilung von Fritz Hofmann, ehemaliger Betriebsrat bei BASF Ludwigshafen.

Zurück zu den in Deutschland sozialversicherungspflichtig Beschäftigten bzw. dem Schutz des Siebten Sozialgesetzbuches unterliegenden Arbeitnehmer/innen, die einer bewusst vorsätzlichen Gefährdung ihrer Gesundheit ausgesetzt waren. Vorsätzliche Expositionen in den 1970er Jahren sind, was ihre rechtliche Bedeutung anbetrifft, verjährt. Beim sozialversicherungsrechtlich geschützten Personenkreis sind vorsätzliche Expositionen nach 1994, wie bereits erläutert, nicht mehr in so massenhafter Weise zu erwarten, wie dies noch in den 1960er, 1970er und wahrscheinlich auch noch in den 1980er Jahren der Fall war. Doch wie lassen sich die gegenwärtige Situation der arbeits- und berufsbedingten Gesundheitsgefährdungen insgesamt und die damit verbundene Haftungsfrage bei Schädigungen charakterisieren? Bei den arbeitsbedingten Massenerkrankungen des Muskel-Skelett-Systems befinden wir uns hinsichtlich des kausalen Nachweises in einer eher aussichtslosen Position. Zu sehr dominieren noch die orthopädischen Fachgesellschaften das Meinungsbild, nach dem auch konstitutionelle Anlage, Faktoren des Lebensstils und schlichtweg »Schicksal« im Spiel seien. Betriebliche Vorgesetzte zwingen Mitarbeiter/innen fortgesetzt, in gesundheitsschädigenden Verhältnissen zu arbeiten, und das neue BAG-Urteil wird nicht viel an diesen Verhältnissen ändern.

Shipbreaking: Das Outsourcing der Berufskrankheiten

Neben der prekären Beschäftigung wird das Problem der gesundheitlichen Folgen des Einsatzes von Asbest und anderen krebserzeugenden Stoffen auch »globalisiert«. Dies kann wiederum am Beispiel Schiffbau festgemacht werden. Bis in die 1980er Jahre wurden Schiffe zumeist in den Werften, in denen sie gebaut oder umgebaut wurden, auch abgewrackt. Dazu gehörte, die Schiffe mittels Schneidbrenner in Einzelteile zu zerlegen, die Stahlteile in Elektrostahlwerke zu verbringen, um den Stahl dort wiederzuverwenden, und auch andere Schiffsteile einer Wiederverwertung zuzuführen. Das war auch hierzulande keine beliebte Arbeit – sie war unfall- und gesundheitsgefährdend, laut und schmutzig. Nachdem das Asbestproblem immer virulenter wurde und die Arbeitsschutz- und Umweltschutzauflagen stiegen, begann ab Mitte der 1980er Jahre die Problemverlagerung nach Indien, Pakistan und Bangladesch. Um die hohen Kosten eines gesundheits- und umweltgerechten Abwrackens zu sparen, wurde das Problem externalisiert. Nach und nach enthüllte sich das Ausmaß dieser Problemverschiebung, ausgelöst durch das Engagement von Menschenrechtsgruppen in den betroffenen asiatischen Ländern.

Im November 1998 widmete der *Spiegel* diesem Thema einen ausführlichen Artikel. Alexandra Rigos berichtet: »Deutsche Reedereien verkaufen ihre ausrangierten Schiffe zum Abwracken nach Indien. In Handarbeit zerlegen dort billige Arbeitskräfte die oft asbestverseuchten Wracks. Umweltschützer halten den Schiffsexport für illegalen Giftmüllhandel.« (www.spiegel.de/spiegel/print/d-8032407.html) Der Bericht bezieht sich auf die Stadt Alang an der Küste des nordwestindischen Bundesstaats Gujarat. Schon Ende des letzten Jahrtausends waren dort 35.000 Arbeiter unter erbärmlichen Umständen beschäftigt. Sie zerlegen die Schiffe mit Schweißbrennern, Sägen, Hämmern und bloßen Händen. »Das Abwracken in Asien ist ein klassisches Beispiel für doppelte Standards«, sagt Andreas Bernstorff von Greenpeace, »in Europa wäre es unvorstellbar, Schiffe in Handarbeit ohne jeglichen Arbeits- oder Umweltschutz zu zerlegen.« (Ebenda) Greenpeace schätzt, dass allein in Alang jeden Tag ein Arbeiter tödlich verunglückt – das sind mehr als 300 pro Jahr, allein an einem Abwrackort. »Die Männer werden erschlagen von herabstürzenden Stahlteilen, ersticken an austretenden Gasen oder verbrennen, wenn die Funken der Schweißgeräte Öllachen entzünden oder Treibstoffleitungen in die Luft jagen. Nur wenige Arbeiter tragen Schutzhelme und feste Schuhe, viele klettern in Sandalen auf den Stahlkadavern herum. Auf dem Werftgelände existiert nur ein einziges Löschfahrzeug.«

Asbestose, Asbestlungenkrebs und Mesotheliom werden nicht gezählt – die Arbeiter verlassen bei Krankheit den Arbeitsort, kehren in ihre Heimatdörfer zurück und sterben dort. Neben Asbest gibt es auch massive Expositionen gegenüber Polychlorierten Biphenylen (PCB), Blei, Cadmium, Arsen und Tributylzinn (TBT) in Außenanstrichen – alles Stoffe, welche das Material, aus dem ein Schiff besteht, schützen sollen. Sie sind, werden sie freigesetzt, Gift für den Menschen. »Reine Luft atmen die Arbeiter nie, sie schlafen und essen am Rande des Schiffsfriedhofs. Bis zu acht Männer teilen sich Sechs-Quadratmeter-Hütten in den Dünen, zusammengezimmert aus Abfallholz und Dekorplatten. Strom, fließendes Wasser oder Latrinen gibt es nicht.« (Ebenda) Kaum ein Arbeiter wird älter als 30 Jahre. Wer stirbt, wird nach hinduistischem Ritus am Strand verbrannt – eingehüllt in orangefarbene Lumpen, auf einem Scheiterhaufen aus Abbruchholz von den Schiffswracks.

In Indien, Pakistan, Bangladesch, Vietnam und weiteren asiatischen Küstenländern arbeiten vermutlich mehrere Millionen Arbeiter in der Shipbreaking-Branche. Trotz der Billiglöhne kann hier ein ungelernter Arbeiter mehr verdienen als in anderen Branchen. Die Haltung der Arbeiter ist derjenigen der früheren Werftarbeiter in Deutschland ganz ähnlich, sinngemäß: »Wenn ich meiner Familie einige Jahre Geld überweisen kann und die Kinder etwas davon haben, bin ich zufrieden – mein eigenes Leben ist nicht so wichtig.« Und: »Wir arbeiten dort, wo wir besser bezahlt werden, selbst wenn wir sterben müssen.« (Zitiert in Hien et al. 2002, S. 113)

So global Ausbeutung und Gesundheitsverschleiß in ihren jeweiligen nationalen oder regionalen Ausformungen sind, so global ist auch der dominierende Hang zu Fatalismus, wenn gesellschaftliche Veränderungen oder auch nur Veränderungen des politischen Kräfteverhältnisses zwischen Arbeiterklasse und Kapital nicht in Sicht sind. Einen Rahmen für Gegenwehr kann die beharrliche Öffentlichkeitsarbeit von Greenpeace und anderen Nichtregierungsorganisationen (NGOs) schaffen. Ihnen ist es zu verdanken, dass sich das internationale Meinungsbild verändert hat. 2005 veröffentlichten Greenpeace, die »International Federation for Human Rights« (FIDH) und die Organisation »Young Power in Social Action« (YPSA) eine umfangreiche Studie mit dem Titel: *End of Life Ships – The Human Costs of Breaking Ships* (Vardar et al. 2005). In dieser Studie finden sich lange Listen verunglückter und vergifteter Arbeiter, der Begleitumstände ihres Todes und der Lebensumstände ihrer Familien. Die Autoren und Autorinnen setzen sich Punkt für Punkt insbesondere mit den in Bangladesch und Indien erreichten Fortschritten (bzw. dem, was noch nicht erreicht wurde) auseinander.

Bemerkenswert an dieser Studie wie an allen relevanten Aktivitäten zu den grauenhaften Bedingungen des Menschenverschleißes auf den asiatischen Schiffsschrottplätzen ist die Nichtteilnahme von Gewerkschaften, sowohl derer der Herkunftsländer der Schiffe als auch derer, in deren Länder die Schiffe enden. Dies hat nicht nur mit der mitbestimmten Einbindung in die Kapitalverwertung zu tun, sondern auch mit eklatant undemokratischen Zuständen in den Schwellenländern: »ILO Conventions 87 (Freedom of Association) and 98 (Right to Organise and Collective Bargaining) have still not been ratified by the Indian government. An effective and reliable system of labour inspections, with the participation of elected workers' representatives, has still not been put in place. The government did not take concrete measures to ensure respect of domestic legislation and the Supreme Court Orders. The same counts for India's international human rights commitments in the field of labour rights, including union rights, on the yards.« (Ebenda, S. 51)

Gemeinsam mit Menschenrechtsorganisationen und gewerkschaftlichen Aktivisten und Aktivistinnen konnte Greenpeace der Internationalen Seeschifffahrtsorganisation auf einer Konferenz 2009 in Hongkong eine Konvention abringen, nach der bestimmte Arbeitsschutz- und Umweltschutzstandards beim Abwracken von Schiffen einzuhalten sind. Die Rede ist von der »Hong Kong International Convention for the Safe and Environmentally Sound Recycling of Ships«. Kernpunkt ist die Erstellung einer Schadstoffliste, in der Asbest und andere toxische Stoffe wie PCB und TBT erfasst werden müssen. Des Weiteren enthält die Konvention Bestimmungen für die Zertifizierung und Auswahl von geeigneten Schiffsrecyclingwerften. Die Konvention ist noch längst nicht von einer genügenden Anzahl von Staaten ratifiziert worden, um tatsächlich eine Verbesserung einzuleiten. 2014, also fünf Jahre nach der Verabschiedung und nach mehrjähriger interner Meinungsbildung im Reedereiverband, schloss sich die EU der Konvention an.[15] Dies bedeutet, dass der EU-Rat die EU-Mitgliedstaaten zur Ratifizierung auffordern darf, was wiederum mehrere Jahre dauern kann. Entgegen dem offiziellen Selbstlob des Reedereiverbandes wird auf Zeit gespielt, um so lange wie irgend möglich die mit höheren Kosten verbundene Neuregelung zu vermeiden.

Berufskrebs – nicht nur durch Asbest verursacht

Durch Asbèst verursachte Erkrankungen sind nur ein Beispiel von arbeitsbedingten Krebserkrankungen. Diese sind, nach international übereinstimmenden Schätzungen, zu etwa fünf Prozent arbeits- und berufsbezogenen Faktoren geschuldet (Rushton et al. 2010). Bei 480.000 Neuerkrankungen pro Jahr in Deutschland sind dies 24.000 Krebserkrankungen, die zumindest in einem epidemiologisch messbaren Maße wesentlich durch Einflüsse des Arbeitsplatzes und des Berufes verursacht sind. Sollten davon mindestens die Hälfte – im Sinne einer überwiegenden Wahrscheinlichkeit – als arbeits- und berufsbedingt anzusehen sein, also dem Kriterium einer Berufskrankheit entsprechen, läge – bei etwa 2.200 anerkannten Berufskrebsfällen pro Jahr – die Dunkelziffer immer noch bei über 80%. Das hat nicht nur

[15] Siehe www.reederverband.de/presse/pressemitteilung/artikel/eu-parlament-stimmt-mit-ueberwaeltigender-mehrheit-fuer-die-umsetzung-des-schiffsrecycling-abkommens.html.

mit der restriktiven Sozialrechtspraxis zu tun, sondern auch mit dem Umstand einer völlig lückenhaften BK-Liste. Eine große Zahl krebserzeugender Stoffe und Faktoren am Arbeitsplatz suchen wir in der BK-Liste vergebens. Es sind zum Beispiel Stoffe, die im Tierversuch eindeutig krebserzeugend wirken, für die jedoch beim Menschen noch keine eindeutigen epidemiologischen Beweise vorliegen, zum Teil schlicht deshalb, weil noch nicht genügend Zeit verstrichen ist, zum Teil aber auch deshalb, weil Daten der Sozialversicherungsträger nicht oder nicht hinreichend ausgewertet und somit Zusammenhänge nicht erkannt werden. Es werden also Menschen weiterhin als Versuchskaninchen missbraucht, obwohl genügend wissenschaftliche Erkenntnisse zum Berufskrebs für die Prävention vorhanden wären (Woitowitz/ Norpoth 2009). So gibt es genügend Hinweise, dass berufliche Einflüsse bei Brustkrebs von großer Bedeutung sind, so zum Beispiel die Arbeit mit Pestiziden in der Landwirtschaft oder mit Ethylenoxid beim Sterilisieren, aber auch die Belastung durch starke elektromagnetische Felder bei Elektrikerinnen, die Höhenstrahlung bei Flugbegleiterinnen und die Nachtschichtarbeit in der Kranken- und Altenpflege (Gray et al. 2009). Spätestens beim Thema Krebs zeigt sich, dass die dogmatisch strenge Unterscheidung zwischen »arbeitsbedingt« und »berufsbedingt« gesundheitspolitisch problematisch ist. Ein epidemiologisch nachweisbarer Anteil der Arbeit ist ein »wesentlicher« Anteil – dennoch reicht er bei der Durchschnittsbetrachtung nicht aus, um als »überwiegender« Anteil gelten zu können. Das heißt aber zugleich, dass jeder Einzelfall, hinter dem hohe Belastungen vermutet werden, über die Öffnungsklausel als Berufskrankheit angezeigt werden sollte. Mit einer »Schere im Kopf« wird es keine Fortschritte geben können.

Das Berufskrankheitenrecht hinkt nicht nur den Erkenntnissen hinterher, es ist zudem derart restriktiv angelegt, dass Betroffene in den wenigsten Fällen eine Chance auf Anerkennung haben. Ein weiteres Beispiel aus dem Bereich der Atemwegserkrankungen möge dies exemplarisch belegen: die Schweißerlunge. 2009 hat das Bundesarbeitsministerium die Schweißerlunge, im Fachjargon als »Siderofibrose« bezeichnet, auf die Liste der anerkennungsfähigen Berufserkrankungen gesetzt. Das bedeutet: Erst, wenn es neben den kleinen Eisenablagerungen in der Lunge auch ein Wachstum des Bindegewebes in den Lungen auf Kosten des aktiven Lungengewebes gibt – das ist genau das, was den Betroffenen »die Luft nimmt« –, handelt es sich um eine Schweißerlunge im Sinne des BK-Rechts. Aber für eine Anerkennung reicht dies immer noch nicht. Hierfür müssen sehr viele weitere (»die Kausalität begründende«) Bedingungen erfüllt sein: Schweißer müssen mindestens 15.000 Stunden und dies zugleich unter extremsten Bedingungen gearbeitet haben, das heißt »bei eingeschränkten Belüftungsverhältnissen, zum Beispiel in Kellern, Tunneln, Behältern, Tanks, Containern, engen Schiffsräumen etc.«. Die meisten Schweißer haben also im Rahmen des herrschenden BK-Rechts keine Chance, eventuell aber ein Werftschweißer, falls er nachweisen kann, dass er mehr als zehn Jahre lang fast ausschließlich in beengten Räumlichkeiten gearbeitet hat.[16]

Nun sind viele Stähle, wenn sie geschweißt werden, beschichtet, zum Beispiel mit Primern, Klebern oder schlichtweg mit Ölen, mit der Folge einer erheblichen Belastung mit rußähnlichem Rauchgas. Solches Rauchgas enthält je nachdem, um welche Beschichtungen es sich handelt, verschiedene Schadstoffe, hauptsächlich aber sogenannte polyzyklische Kohlenwasserstoffe (PAK), die nachweislich sowohl zu obstruktiven Atemwegserkrankungen als auch zum Lungenkrebs führen. Beide PAK-Erkrankungen sind als BK-Nummern verzeichnet, doch sind auch hier die jeweiligen Hürden so hoch gelegt, dass nur wenige Betroffene eine Anerkennungschance haben. Die in der Wirklichkeit häufig vorkommende Kombination der Belastungen und somit auch der Erkrankungsbilder führt, angesichts des nach wie vor monokausalen Rechtskonzepts, zur absurden Situation, dass ein Mensch schwer krank ist und die ursächlichen Arbeitsfaktoren unzweifelhaft vorliegen, doch die Einzelexpositionen sowie die medizinischen Einzelbefunde nicht ausreichen, um die Kriterien einer »Einzel«-Berufskrankheit zu erfüllen. Zwar hat das Berufskrankheitenrecht durch die Aufnahme einer Kombinationsexposition von Asbest und PAK am Horizont eine »sozialpolitische Wende« aufscheinen lassen, doch wird die Praxis der kommenden Jahre zeigen, wieviel davon sich als Fata Morgana und wieviel als tatsächliche Wende erweisen wird.

Mehr als nur Altlasten

Das oft gehörte Argument, das alles seien »Altlasten«, die bald aufgrund weiterer Technologiesprünge überwunden seien, also – wie man es allen Ernstes aus Kreisen der Technologieförderung hört – »Geschichten aus dem

[16] Vgl. die amtlichen Merkblätter und wissenschaftlichen Begründungen der BKen, verfügbar auf der Website der Bundesanstalt für Arbeitsschutz und Arbeitsmedizin (BAUA) unter dem Stichwort »Berufskrankheiten«.

Museum der Arbeit«, kann nicht überzeugen. Nach wie vor werden Eisen und Stahl eingesetzt, oftmals kombiniert mit neuen Fügetechniken wie zum Beispiel der des Klebens. Dadurch aber werden die Probleme nicht gelöst, sondern im Gegenteil: Sie werden komplexer. Anhand eines Beispiels aus dem Bereich »neue Werkstoffe« soll die besonders brisante Situation, in die wir geraten sind, erläutert werden. Es geht um die Epoxidharze bei der Herstellung von Booten, Surfbrettern oder Rotorflügeln für Windkraftanlagen.[17] Die Gesundheitsschäden in dieser Branche sind erheblich: gerötete und rissige Hände, blutende und schmerzende Stellen, Bläschen und juckende Ekzeme – das sind die Symptome, die das Arbeitsleben zur Qual machen können. Von den etwa 70.000 Erkrankungen, die pro Jahr als Berufskrankheit angezeigt werden, stellen die Hauterkrankungen mit etwa 20.000 Anzeigen die weitaus größte Gruppe dar. Bestätigt werden 15.000, woraus sich Reha- und Behandlungsmaßnahmen ableiten, anerkannt wird jedoch nur ein Bruchteil davon, nämlich 600, wovon wiederum nicht einmal ein Drittel entschädigt wird.

Dies hängt auch damit zusammen, dass für eine Anerkennung die Aufgabe des Berufs erforderlich ist. Nicht selten aber werden die betroffenen Menschen ohne weitere Hilfe ihrem Schicksal überlassen. Sie quälen sich dann, um ihren Job nicht zu verlieren, weitere Monate oder gar Jahre bis zu dem Punkt, an dem nichts mehr geht und sie selbst einen Arbeitswechsel vornehmen oder ganz aus der Arbeitswelt herausfallen. Zurück zu den Epoxidharzen: Beim Laminieren und beim Schleifen kommt es zu Hautkontakt, der zu Direktschäden und zugleich zu Immunreaktionen führt, die sich letztlich gegen das eigene Gewebe richten – Allergien. Hinzu kommt eine erhebliche Gefährdung durch luftgetragenen Kontakt, der alle nicht bedeckten Hautstellen, so zum Beispiel auch das Gesicht, schwer schädigen kann. Die betroffenen Arbeitnehmer/innen, oftmals aus Zeitarbeitsfirmen, sind in der Regel nicht unterwiesen und verfügen meist über nur unzulängliche technische und persönliche Schutzmaßnahmen. Eine Gefährdungsbeurteilung liegt in der Regel ebenfalls nicht vor. Werden sie hautkrank und dadurch arbeitsunfähig, so verlieren sie meist ihre Arbeit, ohne dass dies irgendeine Konsequenz für den Betrieb hat, der diese Arbeitsbedingungen

---

[17] Zum Thema Epoxidharze und einigen damit verbundenen Einzelfällen vgl. Jahresbericht 2009 der Gewerbeaufsicht der Freien Hansestadt Bremen, S. 83-87, (www.umwelt.bremen.de/sixcms/media.php/13/10_08_01%20JB%202009%20%20Endfassung%28korr%29.pdf).

verantwortet. Die für Zeitarbeitsfirmen zuständige Verwaltungs-Berufsgenossenschaft (VBG), aber auch die für die Rotorherstellung zuständige BG Rohstoffe und Chemische Industrie (BG RCI) zeigen wenig Neigung, sich dieser Probleme ernsthaft anzunehmen. Die BG RCI verfertigt – wie der Bremer Landesgewerbearzt Dr. Hittmann in seinem Bericht 2009 feststellt – beschönigende Berichte, die kaum weiterhelfen. Die sicherheitstechnische und betriebsärztliche Betreuung, die vom Entleiher organisiert werden muss, fehlt weitgehend.

Schlussfolgerungen

Konkurrenzwirtschaft erzwingt industriellen Fortschritt – und dieser nimmt vom Grundsatz her keine Rücksicht auf die Gesundheit der Arbeitenden. Die Asbestkatastrophe ist hierfür ein paradigmatisches Beispiel. Jährlich sterben weltweit über 100.000 Arbeiter und Arbeiterinnen an Asbest. In Deutschland sind es jährlich mehr als 1.400. Haupterkrankungen sind Lungenkrebs und Rippenfellkrebs – qualvolle Leiden, die von den wirtschaftlichen, politischen, administrativen und medizinischen Eliten jahrzehntelang wissentlich in Kauf genommen wurden. Denn Erkenntnisse über die schädlichen Wirkungen waren seit 1900 bekannt und seit den 1930er Jahren auch eindeutig belegt. In den 1960er Jahren verdichtete sich das bisherige Wissen aufgrund alarmierender epidemiologischer Erkenntnisse zur absoluten Gewissheit. Weltweit warnten Epidemiologen und Toxikologen vor einem weiteren Asbesteinsatz. Sie wurden als »Industriefeinde« abgekanzelt. In den 1980er Jahren begann sich das ganze Ausmaß der tödlichen Folgen des Asbesteinsatzes zu zeigen. Seit 1993 ist Asbest in Deutschland verboten, doch gibt es nach wie vor eine weltweite Produktion und einen weltweiten Handel mit Asbestprodukten. Auch in Deutschland sind Beschäftigte in Sanierungs- und Entsorgungsfirmen nach wie vor gegenüber Asbest exponiert. Berufsgenossenschaftliche Experten versuchen, die Exposition herunterzurechnen und das Lungenkrebsrisiko zu leugnen. Das Asbestproblem ist also leider nicht aus der Welt. Viele weitere arbeits- und berufsbedingte Erkrankungen sind zu befürchten – global wie auch hierzulande. Asbest steht für einen massenhaften Kollateralschaden des technisch-industriellen Fortschritts, angetrieben von der kriminellen Energie der Kapitalverwertung, konkreter: der kriminellen Energie von Managements – zunächst der Asbestindustrie, später der Schiffbauindustrie. Dass sich nach wie vor technische und medizinische Experten dazu hergeben, die schrecklichen Folgen des Asbesteinsatzes herunterzurechnen, ist bezeichnend für eine Gesellschaft, in der der Mensch eine abhängige Größe der Kapitalverwertung ist.

Diese Probleme zeigen, wie berechtigt die Forderungen sind, die sowohl global von Bürger- und Menschenrechtsgruppen als auch national von Selbsthilfegruppen und kritischen Wissenschaftlern sowie Aktivisten und Aktivistinnen aufgestellt werden:[18] (1) Arbeitsplatzgefährdungen müssen ermittelt, beurteilt und mindestens 40 Jahre dokumentiert werden; (2) Erkrankungen, die eine BK sein könnten, müssen viel systematischer als bisher angezeigt werden; (3) das Berufskrankheitenrecht muss verändert werden im Sinne einer Beweislastumkehr, zumindest muss es erweitert werden um eine Beweislasterleichterung; (4) Berufserkrankte oder vermutlich Berufserkrankte brauchen eine unabhängige Beratung und Unterstützung; (5) schließlich muss die betriebliche Prävention verbessert werden, zum einen durch verbesserte Information von Arbeitgebern und Arbeitnehmern, zum anderen durch mehr staatliche Kontrolle und ggf. auch mehr staatliche Sanktionsmöglichkeiten. Diese fünf Ebenen stehen in einem engen Wechselverhältnis. In vielen Betrieben werden Gefährdungen nicht korrekt ermittelt und beurteilt und schon gar nicht ausreichend dokumentiert, obwohl dies alles eine gesetzliche Pflicht ist. Diese Expositionsdaten aber sind Grundlage für den haftungsbegründenden Beweis. Wenn sie fehlen, gerät dies zum Nachteil des/der Kranken. Das ist ein unhaltbarer Zustand.

Zu bedenken ist zudem die oftmals bedrückende Praxis der Berufsgenossenschaften, die sich, alleine schon aufgrund ihrer Konstruktion, den Kapitalinteressen nicht entgegenstellen können. Die in den BG-Selbstverwaltungsorganen paritätisch wirkenden Gewerkschaftsvertreter/innen können diese Struktur nicht aufbrechen, im Gegenteil, sie stabilisieren sie noch zusätzlich. In den BGen zeigt sich exemplarisch eine Mitbestimmungskultur, die sich nicht als Gegenmacht, sondern als Mitverwaltung des Elends versteht, welches der Kapitalismus und seine Verwertungszwänge erzeugen. Dieser Grundmangel und das künftig noch komplexer werdende Expositions- und Erkrankungsgeschehen machen eine von den Berufsgenossenschaften unabhängige Beratung dringend erforderlich, ja geradezu zur Notwendigkeit. Die Bürgerschaft des Landes Bremen hat dieses Vorhaben,

[18] Vgl. hierzu den Abschlussbericht des Berufskrankheitenprojektes der Bremer Arbeitnehmerkammer (www.arbeitnehmerkammer.de/cms/upload/Publika-tionen/Politikthemen/Gesundheit/Wissenstransfer_Berufskrankheiten_web.pdf).

d.h. den Aufbau und die Verstetigung einer unabhängigen Beratungsstelle für Berufserkrankte, inzwischen umgesetzt. Der Auftrag ging an die Arbeitnehmerkammer des Landes Bremen, die 2013 eine offizielle Beratungsstelle für Berufserkrankte eingerichtet hat.

Die Berufskrankheitenproblematik verweist jedoch auf die unerlässliche prinzipielle Hauptforderung, die Arbeit von vornherein so zu gestalten, dass Gesundheitsschäden erst gar nicht auftreten oder zumindest extrem minimiert werden. Das europäische wie das nationale Arbeitsschutzrecht zielt scheinbar darauf ab. Doch es fehlt vollständig an ernst zu nehmenden Sanktionsmöglichkeiten zur Durchsetzung dieser Bestimmungen. Das ist kein Zufall. Es ist so trivial wie bitter: Humanisierte Arbeit verträgt sich nicht mit dem kapitalistischen System. Gleichwohl sollte nicht eine wie auch immer geartete »bessere Zeit« abgewartet werden. Es gilt, durch massenhafte BK-Anzeigen, Selbsthilfegruppen, Öffentlichkeitsarbeit und politische Kampagnen den Eliten, die von inhumanen Arbeitsbedingungen profitieren, das Leben schwer zu machen. Wichtig ist, den arbeitenden Menschen – global wie lokal – Informationen über die schädlichen Arbeitsstoffe sowie über die schädlichen Arbeits- und Lebensbedingungen insgesamt weiterzugeben und ggf. so zu übersetzen, dass sie auch von Menschen ohne akademische Ausbildung verstanden werden können. Ebenso wichtig ist es für die Aktivisten und Aktivistinnen, die Arbeits- und Lebenserfahrungen der von Expositionen betroffenen Menschen aufzunehmen und mit diesen Menschen gemeinsam Konzepte einer Gegenwehr, eines Widerstandes und auch einer Produktions- und Lebensweise zu entwickeln, die wegkommt von giftigen, gefährlichen und unsinnigen Stoffen und Technologien, und die sich öffnet für eine sozialökologische und menschenfreundliche Zukunft.

Der kalkulierte menschliche Kollateralschaden

Die Zerstörung der Persönlichkeit im Neoliberalismus

Die Themenstellung bringt mich in eine schwierige Lage. Sie enthält Begriffe, die in der Philosophie und den Sozialwissenschaften höchst umstritten sind. Überdies enthält sie eine These, deren Beweislage – gerade weil es keinen Konsens über Begriffe und die damit verbundenen Bilder von Mensch und Gesellschaft gibt – durchaus widersprüchlich ist. Vielleicht ist dies schon die erste Botschaft, die ich vermitteln kann, dass wir mit Uneindeutigkeiten leben müssen.

Persönlichkeit – Rollenanforderungen und Identität

Ich möchte mit »Person« und »Persönlichkeit« beginnen. Diese Begrifflichkeit umfasst alles Biologische, Soziale und Geistige, angefangen von der Konstitution über Charaktereigenschaften und Temperament bis zu spirituellen Orientierungen eines Menschen. Seit der Aufklärungsphilosophie kommt die Annahme hinzu, dass Persönlichkeit sich durch die Fähigkeit zu vernunftgeleitetem freiem Handeln auszeichnet, für das die volle persönliche Verantwortung übernommen werden kann. Philosophen des deutschen Idealismus – hier sind in der Nachfolge Immanuel Kants insbesondere Johann Gottfried Herder und Wilhelm von Humboldt zu nennen – sahen in Person und Persönlichkeit die einzigartige und unverwechselbare Individualität der Menschen. Genau diesem Ideal folgte auch Marx, dessen Vision von der »freie(n) und allseitige(n) Entwicklung des Individuums« den erkenntnisleitenden Humus für alle seine ökonomischen und soziologischen Analysen bildete. Unsäglich der stupide Rückfall der akademischen Psychologie, die Person und Persönlichkeit zum psychophysischen System herunterkochte, als dessen Hauptcharakteristikum sie seine hohe Anpassungsfähigkeit herausstellte und zur Norm erhob. Auf der anderen Seite darf mit Recht gefragt werden: Waren die aufklärerischen Annahmen von Person und Persönlichkeit denn je realistisch? War es nicht immer so, dass Menschen sich gerne und leichtfertig angepasst haben? Doch genau darin liegt das Problem. Es ist diese Anpassungsbereitschaft, der aus Sicht einer kritischen Theorie der Gesellschaft die Katastrophen geschuldet sind, die uns historisch so belasten. Ausdrücklich möchte ich hier auf Oskar Negt hinweisen, der auf diese Problematik sehr deutlich hingewiesen hat (Negt 2009).

Die Diskussion des Themas »Persönlichkeit« ist kompliziert geworden. Wir wissen heute, dass es im Arbeitermilieu immer schwer war, Individualität zu entwickeln. Wer als Arbeiterkind Interesse an Bach-Kantaten entwickelte und dieses Interesse auch aktiv wahrnahm, galt in seinem angestammten Milieu als gestört. Gleichwohl erschloss sich dem, der genau hineinhorchte, eine fast unendlich scheinende Variationsbreite von Körperlichkeit, Charaktereigenschaften, Temperamenten, von religiösen und geistigen Interessen, von Musikalität und zuweilen unglaublichen künstlerischen Fähigkeiten. Selbst in den großen Zwangskollektiven des Industriezeitalters scheinen – das lässt sich beispielsweise in dem beeindruckenden Roman »Walzwerk« von Heinz Marchwitza nachspüren – schon auf der Ebene der Charaktere die unterschiedlichsten Typen auf. Hinter der kollektiven Biografie einer Werftbelegschaft entfaltet sich bei genauem Hinsehen ein erstaunlich farbiges Spektrum unterschiedlichster Persönlichkeiten (Hien et al. 2002; 2007). Gelingende Arbeiteridentität zeichnete sich gerade durch die Kunst aus, zwischen dem »Eigenen«, dem leiblichen Selbst und den Rollenanforderungen, den Zumutungen und Zurichtungen des »Außen«, die richtige Balance zu finden. Es war überlebensnotwendig, immer den Schein des Zugehörigen zu wahren und gleichzeitig nie sein »Inneres« und nicht selten auch »sein Geheimnis«, zu vergessen, auch all die Leiden, Schmerzen, Missachtungen und Erniedrigungen nicht, aber auch all die Lüste und Freuden nicht, die sich biografisch in die leibseelische Persönlichkeit eingeschrieben haben. Theodor W. Adorno nennt diese nie zu vereinnahmenden Seinsebenen »das Nicht-Identische«. Nur noch identisch mit dem zu sein, was die Gesellschaft will, zerstört den Menschen. Adornos Vision einer freien Gesellschaft ist eine Gesellschaft von Individuen, in der es möglich wird, »ohne Angst verschieden zu sein«.

Die postmoderne Philosophie bestreitet, dass es eine Persönlichkeit oder Individualität im Sinne eines festen, klaren und einmaligen Persönlichkeits-»Kerns« überhaupt geben kann (vgl. dazu: Reckwitz 2008). Sie sagt, das »Subjekt« sei immer schon – das ist tatsächlich der ursprüngliche Wortsinn, wie er in früheren Zeiten auch gemeint war – einer fremden Macht »unterworfen«, allenfalls könne es eine Art »Gegenmacht« entwickeln. Auch die Psychoanalyse sagt, das »Ich«, d.h. die Person oder Persönlichkeit, sei nichts anderes als ein Kompromiss des immerwährenden Kampfes zwischen äußeren Instanzen, die wir verinnerlichen, uns gleichsam einverleiben, und undefinierbaren biologischen Triebregungen. Letztendlich, so die Ikone der französischen postmodernen Psychoanalyse, Jacques Lacan, ist Persönlichkeit nichts anderes als ein »Mangel«. Resultat ist ein bruchstückhafter, ein vielfach gespaltener Mensch, der leicht Opfer von Zurichtungen, Manipulationen und totalitären Außensteuerungen werden kann. Die postmoderne Theorie behauptet, dass die Individualität immer schon pure Illusion gewesen sei und dies immer sein wird. Dem kann und will ich nicht folgen, einfach deshalb, weil ich mich wehre, aus der deskriptiven Ebene, die mir teilweise noch einzuleuchten vermag, unversehens eine normative zu machen. Persönlichkeit oder Identität ist das Ergebnis immerwährender Dialektik zwischen Leib-Selbst und »Außen«. Diese Identitätsbalance hinzubekommen, ist auch heute das Kunststück.

Eine neue Qualität: Zugriff auf das »Innere« des Menschen

Das neue Phänomen, um das es uns heute – zumindest aus einer kritischen Sicht – gehen sollte, ist die Erosion oder gar »Korrosion« (Sennett 1998) dieses Leib-Selbsts. Wir wissen oft nicht mehr, was uns eigentlich als Individuum ausmacht, wir wissen oft nicht mehr, was wir wollen und anstreben, außer eben schlichtweg »Erfolg«. Die postmoderne Theorie, die unsere Vorstellungen von Einheit der Person, von Kontinuität, und Kohärenz dekonstruiert und nur noch Fragmente, Bruchstücke und zufällige Konstellationen sieht, kippt an vielen Stellen in eine hemmungslose Beschönigung eben dieses Zustandes um. Das menschenunwürdige Hire-and-Fire, das Umherschieben von Betrieben und Arbeitskräften, die Zwangsmobilität und die Zwangsflexibilität werden als Normalität hingenommen oder gar als Fortschritt gepriesen. Und so heißt es etwa bei Kenneth Gergen, einem recht bekannten US-amerikanischen Psychologen, »ohne erkennbare Trauer« (Keupp): »Es gibt wenig Bedarf für das innengeleitete, ›one-style-for-all‹ Individuum. Solch eine Person ist beschränkt, engstirnig, unflexibel. (...) Wir feiern jetzt das proteische Sein. (...) Man muss in Bewegung sein, das Netzwerk ist riesig, die Verpflichtungen sind viele, Erwartungen sind endlos, Optionen allüberall und die Zeit ist eine knappe Ware.« (zit. nach Keupp 2010, S. 9) Insofern darf themenkritisch festgestellt werden: Es geht nicht um Kollateralschäden! Diese Schäden sind beabsichtigt!

Die Fragen gehen weiter: Wenn wir annehmen, dass Persönlichkeit etwas ist, was biografisch aus einem Menschen geworden ist, als Resultat unendlich vieler sozialer Interaktionen, was bedeuten dann Beschädigung oder gar Zerstörung? Zerstört kann nur werden, was eine Gestalt hat, doch muss diese Gestalt anders, ursprünglich anders oder anders geworden sein, als das, wohin die Vektoren von Macht und Herrschaft sie treiben wollen. Wie auch immer: Zur Persönlichkeit gehört die leibseelische Einheit des lebendigen und sich raumzeitlich orientierenden Menschen: die Leiblichkeit. Gorz (1989, S. 129ff.) erinnerte daran, dass wir nicht als abstrakte Wesen existieren, sondern als Menschen aus Fleisch und Blut. Wir nehmen die Welt sinnlich-stofflich wahr und wir handeln stofflich-verändernd in der Welt, im sozialen Miteinander. Die Gesamtheit dieser Bezüge bildet gleichsam die »Gestalt« unserer leiblichen Integrität. Sie ist das Fundament unserer Identität. Weiter ist zu fragen: Wieso wirkt sich erst der Neoliberalismus, warum nicht auch schon der »alte« Liberalismus zerstörerisch auf den Menschen aus? Die Frage von Frese et al. (1978), warum nicht jeder und jede Fließbandarbeiter/in verrückt werde, war so unberechtigt nicht. Nicht umsonst haben sich – durchaus in der Tradition der Kant'schen Aufklärung – Marx (1844/1974) und viele kritische Theoretiker nach ihm Gedanken über Entfremdung und psychische Verelendung gemacht (vgl. Hofmann 1971, S. 153ff.). Gewiss: Dagegen lehnten sich die Arbeiter/innen auf – in Protesten, Streiks, Revolten und Revolutionen. Doch vergessen wir allzu leicht, dass unterhalb der aufscheinenden Auflehnung ein zumeist bedrückender Arbeits- und Lebensalltag lag, beschwert mit der gnadenlosen Gravitationskraft der Verhältnisse. Selbstredend wurden die darin gefangenen Menschen krank, und dies nicht nur körperlich, sondern auch psychisch. Ein ganzer Zweig der Sozialen Hygiene und der Psychiatrie – die Industriepsychiatrie – widmete sich diesen Phänomenen (Abholz 1970). Doch nicht, um den Niedergedrückten und Verzweifelten zu helfen, sondern ihnen »Unangepasstheit«, »Verrohung«, »moralischen Verfall« oder »Neurasthenie«, also Nervenschwäche und daher Untauglichkeit, zu attestieren.

Erleben wir heute also keine neue Qualität der psychischen Verelendung? Ich meine: Wir erleben eine neue Qualität. Für die Vermutung von Sennett (1998), dass der Taylorismus – trotz all seiner Furchtbarkeiten – aufgrund seiner Trennung von Hand- und Kopfarbeit den körperlich Arbeitenden auch ein Schutzschild gegen die begehrenden Übergriffe des Kapitals auf die »Seele des Arbeiters« bot, sprechen viele gute Gründe. Heute hat sich dieses von langer Hand organisierte Begehren (über das schon Riesman 1958, Marcuse 1967 und viele andere berichteten), das »Innere« des Menschen aufzubrechen und zu beherrschen, weitgehend durchgesetzt. Es gibt diesen Schutzschild nicht mehr. Die Arbeitenden sind der herrschenden Ideologie gleichsam bis in den »feinstofflichen« Bereich des Lebens hinein ausgeliefert. Es gibt kein »Außen« mehr. Wovon der »alte« Liberalismus träumte: Der vollkommen individualisierte und atomisierte »homo oeconomicus« mit Haut und Haaren wird heute Wirklichkeit. Der Markt wird zu einer göttlichen Instanz (Veerkamp 2005), Menschsein zum unternehmerischen Selbst (Bröckling 2007), Egozentrismus, Rücksichtslosigkeit und Mitleidlosigkeit avancieren zu belobigten und gewinnbringenden Tugenden, Ungleichheit wird unumwunden biologisiert (z.B. bei Friedrich August Hayek, vgl. die Kritik von Conert 1998, S. 304-326). Dies ist eine neue Qualität, dass überverausgabte und an der Grenze des Ausgebranntseins schliddernde Personen – »freiwillig«, »selbstgesteuert« oder wie sonst noch die postmodernen, fehlleitenden Begriffe immer lauten mögen – Mehrarbeit leisten, nicht selten Arbeit mit nach Hause nehmen und sich dann noch selbst, da sie »nie fertig« werden, des Ungenügens zichtigen.

Kultur der »alten« und »neuen« Ordnung

Der kurze arabische Frühling konnte nicht darüber hinwegtäuschen, dass die Jugend der Welt einer Idee der Freiheit hinterherläuft, die nicht nur vom Emanzipationswillen, sondern auch von den Verlockungen der Konsumgesellschaft genährt wird. Die Gemengelage ist kompliziert. So berichtet Sabine Rennefanz von den »Jugendunruhen« 2011 in England: »Auf Partys unterhält man sich quer durch die Gesellschaftsschichten am liebsten über Immobilienkäufe, die nächste große Investition und das Ende des Euros. (…) Schlipsträgern gilt die gelebte Gier als Tugend; Kapuzenpulliträger setzen diese Gier in Randale um.« (Frankfurter Rundschau, 10.8.2011) Auch wenn die Proteste, die von der Bewegung »Occupy Wall Street!« entfacht wurden, einen Hoffnungsschimmer aufleuchten lassen, so gehen sie doch nicht über die kapitalistische Logik hinaus. Die Jugend der Welt will nicht, dass ihre Zukunft verzockt wird. Die Jugend spürt zugleich, dass mit Fleiß und Leistung immer weniger zu gewinnen ist. Doch in welche Richtung soll es gehen? Wer sich nicht auf die Straße wagt oder sich dafür zu alt fühlt, droht in eine Spirale der Hoffnungslosigkeit zu geraten. Dies belegt die Serie der Suizide in Frankreich ebenso wie der ungebremste Anstieg psychischer Erkrankungen europa- und weltweit. Alain Ehrenberg (2011) hat in seiner Studie »Das Unbehagen in der Gesellschaft« den sozialen und ideologischen Wurzeln des psychischen Elends nachgespürt. Und er arbeitet ein Problem heraus, das uns zu denken geben sollte: Das massenhaft zu findende Symptom-Muster passt nicht mehr in das Kategorienschema der klassischen Psychiatrie und schon gar nicht in das der klassischen Psychoanalyse. Zwar lässt sich von einer »Krise des Narzissmus« sprechen (Lasch 1995), im Kern besteht diese aber eher in einem Zerbrechen und Zerplatzen der Erfolgsillusionen. »Die psychopathologische Problematik der betroffenen Personen ist gänzlich von der Tonart des Verlustes geprägt: Depression, Rückzug, Zusammenbruch« (Ehrenberg 2011, S. 439f.).

Ganz ähnlich wie schon Rainer Zoll (1993), der ein »altes« und ein »neues kulturelles Modell der Arbeit« unterschied, spricht Richard Sennett (1998) von einer »Kultur der alten Ordnung« und einer »Kultur der neuen Ordnung« in der Arbeitswelt. Sicherheit weicht der Unsicherheit, Eingebundenheit der Bindungslosigkeit, Vertrauen der Gleichgültigkeit. Zugleich werden alte Strukturen von Macht, Kontrolle, Starrheit und Unbeweglichkeit – auch das betont Sennett – aufgeweicht. Das klingt zunächst vorteilhaft, und der Abbau jener Strukturen ist ohne Frage wünschenswert und notwendig. Das Problem liegt darin, was an deren Stelle tritt. Die sich entwickelnde allseits flexible und fluide Identität zeugt von einem fundamental schwachen Ich, das noch mehr als früher von Anpassungsfähigkeit und Erfolgen »im Draußen« abhängig ist. Diese Entwicklung ist keinesfalls alternativlos – hierauf wird zurückzukommen sein. Einstweilen aber dominiert diese Entwicklung die Situation. Sennett untersucht dies am Beispiel der Teamarbeit. Ein Teamarbeiter sollte fähig sein, »von etablierten Beziehungen abzurücken«, sich rückhaltlos der vorliegenden Aufgabe anzupassen und lernen, sein Team »als Firma« zu sehen. Der »Teamspieler« muss lernen, sein eigenes Verhalten den anderen gegenüber entsprechend zu manipulieren. Was übrig bleibt, »sind die Masken der Kooperation« (Sennett 1998, S. 151). Die Prinzipien der kapitalistischen Konkurrenz und die zugleich dafür erforderliche Härte gegen sich und andere bilden mit der geforderten Flexibilität ein eigentümliches, höchst schädigendes Amalgam. Sennett nennt das Resultat klar beim Namen: »The corrosion of character«.

Wilfried Glißmann, Betriebsrat bei IBM Düsseldorf, schildert (am 8. August 2004 in der Frankfurter Rundschau, 27.8.2004) anhand eines Beispiels sehr eingängig die Atmosphäre des Gruppendrucks. Es geht um eine Situation, in die ein hochqualifizierter Software-Entwickler gerät, indem er unglücklicherweise gerade dann, wenn er in Urlaub fahren will, mit einem akuten und unaufschiebbaren Arbeitsproblem konfrontiert wird. Ein Arbeitskollege, der vermutlich eine höhere Position als der Betroffene innehat, repräsentiert dabei die Logik des Arbeitssystems. Der Gesamtkontext dieser Arbeitssituation führt dazu, dass der Betroffene zwar wegfahren, doch am Urlaubsort im Prinzip keinen Urlaub machen kann, da er immer »online« zu sein hat. Soziologisch gesprochen kommt er aus seiner Arbeitsrolle nicht heraus. Es ist nützlich, sich den Dialog genauer anzusehen.

R: » ... im Urlaub, da wollte ich eigentlich nicht arbeiten ...«

W: »Hör mal, du bist der einzige, der sich auskennt. Und zwei Wochen, das ist eine lange Zeit, da kann viel schief gehen. ... Ich meine, die Kollegen hier haben mir gesagt, sie hätten dich schon öfter mal versucht zu erreichen, und du warst nicht da.«

R: »Wie, das kann doch nicht sein! Ich hab mein Handy immer angeschaltet!«

W: »Naja, die dicksten Dinger passieren ja immer nachts und am Wochenende. Ich kann auch nur wiedergeben, was man mir sagt.«

R: »Na hör mal, haben die sich etwa beschwert?«

W: »Nun, so würde ich das mal interpretieren ... Wenn das mit dem Urlaub jetzt noch dazukommt ... Du weißt ja ... Ich meine, *ich* habe *mein* Handy immer an.«

R: »Na gut, ich nehme das Notebook mit und schaue immer mal nachts rein.« (...)

W: » ... schau vielleicht auch mal tagsüber in deine E-Mails, ja? Du weißt ja, hier tut sich immer sehr viel. Ich versuche hier, die Stellung zu halten. Mit deiner Hilfe!«

Hier zeigt sich geradezu ein Paradebeispiel der Bemächtigung leiblicher Identität durch herrschaftliche Marktlogik. Der in scheinbarer kommunikativer Gleichheit agierende Interaktionspartner transportiert den Marktdruck direkt ins Innere des Betroffenen und lehrt diesen das Fürchten. Man spürt beim langsamen Lesen geradezu das innere Brechen. Die Umstände verfügen über den betroffenen Protagonisten dieser Szene, der dem eher »passiven Typus eines postmodernen Charakters« (Fuchs 2000) entspricht, während der Vorgesetzte den eher aktiven Typus repräsentiert. Der passive Protagonist ist in die Situation eingefügt, er wird gleichsam in ihr Gefüge eingesperrt. Der betroffene Protagonist spürt seinen inneren Widerstand, seine leibliche Lebenslogik, die jedoch von einer bereits akzeptierten Systemlogik unterworfen wird. Der Motor dieser Psychodynamik ist die Angst – die Angst, als nicht leistungsfähig dazustehen, die Angst, das Projekt zu verlieren, die Angst, den Boden unter den Füßen zu verlieren, die Angst, den eigenen biografischen Entwurf zu Makulatur zu machen. Es ist kein äußerer Befehl, sondern ein innerer. Das ist gegenüber der alten Kommando-Logik des Industriesystems der Unterschied. Ob dieser Unterschied entscheidend ist, das ist hier freilich die Frage. Tatsächlich gibt der betroffene Protagonist seine Freiheit auf. Die Markt- und Projekt-Logik verlängert sich als unerbittliches Kommando ins Innere des Subjekts. Die Arbeitsrolle frisst die lebendige Leiblichkeit auf (vgl. dazu auch: Hien 2008).

Selbst-Inszenierung

Die neuen Arbeitsformen, von denen beispielsweise der langjährig in Sachen Arbeitspolitik agierende IG Metall-Gewerkschafter Ulrich Klotz (Frankfurter Rundschau, 8.8.2011) angesichts »vieler neuer Möglichkeiten« schwärmt und als Durchbruch »neue(r) Freiheiten« feiert, sind keineswegs »frei«. Eine »neue Freiheit« ist auch dann nicht sichtbar, wenn die Arbeit aller äußeren Kontrolle entkleidet würde. Es verhält sich eher so, dass die subjektiven Potenziale entfaltet und gleichzeitig inhuman entstellt werden. Der Philosoph Byung-Chul Han brachte dieses paradoxe Phänomen auf den Begriff: »Die Dialektik von Herr und Knecht führt am Ende nicht zu jener Gesellschaft, in der jeder ein Freier ist, der auch zur Muße fähig wäre. Sie führt vielmehr zu einer Arbeitsgesellschaft, in der der Herr selbst ein Arbeitsknecht geworden ist. In dieser Zwangsgesellschaft führt jeder sein Arbeitslager mit sich. Die Besonderheit dieses Arbeitslagers ist, dass man Gefangener und Aufseher, Opfer und Täter zugleich ist. So beutet man sich selbst aus.« (Han 2010, S. 45f.) Der Schlussfolgerung Hans, dadurch sei »Ausbeutung auch ohne Herrschaft möglich« geworden, würde ich allerdings widersprechen: Herrschaft findet nunmehr im Subjekt selbst statt. Hier ist Zygmunt Bauman (2009, S. 55f.) zuzustimmen: Herrschaft ist »formlos« geworden, »ohne den geringsten Verlust an Härte«. Die Mächtigen bleiben im Verborgenen und können sich »ganz auf den endemischen Selbstbewusstseinmangel ihrer Untergebenen verlassen«.

Die zahllosen Ratgeber auf dem Psychomarkt versuchen, diesen Mangel durch Regieanweisungen der Selbstinszenierung zu beheben. So meint der Benediktinermönch Meinrad Dufner (2004, S. 19): »Was uns mürbe macht, ist nicht die Arbeit, sondern der innere Widerstand dagegen höhlt aus.« Dufner – und er soll hier für viele Ratgeber stehen – rät uns, sich die an uns gestellten Anforderungen »ganz zu eigen zu machen«. So verwandle sich alles zu »meinem Werk«, ohne jede Entfremdung. Ich sei dann »ganz bei mir« und brauche nicht einmal mehr die Anerkennung »von draußen«. Hier irrt Dufner gewaltig. Das Gegenteil ist der Fall: Die Resultate meiner Arbeit verwandeln sich in Fetische, die »im Draußen« wirken, die mich beherrschen, von denen ich abhängig werde wie von schweren Drogen. Ausnahmslos alle neueren arbeitssoziologischen Studien beklagen eine ins Extrem gesteigerte Arbeitsorientierung, eine Arbeitssucht, die von der Gier nach Erfolg gespeist wird. Eine neue Untersuchung von Held et al. (2011) mit dem Titel »Was bewegt junge Menschen?« offenbart noch einmal sehr eindringlich den Wandel vom innen- zum außengeleiteten postmodernen Subjekt. Ein interviewter Psychotherapeut berichtet von einer zentralen Erfahrung gerade mit jüngeren Erwerbstätigen (in: Held et al. 2011, S. 316):

»Alles soll bestens und toll sein. Alle unvollkommenen, problematischen, schwachen, alle eher negativen Seiten werden weitgehend verleugnet. Dies gilt für alle Ebenen und von Konflikten, die man mit anderen, mit sich selbst, mit der Arbeit und Vorgesetzten oder sonstigen hat. Die ganze Konfliktseite wird abgespalten, aber auch die ganze Seite des negativen Erlebens. Negative Gefühle zu haben, also etwa auf jemand anderen wütend, ärgerlich zu sein, Angst zu haben, von Skrupeln geplagt zu werden, ist immer ein Indiz dafür, dass man sozusagen nicht zu den Gewinnern gehört. Und deshalb müssen solche Aspekte vor sich selbst ausgeblendet werden.«

Die Studie von Held et al. arbeitet heraus, dass viele Menschen eine Ich-Stärke inszenieren, in deren Hintergrund Schwäche und Verzweiflung steht. Zur Selbst-Inszenierung gehört auch die Ebene von Leib und Körper. Eva Kreisky (2003), Politikwissenschaftlerin und Frauenforscherin in Wien, diagnostiziert ein geradezu paradoxes Zeitphänomen: einerseits ein Verschwinden des Körpers in der multimedialen und virtuellen Welt, andererseits eine Stilisierung des Körpers, der zur Präsentation auf dem Markt der »unternehmerischen Selbste« immer unverzichtbarer wird. Gefordert ist der »schöne neue Idealkörper« und dies auch noch in klassisch geschlechter-dichotomer Art und Weise. Jugendliche geraten immer stärker in einen Dauerstress, »gut auszusehen«. Für sie ist ihr Körper »eine Bio-Aktie mit hoher Gewinnerwartung« (Kreisky). Ein Studium der Stellenanzeigen auch angeblich seriöser Zeitungen und Internetformen belehrt auch Zweifler, dass dem tatsächlich so ist. Wenn du deine Person als Ganzes verkaufen musst, dann wird der Körper zu einer entscheidenden Sache – aber eben zu einer Sache, genauer noch: zu einer mehr und mehr entfremdeten Sache. Die präsentierbare Körperlichkeit entfremdet uns von unserer Leiblichkeit. Auch hier werden wir auseinandergerissen, zerrissen, zerstört. Am Fließband war völlig unwichtig, ob du schön oder »vorzeigbar« bist, du musstest nur die Zähigkeit besitzen, die für diese Arbeit nötig war. Eine Vielzahl neuer Dienstleistungssektoren lebt hingegen von der visuellen Präsentation. Das kulturindustrielle Trommelfeuer der Werbebranche tut ein Übriges. Körperkult und neoliberales Denken fügen sich passgenau ineinander – so werden Menschen konditioniert. Die Zurichtung beginnt schon in der Schule.

Das Neue im Posttaylorismus

Wir befinden uns in einer ganz und gar eigentümlichen historischen Situation. Wir sind Zuschauer und Akteure zugleich – in einem großen Weltschauspiel, dessen Akte mit folgenden Worten überschrieben sein könnten: Globales Finanzkapital, totale Mobilmachung der Arbeit, gnadenlose Beschleunigung, Aufbau von Scheinwelten und deren Zerplatzen, Angst, Wut, Erschöpfung, Leere. Weniger elaboriert könnte es auch heißen: das Letzte geben, die Nerven dauer-angespannt, dann schließlich doch scheitern, verzweifeln, durchdrehen, zusammenbrechen, sich-verkriechen, nichts-mehr-wissen, nichts-mehr-spüren. Das Eigentümliche nun aber ist: Wir werden überschwemmt mit Befragungen, Kommentaren und Handlungsanleitungen. Supervisoren, Coacher und Psychotherapeuten haben Hochkonjunktur. Wir können uns kaum retten vor gut gemeinten Ratschlägen, die sich schnell in Drohungen verwandeln können. Und dies nicht nur, weil sie sich in unserer Seele mit dunklen Kindheitserinnerungen verstricken. Nein: Weil sie mit dem Gesamt der realen, aber vollkommen paradoxen Vorgänge verschmelzen, die sich vor unseren Augen abspielen. Ein Aspekt scheint mir dabei von besonderer Wichtigkeit zu sein: Noch nie wurden Beschäftigte so viel befragt wie heute. Noch nie waren sich alle so einig über ein zentrales Ergebnis: Uns fehlt die Anerkennung! Und doch möchte ich stark bezweifeln, dass lobende Worte des Chefs wirklich nachhaltig unsere Situation verbessern würden. Der Frankfurter Soziologe Stephan Voswinkel (2002) hat herausgearbeitet, dass uns nicht die fehlende Anerkennung zermürbt, sondern das Ausbleiben des Erfolgs, für den wir bewundert werden möchten. Das genau ist das Neue im Posttaylorismus, der nicht mehr unsere Arbeitskraft nutzen, sondern unsere ganze Person in den Prozess der Vermarktlichung einspannen will.

Eine andere Lesart von Anerkennung liegt auf der Hand: Was wir zum Menschsein wie das täglich Brot brauchen, ist, vom Anderen in unserem

Mangel, unseren Eigenarten mit all ihren Stärken und Schwächen, unserer Bedürftigkeit, unserem Begehren, aber auch unserer Hilflosigkeit, anerkennend, nicht vereinnahmend, angenommen, ja: respektiert zu werden. Dies ist zugleich eine Forderung an uns selbst, Fehler – die eigenen wie die des Anderen – wohlwollend zu akzeptieren. Was wir brauchen, ist nicht eine Optimierung unseres Arbeitsvermögens, ist nicht ein lebenslanges Lernen unter Zwang, sondern die Fähigkeit, Sensoren für unser leibliches, seelisches und geistiges Mit-Sein zu entwickeln. Achtsamkeit ist kein schlechtes Wort hierfür: »Dem Kältestrom einen Wärmestrom entgegensetzen« (Negt). Dazu würden orientierende Leitplanken gehören, wie z.B. »Leben und Arbeiten entschleunigen«, »Grenzen setzen und Grenzen akzeptieren«, »nicht immer mehr, sondern weniger arbeiten«, »sich rückbesinnen auf den Wert gegenseitiger Hilfe«, »nachdenken über den Sinn von Solidarität«. Ganz entscheidend ist, den Wert des Menschseins nicht nach ökonomischen Kriterien zu messen. Der Wert des Menschen liegt in seinem Menschsein selbst! Ein schreckliches Symptom der neoliberalen Kolonisierung unserer Hirne ist das Gerede von »Leistungsträger«, »Hochleister«, »Minderleister« usw. usf. Dem Einhalt zu gebieten, ist das Mindeste!

Wenn wir über Wertschätzung und Anerkennung reden, so müssen wir jedoch genau aufpassen, dass nicht aus der vermissten Anerkennung, träte sie denn ein, ein Schuh wird. Anerkennen kann auch bedeuten, das »Objekt« der Anerkennung in einer ganz bestimmten Weise als ein von Außen bestimmtes Etwas zu identifizieren und damit definitorisch fremdzubestimmen, einzugrenzen, zuzurichten, und zwar genau den Anforderungen gemäß, die sich gerade im Kontext der globalisierten Wirtschaftswelt ergeben. Resultat ist genau diejenige »fluide Identität«, die von »postmodernen« Unternehmensberatern pausenlos gefordert wird – eine Identität, die keine mehr ist. Resultat ist eine rückhaltlose und selbstvergessene Identifikation mit der Arbeitsrolle, die unweigerlich zu einem Zusammenbruch der Person führen muss. Fluide Identität besitzt kein eigenes Flussbett mehr, keine eigene Kontur, keine eigene Gestalt – sie zerfließt, läuft aus, versickert, versandet. Übrig bleibt die Fata Morgana, der neoliberal erzeugte Wahnsinn, von dem der Roman von Thomas Melle: »Sickster« so trefflich erzählt.

Verweilen wir einen Augenblick bei der Option einer – vielleicht während der ersten zehn Jahre eines Jobs – gelingenden Überidentifikation. Die marktförmig gesetzten Anforderungen, Handlungsweisen und Wirkungsketten verschieben das Koordinatensystem meiner Werte. Ich habe zunächst eine bestimmte Auffassung von meinem Beruf, vielleicht sogar ein Berufsethos. Der Rentabilitätsvektor meines Tuns aber treibt mich in eine andere Richtung. Ich muss eine Software als »hervorragende Lösung« verkaufen, die ich persönlich für schlecht oder gar gefährlich halte. Ich muss einen pflegebedürftigen Menschen in 3,7 Minuten abfertigen, obwohl ich genau weiß, dass ich erst mal 15 Minuten für die Emotionsarbeit brauche. Als Techniker im Kernkraftwerk bin ich für ein System verantwortlich, zu dessen akkurater Überwachung ich nicht mehr über die nötige Zeit verfüge. Das bringt mich in innere Zerreißproben, in eine moralische Dissonanz, in einen extrem belastenden Verantwortungs-Stress. Im skandinavischen Raum wird diese Dauerbelastung als »stress of conscience« – Gewissens-Stress – bezeichnet und empirisch beforscht (z.B. Juthberg et al. 2008; vgl. dazu auch Hien 2009, S. 176ff.). Es ist im wahrsten Sinne des Wortes furchtbar, was sich da abspielt. »I felt like the angel of death« ist ein Artikel überschrieben, der sich mit Rollenkonflikten und moralischem Distress von Medizintechnikern in einem US-amerikanischen Krankenhaus beschäftigt (Mueller et al. 2011). Was ist die Folge? Ich werde zu einer Marionette des Arbeitssystems, zu einem »leistungsbewusste(n) Mitläufer« (Negt), der – stark an den eindimensionalen Menschen in Marcuses Analyse erinnernd – letztlich nichts weiter ist als eine roboterhafte Figur, die nach einer gewissen Zeit sich selbst, genauer: sein leibliches Selbst, auszulöschen beginnt und über kurz oder lang – »depersonalisiert« – zusammenbricht. Depersonalisation, Entpersönlichung – das heißt: innere Leere, Gefühllosigkeit sich selbst und anderen gegenüber, totale Gleichgültigkeit, möglicherweise aber ein äußeres Funktionieren oder zumindest die Offerierung eines Scheins desselben. Die fluide Identität ist bindungslos und verantwortungslos. Ich habe in bestimmten Momenten den Eindruck, dass die postmoderne Arbeitswelt schon sehr viele entpersönlichte Menschen produziert hat; in anderen Momenten sehe ich aber auch viel Menschlichkeit, die Hoffnung macht. Zur Menschlichkeit gehört auch die Krankheit. Vielleicht zeigen uns die Depressionen auch endlich die Grenzen auf, über die der neoliberale Kapitalismus ständig hinwegzugehen trachtet. »Krankheit in einer kranken Gesellschaft ist ein Zeichen von Gesundheit« – so oder ähnlich hat es einmal Nietzsche geschrieben, und darin sind ihm durchaus so unterschiedliche Geistesgrößen wie Erich Fromm oder Theodor W. Adorno gefolgt.

Die letztendliche Frage ist doch die: Kann es eine Umkehr geben? Wenn, und darin folge ich Heiner Keupp (2010), »immer noch Ziel unserer Aktivitäten die Förderung von Emanzipation und Aufklärung« sein soll, dann ist die Frage nicht fern: Wie wollen und können wir uns aus den Fesseln neoliberaler Ideologien befreien? Können wir Wege öffnen zu einer selbstbestimmten, widerständigen und kreativen Form des Arbeitens und Lebens? Mitbestimmung greift viel zu kurz. Was wir brauchen, ist eine neue, authentische, reflektierte Beziehung zur Welt, eine »neue Selbst-Welt-Beziehung«. So nennt Hartmut Rosa, Soziologe an der Universität Jena, die Perspektive, welche die Beschleunigungsdynamik und Entfremdungserfahrungen aufbrechen könnte. Es geht zugleich auch darum, das Glücksversprechen des Kapitalismus, vor allem das, was es in uns anrührt, Stück für Stück auseinanderzunehmen und die Teile neu, eben menschengemäß, zusammenzubauen. Dekonstruktion und Rekonstruktion wären hierfür die richtigen Worte. Dafür brauchen wir die soziale Anerkennung als eigenständige Individuen in all seiner Unvollständigkeit; dafür brauchen wir aber auch das Selbst-Entdecken und Selbst-Anerkennen unseres eigenen inneren Maßes, unserer biografisch gewordenen Authentizität, die uns eine nicht-entfremdete Resonanz zur Welt erlaubt. Wenn ich meine Freude wiederentdecke, die mich als Kind beim Singen barocker Kantaten erfüllte, und dieser Entdeckung nachgehe, komme ich vielleicht zu dem Punkt, mich entschließen zu können, meine Arbeitszeit zu reduzieren und dafür wieder mehr aktive Musik zu machen. Jeder und jede möge sich das für ihn und sie passende Beispiel heraussuchen. Es gibt bestimmt eines!

Nachtrag

Lieber Wolfgang!
Wir haben in der Redaktion deinen Text diskutiert. Von der Art und von Deinem Zugang her hat er uns gut gefallen, dennoch gab es von einigen (nicht allen) RedaktionsgenossInnen auch Kritik. Ich bin einer von denen und der Grund dafür ist schnell erklärt, es ist nämlich Deine einseitige Darstellung. Nicht, dass das nicht wohl die selbstgestellte Aufgabe deines Vortrags war, ist das Problem, und auch nicht, dass die von Dir angesprochene »Zerstörung der Persönlichkeit im Neoliberalismus« falsch beschrieben würde, aber in der verallgemeinernden und vor allem einseitigen Art würde ich das so nicht teilen. In Deiner meines Erachtens oft schematischen Gegenüberstellung von Fordismus und Neoliberalismus werden jene Aspekte des Zweiteren, die aus den Kämpfen und sozialen Bewegungen von »68« und danach hervorgegangen sind – und die nach wie vor zum Bestand befreiender politischer und sozialer Praktiken gehören sollen, ja müssen – einseitig dem »reaktionären

Konto des Neoliberalismus« zugerechnet. Um keine Missverständnisse aufkommen zu lassen: Ja, der neoliberale Kapitalismus hat es »geschafft«, die Sehnsucht der Ausgebeuteten nach Autonomie, nach Selbstverwirklichung und -bestimmung im Sinne kapitalistischer (Selbst)Verwertungslogik umzuwenden und zu Motiven der Kapitalakkumulation werden zu lassen. Aber andererseits gibt es damals wie heute Aspekte der Kritik an fordistischen Zuständen, hinter die wir nicht zurückgehen sollten. Der Fordismus war eben kein goldenes Zeitalter für die ArbeiterInnenklasse – außer vielleicht für einen kleinen Teil des jeweils »einheimischen« weißen, männlichen Proletariats in den imperialistischen Zentren …

Manchmal hatte ich beim Lesen das Gefühl, dass du deine berechtigte »operaistische« Sicht auf die Massenarbeit des Fordismus (die betrachtest du ja ganz erfrischend – entgegen den »marcusianischen Entfremdungsblick«) mit dem historischen Übergang zur Hegemonie postfordistischer Formen abrupt abbrichst und ebenjene vorhin zurecht von dir kritisierte Entfremdungskritik ganz einfach auf die neuen Arbeits- und Lebensverhältnisse anwendest. Als Aktivist der Mayday-Bewegung, prekär Beschäftigter und postoperaistisch inspirierter Theoriemensch kann ich dieser Wendung – zumindest in der von Dir vorgestellten Schwarz-Weiß-Variante – nicht zustimmen. Aus all diesen Perspektiven sehe ich durchaus Aspekte bzw. Elemente der Prekarisierung, die im Sinne emanzipatorischer Gesellschaftsveränderung weiterzutreiben und nicht zurückzudrängen sind. Ich stimme Toni Negri in einigen seiner Formulierungen nicht zu, aber mit seinem bereits in den späten 70ern entwickelten Prinzip der »Autovalorizazzione« (Selbstverwertung), der Möglichkeit der Selbstbefreiung der Multitude qua Realisierung des im Zuge der Verwissenschaftlichung des Kapitalismus und der sie begleitenden und befördernden Kämpfe entwickelten kollektiven Vermögens, des »General Intellect« mit Marx gesprochen, hat er schon einen wichtigen Punkt getroffen. Auch die aktuellen Debatten um Commons und Solidarische Ökonomie knüpfen an diesen »positiven« Zugang zu möglichen ökonomischen und gesellschaftlichen Alternativen zum Krisenkapitalismus an. Aber das ist eine andere Geschichte …

Ich hoffe, dass du mit meinen stichwortartigen Kritikpunkten etwas anfangen kannst und freue mich – auch im Namen der Redaktion – auf eine mögliche Antwort.

Beste Grüße

Martin Birkner

Lieber Martin!
Die Art und Weise, wie ich versuche, politisch zu reflektieren, ist zugegebenermaßen stark von meinen Eigenerfahrungen geprägt: In den 1960er und 1970er Jahren zehn Jahre Arbeiter, z.T. in der Hölle der Chemie- und Stahlindustrie, damals waren wir in kleinen Betriebszellen organisiert und haben versucht, anknüpfend an die militante Arbeiteruntersuchung die betriebliche Realität und diejenige der gesamten Arbeiter/innen-Existenz soweit zu erfassen, wie es uns möglich war und zugleich Impulse für widerständiges Handeln zu geben. Mein Hauptthema war der ruinöse Gesundheitsverschleiß in der Industriearbeit. Seit der Jahrtausendwende versuche ich als sozialwissenschaftlicher Forscher – und zeitweise als Referatsleiter für Gesundheitsschutz des DGB-Bundesvorstandes – die veränderte Realität in der Industrie, vor allem aber die neuen Realitäten in den Dienstleistungsbranchen zu verstehen. Was ich wahrnehme, ist ein ebenso ruinöser Gesundheitsverschleiß, nunmehr nicht mehr vorwiegend jener der Knochen, sondern nunmehr den der Psyche. Die These von der psychischen Verelendung gewinnt eine Aktualität bisher unbekannten Ausmaßes. Gorz spricht in seiner Studie »Arbeit zwischen Misere und Utopie« m.E. zu Recht von einer neuen Stufe der Ausbeutung, die er über den Verkauf der Arbeitskraft hinaus als Verkauf des ganzen Menschen, als Prostitution bezeichnet. Die Folgen für die sozialen Beziehungen sind erheblich: Ein subtiles Konkurrenzgehabe, ein subtiles Mobbing, unverhohlener Zynismus, Rücksichtslosigkeit, Gleichgültigkeit, emotionale Falschheiten, wie ich sie nie für möglich gehalten habe.

Ich suche nach Momenten der Alltagssolidarität, aber ich finde sie nicht. Das kann – das gebe ich gerne zu – an meiner Art zu sehen, an meiner Brille, liegen, die womöglich neue Formen der Solidarität wegfiltert. Unbestreitbar aber, so meine ich, ist die Feststellung, dass sich überall diejenigen Leute durchsetzen, die man früher als Psychopathen bezeichnet hätte. Wer ehrlich (oder authentisch) ist, gilt als naiv und unbrauchbar. Er wird sofort, überall, über den Tisch gezogen. Ich kriege täglich Mails von Menschen, die irgendwas von mir gelesen haben (z.B. mein Buch über die IT-Branche: »Irgendwann geht es nicht mehr«) und ihr Leid klagen. In neueren Romanen und Zeitbeschreibungen werden diese Dinge oftmals recht treffend beschrieben, z.B. Thomas Melle: »Sickster«, Kathrin Röggla: »Wir schlafen nicht« oder Nina Pauer: »Wir haben keine Angst«. Wie sehr ich früher in der Fabrik gelitten habe, aber diese gegenseitige Fertigmacherei scheint mir ein historisch neues Phänomen zu sein. OK, ich gebe gerne zu, das gab es in

den 1960er Jahren auch, die Hierarchien und die Zwänge waren enorm, aber es gab immer auch Verbündete, eine – wie Konrad Thomas sagt – »verborgene Situation«, es gab immer so etwas wie eine Alltagssolidarität. Und genau die scheint es heute nicht mehr zu geben. Wie froh wäre ich, wenn Du Recht hättest, dass nämlich unter der Oberfläche der Phänomene der Hartherzigkeiten eventuell doch andere Entwicklungen stattfänden.
Beste Grüße,
Wolfgang

Restrukturierungen – schicksalhaft gegeben?

Zu den gesundheitlichen Folgen verselbständigter Verwertungsprozesse

Das lange gepriesene Normalarbeitsverhältnis, ein Herzstück des rheinischen Kapitalismus, ist zerbrochen. Eine andere Normalität hat längst Einzug gehalten: die Restrukturierung. Hinter diesem harmlos klingenden Begriff verbergen sich sowohl Strukturkrisen in Branchen und ganzen Regionen als auch Konzern- und Betriebsveränderungen, Betriebs- und Abteilungsschließungen, Verlagerungen und Rationalisierungsmaßnahmen bis hin zur rigiden Re-Taylorisierung – Veränderungen mit teilweise verheerenden gesundheitlichen Folgen für die arbeitenden Menschen. Das offizielle Sprachspiel lautet: »Restrukturierungen sind strukturelle Anpassungen an den Markt.« Und weil dieser heilig ist, geht die herrschende Elite selbstredend davon aus, dass die Menschen an diese neue Normalität angepasst werden müssen. Und was empfehlen die für Gesundheitsschutz zuständigen Behörden und Institutionen? »Resilienz« heißt das neue Zauberwort, das durch die Beraterszene und die Sozialwissenschaft geistert: Eine verbesserte psychische Widerstandskraft soll helfen, Menschen auf »Herausforderungen« und Veränderungen in ihren Arbeitsverhältnissen vorzubereiten und mit diesen besser umgehen zu können.

Beispiel Werftarbeit: »Man muss flexibel sein«

Beispiele für Umbrüche in der regionalen Wirtschaftsstruktur gibt es in der Bundesrepublik einige. Genannt seien das Zechensterben im Ruhrgebiet, der Untergang der Haushaltselektronikindustrie in Franken oder die Schließung der Großwerften im Nordwesten Deutschlands. Ein einschneidender Restrukturierungsprozess war die Schließung des »Bremer Vulkan« 1997, der letzten Großwerft in Bremen. »Auf einen Schlag« wurden 2600 Beschäftigte entlassen. Sie mussten um ihre materielle Existenz und – das zeigen biografisch-qualitative Studien (Hien et al. 2002, 2007) – eine veränderte Identität kämpfen. Nur wenn die Gesundheit der Arbeitssuchenden es erlaubte, war ein beruflicher »Neustart« möglich. Körperliche und psychische Gesundheit hat sich als entscheidende, aber nicht hinreichende Voraussetzung zur Bewältigung der beruflichen Herausforderung, die durch die Restrukturierung der maritimen Industrie ausgelöst wurde, erwiesen. Jedoch zeigen sich auch bei Beschäftigten, denen es gelingt, die berufliche Herausforderung zu meistern, massive Risse in Selbstbild und Selbstgefühl. Es ist ihnen kaum noch möglich, eine Kontinuität als Person in Bezug zur Welt herzustellen – sie erleben sich als Spielball der Verhältnisse. Auf ihnen lastet der Druck des Wettbewerbs, der sich in ihrem Bewusstsein und ihrem Körper in Angst umsetzt. Die Angst führt zu einer Verengung von Wahrnehmung, Denken und Handeln. Viele Beschäftigte berichten in Beratungsgesprächen und Interviews von einem »Tunnelblick«: Sie versuchen, durch die betrieblichen Turbulenzen durchzukommen, sie versuchen, sich auf sich selbst zu konzentrieren und die Situation der Kollegen auszublenden. Die Angst vor der Entlassung erzeugt eine negative Psychodynamik, die mit einer stärkeren Identifikation mit der aufgezwungenen Arbeitsrolle, einer stärkeren Abgrenzung gegenüber anderen, einer Zuspitzung von konkurrenzorientiertem Verhalten und mit Machtkämpfen und Mobbing verbunden ist. Die Empirie zeigt recht eindeutig die Tendenz zur Verinnerlichung der kapitalistischen Markt- und Konkurrenzdiktate. »Doch Wettbewerbe sind Ausscheidungskämpfe und notwendigerweise damit verbunden, dass sie Verlierer produzieren.« (Neckel/Wagner 2013, S. 17).

Restrukturierung, Rationalisierung und Intensivierung überlagern sich gegenseitig und haben eine Geschwindigkeit angenommen, die keinen Platz mehr lässt für »Langsame« oder – wie uns ein Interviewpartner sagte – »anders geartete Menschen«. Diese Veränderungsprozesse erzeugen oder verstärken die Individualisierung. Die Sorge um den anderen, die Verantwortung, die ich als Kollege, als Kollegin z.B. für »den Neuen« habe, erodiert. Berufsethik, moralisches Denken und Handeln, die ganz normale Mitmenschlichkeit werden zu einem Störfaktor im Getriebe der »postmodernen« Produktions- und Dienstleistungsarbeit. Postmodern deshalb, weil das alte kulturelle Modell mit seiner industrialisierten Massenarbeit – der Fordismus – gegenüber der vorindustriellen Zeit als Ausdruck der »Moderne« gesehen wurde. Für die heutige Situation mit atomisierten, fragmentierten und häufig mobilen Arbeitsplätzen, mit schnell wechselnden Arbeitsaufgaben und in vielen Bereichen einer zunehmenden Gleichgültigkeit gegenüber dem Arbeitsinhalt passt daher der Begriff der »Postmoderne« recht gut. Der Psychoanalytiker Rainer Funk (2005) beschreibt den postmodernen Menschen mit seinen radikalen Ich-Bezügen, seiner Rücksichtslosigkeit, seiner Erfolgsorientierung und seiner Unfähigkeit zu vertrauensvollen Beziehungen.

Diese Persönlichkeitsstruktur ist nicht Folge eines mitgebrachten Charakterfehlers, sondern des Anpassungsdrucks, der sich in ein inneres Zwangsverhältnis umsetzt. Ein Ausschnitt aus einem Interview mit einem ehemaligen Vulkan-Arbeiter verdeutlicht dies. Ein jüngerer Schiffbauer berichtet über seinen Wechsel in die Automobilbranche:

»*Es wird viel ausgegliedert dort, viel Fremdvergabe wird dort gemacht. Jetzt neuerdings werden einfach die Leute zur Wahl gestellt: ›Entweder arbeitet ihr jetzt soundso oder wir vergeben das einfach fremd.‹ (...) Ja, man muss flexibel sein, man muss flexibel sein und immer auf die neuen Anforderungen reagieren, und deshalb halte ich mich auch fit, jogge, mach Fortbildungen, das muss ich schon alles selbst in die Hand nehmen, jeder guckt halt, wo er bleibt, jeder ist sich selbst der Nächste.*« (Unveröff. Interview Hien et al. 2007, Nr. 20, S. 6 und 23)

Was wir vorfinden, ist ein verinnerlichter Zwang zur Flexibilität, entstanden aus einer Mischung äußerer Bedingungen und innerer Motivlagen. Die äußeren Bedingungen sind: harter Wettbewerb, eine gewinnmaximierende Unternehmenspolitik und neue Managementtechniken. Die inneren Motivlagen setzen sich zusammen aus der Arbeitsorientierung eines Haupternährers mit dem Streben nach beruflichem Erfolg, nicht selten vermengt mit Arbeitslust und Arbeitssucht. Die Mischung dieser Faktoren ergibt ein Amalgam mit hohem inneren Erfolgsdruck. Flexibilität wird zur Leitidee, die nicht hinterfragt werden soll und tatsächlich oft auch nicht hinterfragt, sondern zum Wert an sich erhoben wird.

»Moralische Dissonanzen« – Pflegekräfte in der Zerreißprobe

In ganz besonderer Weise ist der Gesundheitssektor von Restrukturierungen betroffen (Hien 2009; Hien et al. 2010; Stüber/Feuerstein 2013). Krankenhäuser, Reha-Kliniken und Altenpflegeeinrichtungen werden gegenwärtig auf den Kapitalmärkten verhökert, als seien es Rohstoff-Felder, die für neue und noch effektivere Ausbeutungsversuche freigegeben werden. Schon längst stehen Pflegekräfte im Konflikt zwischen Berufsethos und aufgezwungener Arbeitsrolle. Das, was sie gelernt haben, und das, was einer guten Pflegequalität entspricht, können sie im Arbeitsalltag nicht mehr anwenden. Oder: Wenn sie es versuchen, geraten sie in immer heftigere innere und auch äußere Konflikte, weil sie dann ihre Arbeit nicht mehr schaffen, zu nicht bezahlter Überarbeit tendieren oder eben – und diese Entwicklung schleicht sich notgedrungen in den Arbeitsalltag ein – ihre berufliche Arbeit nur unvollständig und oft sehenden Auges qualitativ mangelhaft ableisten müssen. Die Pflegearbeit wird im eklatanten Widerspruch zu dem Berufsbild, welches Pflegelehrbücher und vor allem die Pflegestudiengänge vermitteln, flächendeckend re-taylorisiert, ent-qualifiziert, abgestuft und entwertet, Erfahrungswissen wird diskriminiert. Legionen betriebswirtschaftlicher Consulter sind damit befasst, den Gesundheitssektor in diesem Sinne zu restrukturieren. Gewerkschaftsvertreter sitzen dabei mit in den Aufsichtsräten und tragen diese Prozesse allzu oft mit.

Das alles zehrt gewaltig an Seele und Körper. Schwestern und Pfleger kämpfen diese Konflikte meist mit sich alleine aus. Das führt zu inneren Zerreißproben, deren gesundheitliche Auswirkungen mittlerweile deutlich sichtbar sind. Die Frühverrentungen bei Krankenschwestern und -pflegern sind mit fast 40% ähnlich hoch wie die von Maurern und Dachdeckern. Junge Pflegekräfte steigen zu einem hohen Prozentsatz wieder aus der unmittelbaren Pflegearbeit aus und versuchen, beispielsweise über ein Studium der Pflege- und Gesundheitswissenschaften, irgendwie den Konflikten zu entkommen (Hasselhorn et al. 2005).

Die Ökonomisierung des Gesundheits- und Sozialwesens führt nach Kühn (2006) zu einem Rationalisierungstypus, der dem von Max Weber beschriebenen Charakteristikum der »sachliche(n) Unpersönlichkeit« entspricht. Das ist das exakte Gegenteil von Subjekt- und Patientenbezogenheit und bedeutet in der Tendenz den institutionalisierten Ausschluss der Person des Patienten aus den Ablauf- und Entscheidungsprozessen. Im selben Maße mutieren Ärzte und Pflegende zu »Charaktermasken eines Organisationssystems«. Das offizielle Sprachspiel, das z.B. den Patienten zum Kunden macht, dessen nicht monetär gedeckte Ansprüche abgewehrt werden müssen, unterstützt diese psychologische Anpassung. Dem Handeln wird eine Logik aufgezwungen, die dem alltäglichen berufsethischen Selbstverständnis zuwiderläuft. Das führt zur »moralischen Dissonanz« mit quälendem psychischen Unbehagen, das tief ans eigene Selbstbewusstsein rührt. Eine Schwester, die ihre Stationsleitungsfunktion aus Protest abgegeben hat, sagte uns:

»*Es ist nichts möglich mehr. Gar nichts. Das ist deprimierend für alle, weil, es gibt einige Leute, die durchaus andere Vorstellungen hatten von ihrem Beruf, und die das, wohin es gehen sollte, auch mitgetragen haben, aber jetzt trägt keiner mehr was. Jetzt versucht jeder nur noch für sich mit heiler Haut da durchzukommen und sagt, ich werde mich hier nicht tot machen. … Es gibt – so interpretiere ich das – es gibt Ansätze von Überforderung, von Ausgebranntsein ..., es passieren auch vermehrt Fehler, das ist schon beängstigend. (...) Also, die Leute sind immer weniger beim Patienten, sie flüchten vorm Patienten weg und stürzen sich auf die administrativen Sachen, weil sie Angst haben, (und es vorziehen) diesem Druck eher ausgesetzt zu sein, als dem der Patienten.«* (Hien 2009, S. 46f.)

Die Möglichkeiten, innerhalb der Organisation die praxiswirksame Geltung berufsethischer Ziele durchzusetzen, sind solange äußerst beschränkt, wie eine kulturelle Hegemonie neoliberalen Denkens in Betrieb und Gesellschaft besteht und der Einzelne mit seinen Konflikten weitgehend vereinzelt und einsam bleibt. D.h. auch: solange es keine greifbaren Alternativkonzepte gibt, welche die gesellschaftliche Solidarität und nicht die Vermarktlichung in den Vordergrund stellen. Die Folgen sind fatal, für PatientInnen ebenso wie für die Pflegekräfte. Psychische Erkrankungen sind in diesem Zusammenhang vielleicht am plausibelsten, doch zeigt die Epidemiologie ebenso große Risiken hinsichtlich Erkrankungen im Herz-Kreislauf-, Magen-Darm-, Stoffwechsel-, Muskel-Skelett- und Immunsystem. Als Beispiel sei der im Erwachsenenalter sich entwickelnde Diabetes Mellitus Typ 2 genannt, der durch Arbeitsstress und Überstunden ausgelöst werden kann (Kroenke et al. 2007).

Der ökonomischen Rationalisierungslogik gesund zu widerstehen, scheint nur wenigen Menschen zu gelingen. »Aus dieser unbestreitbaren Tatsache wäre ein Gebot der politischen Ethik abzuleiten. Es besagt, Institutionen und Steuerungsinstrumente so zu gestalten, dass die in ihnen handelnden Individuen keine Helden werden müssen, um ihrer ethischen Verantwortung zu entsprechen« (Kühn 2006, S. 19). Moral- oder Ethik-Konflikte müssen, so Kühn, auf das zurückgeführt werden, was sie wirklich sind: auf Interessenkonflikte.

»Atemlos« – Normalfall Restrukturierung in der IT

Die IT-Branche galt einige Zeit als eine, in der die »Gesetze des Normalarbeitsverhältnisses« in einem positiven Sinne außer Kraft gesetzt wurden: von Anfang an ein überdurchschnittliches Einkommen, Belohnung von Kreativität und Eigenverantwortung, große Handlungsspielräume und vieles mehr, was eine Illusion von Autonomie erzeugte. Doch das hat sich in den letzten Jahren geändert (Hien 2008). Es gab und gibt schroffe Einschnitte, auch die IT-Arbeit wird flächendeckend re-taylorisiert, von klassischer Programmierarbeit kann keine Rede mehr sein, Module werden aus dem Internet gezogen und gleichsam im Akkord »zusammengeklebt«. Und wie überall, so wird auch hier der Marktdruck nach unten durchgereicht, verbunden mit subtilen Drohungen und einem unterschwelligen Anheizen des Konkurrenzdrucks unter den KollegInnen. Teams, die sich gut verstehen, werden systematisch auseinandergerissen. Diesem Druck hält ein Mensch nur bedingt lange stand. Die Zahl der psychischen Zusammenbrüche, Herzinfarkte, Schlaganfälle und vieler weiterer Krankheiten unter den über 45-Jährigen nimmt erschreckend zu. Gesundheitsabteilungen großer Software-Unternehmen sind intensiv damit befasst, die Beschäftigten auf die Vielzahl negativer Veränderungen »einzustellen«. Der SAP-Betriebsrat Ralf Kronig (2012) berichtet dagegen eindrücklich von Zuständen, die der Auszeichnung des Software-Unternehmens als »gesundes Unternehmen« Hohn sprechen. Neben dem Zeit- und Konkurrenzdruck, Überstunden und überlangen Arbeitszeiten verschärfen in den letzten Jahren permanente »Reorganisationen« die Arbeitssituation der Beschäftigten, »per Dekret« und ohne jede Möglichkeit der Eigengestaltung. Der Betriebsrat spricht davon, dass die Beschäftigten nicht mehr zum »Durchatmen« kämen, und er zitiert einen Kollegen, der darüber berichtet, was die ständigen Veränderungen in seiner Abteilung mit den Menschen machen:

»*Wir berücksichtigen viel zu wenig die zeitversetzte Beschäftigung der Ebenen mit einem Thema. Wenn der Vorstand das schon auf ›done‹ gesetzt hat, fangen die Teams gerade einmal an, sich damit zu beschäftigen.*«

»*Die letzte Restrukturierung war schon heftig, aber die jetzige übertrifft alles Bisherige. Trotzdem wird verlangt, dass wir alle Termine einhalten und Ergebnisse abliefern. Andererseits weiß ich nicht, welchen Job ich übermorgen mache.*« (Ebd.)

Nicht Kontinuität wird angestrebt, sondern eine steigende Arbeitsverdichtung. Dabei bleibe vielen einfach die »Luft weg«. In einer solchen Situation ist an ein innovatives Arbeitsklima nicht mehr zu denken. Die Beschäftigten haben nicht nur mit ihrer Arbeit, sondern auch mit irreführenden Sprachspielen und Ideologien zu kämpfen. Das Individuum wird mit einer Kultur konfrontiert, die den Eindruck vermittelt, der Einzelne habe andauernd die Wahl und müsse andauernd Entscheidungen treffen. Dass eine derartige Anforderung bei gleichzeitiger Undurchschaubarkeit und Unsicherheit die Individuen überfordert, ist evident. Restrukturierungen werden als Naturereignis inszeniert. Wer nicht mithält, steht auf der Abschussliste. Die Empirie macht deutlich: Die Menschen leiden unter einem Vertrauensverlust in die Kontinuität von Dingen und Personen. Was fehlt, ist ein Vertrauen in die den Menschen tragende Strukturen, ein Vertrauen darauf, dass jeder in seinem jeweiligen Anderssein akzeptiert und angenommen ist. Restrukturierungen stellen nicht nur materielle Existenz, Wohlergehen und Gesundheit infrage, sondern auch die in der beruflichen Sozialisation gewachsene Identität: Neue Technologien, die nicht an alte anschließen, entwerten Spezialisierungen und Erfahrungswissen. Ältere Beschäftigte sind davon stärker als Jüngere betroffen.

Die negativen Folgen der Restrukturierung sind epidemiologisch – also in großen, statistisch gesicherten Studien – evident. Eine Metaanalyse von 162 epidemiologischen Studien, die sich im weitesten Sinne mit gesundheitlichen Folgen betrieblicher Rationalisierung befassten, kam zu dem Resultat, dass besonders starke negative gesundheitliche Effekte dann zu erwarten sind, wenn Veränderungsprozesse mit Personalabbau, Arbeitsintensivierung und mangelnder sozialer Unterstützung verbunden sind (Westgaard/Winkel 2009). Die Niederländische Organisation für Angewandte Naturwissenschaftliche Forschung TNO hat dazu eine höchst aufschlussreiche Kohortenstudie vorgelegt (Geuskens et al. 2012). Rund 9000 Erwerbstätige wurden im Abstand von zwölf Monaten zu Belastungen und Erkrankungen befragt. Die generelle Gesundheit verschlechterte sich für solche Personen, deren Unternehmen sich an beiden Zeitpunkten in Restrukturierungsprozessen befanden, um den Faktor 1,4. Dieser Faktor, d.h. das relative Risiko, erhöhte sich, wenn Restrukturierung mit Job-Unsicherheit verbunden war, auf 1,7. Bei über 55-jährigen Personen verdoppelte sich das Erkrankungsrisiko, d.h. das relative Risiko stieg auf 2,2. Die Autorinnen merken an, dass die psychischen und psychosomatischen Erkrankungsprozesse bei mangelnder sozialer Unterstützung durch Vorgesetzte und Kollegen zusätzlich negativ beeinflusst werden. Daraus lässt sich der Umkehrschluss ziehen, dass mehr soziale Unterstützung – d.h. auch: mehr Solidarität, mehr Gemeinschaftlichkeit und Gemeinschaftsgefühl – die gesundheitliche Situation der von organisationalen Veränderungsprozessen Betroffenen zu verbessern in der Lage wäre.

Zur Kultur der flexibilisierten Arbeit

Restrukturierung und Flexibilisierung stehen in einem engen Wechselverhältnis. Was den Beschäftigten in Restrukturierungsprozessen – jedenfalls in solchen, die als »betriebswirtschaftliches Naturereignis« ausgegeben werden – abverlangt wird, ist enorm: Während bisherige Sicherheiten obsolet werden, sollen die Betroffenen sich zugleich mit der Rationalität ihrer neuen Situation identifizieren. Jahre- oder jahrzehntelang einsozialisierte berufliche Muster sollen über Bord geworfen und binnen kurzer Zeit eine neue »Corporate Identity« übernommen werden. Verena Kast (2002) berichtet von der »Angst des flexiblen Menschen«, die uns zunächst einmal dann überkommt, wenn uns »der sichere Ort« verlustig geht. Sie plädiert daher für die Übung, uns einen sicheren Ort in unserer Phantasie vorzustellen und so zu lernen, wieder Vertrauen zu uns selbst zu gewinnen. Dazu gehöre aber, so Kast, dass wir unseren Ärger – etwa über Grenzüberschreitungen des Vorgesetzten oder der Unternehmensführung – frühzeitig wahrnehmen und artikulieren.

In diesem Zusammenhang sei es wichtig, nicht nur gut informiert zu sein über die Rahmenbedingungen der Arbeit, sondern auch unsere eigenen Strebungen, unsere Lebensthemen, genauer kennenzulernen, um nicht unbewusst von ihnen überrannt zu werden. So seien Grundvoraussetzungen geschaffen für eine »Kultur der Selbstsorge«. Solche psychologischen Ratschläge sind m.E. mit einem Schuss Skepsis zu diskutieren. Gleichwohl ist einzuräumen, dass Verena Kast durchaus ein reales Problem anspricht. Die gesundheitsbezogene Untersuchung der postmodernen Arbeitswelt macht nämlich eine Strukturähnlichkeit sichtbar, um nicht zu sagen: eine Struktur-Homologie: Zwischen der inneren Logik der herrschenden Ökonomie und den in ihr arbeitenden Personen besteht eine historisch gewachsene »Verwandtschaft«, Struktur und Individualität gehen in unserer Biografie eine Synthese ein. Wenn Ängste, Erschöpfungsdepressionen und depressive Neurosen, insbesondere solche mit psychosomatischen Auswirkungen, vorwiegend Menschen betreffen mit »intellektuell differenzierter Struktur« und »der Neigung, sich aus besonderer Gewissenhaftigkeit zu überfordern«; und wenn darüber hinaus Potenziale des Widerstandes – gleichsam »gesunde Aggressionen« – unterdrückt und schließlich gegen sich selbst gerichtet werden (Kisker/Bauer 1991, S. 103f., 343), dann fällt ins Auge, dass diese Eigenschaften sich weitgehend mit den für die flexibilisierte Arbeitswelt geforderten Eigenschaften decken.

Ein besonders abschreckendes Beispiel hierfür ist die Beilage »Berufsziel« der Süddeutschen Zeitung vom Frühjahr 2014 (SZ 2014) – sie steht für inzwischen ungezählte andere Beispiele des ideologischen Dauerregens, der unsere Lebenswelt zu einer rutschigen Landschaft ohne gesicherte Wege und Pfade werden lässt. In der SZ-Beilage werden junge Menschen eingeschworen auf eine Kultur der permanenten Restrukturierung und Flexibilisierung, eine Kultur des gnadenlosen Wettbewerbs, eine Kultur der Gewinner und Verlierer. So fordert der neoliberale Ökonom Meinhard Miegel eine Wirtschaft der »Top-Talente«, der Zukunftsforscher Matthias Horx eine Wirtschaft der »flexiblen kreativen Könner«, der Kapuzinermönch Bruder Paulus feiert die »fröhliche Leistung im Team«, der engagierte Katholik, Theologe und Psychiater Manfred Lütz sieht eine Zukunft für die »kreativen Störenfriede«, doch diese müssten »unbedingt loyal sein und treu zu ihrem Team sowie dem Unternehmen stehen«. Und der Filmemacher Hubertus Meyer-Burckhardt schwört die Arbeitenden in seiner Vision auf ein generalisiertes unternehmerisches Denken und Fühlen ein: »Die Zukunft gehört dem Work-Life-Talent, das eigenständig sein Arbeits- und Privatleben plant, wie es ihm passt – und dennoch fester Teil eines Unternehmens ist. Begriffe wie Feierabend oder Dienstbeginn können dann gestrichen werden.« Was sind das für Zukunftsentwürfe? Die »fluide Identität«, d.h. der allseitig angepasste und im Sinne der Marktgesetze funktional kreative Mensch, der seine Rollen und Identitäten, je nach Stand und Trend der Restrukturierung, wechseln kann wie sein Hemd? Eine Gesellschaft, in der diejenigen, die diesem postmodernen, neoliberalen Menschentypus nicht entsprechen, ausgegliedert, ausgeschlossen und externalisiert werden, vielleicht in Gettos und Arbeitslager für »Minderbemittelte« und »Minderwertige«?

Heilmittel Resilienz? Gegenkulturen aufbauen!

Es gibt keinen Zweifel: Restrukturierung ist ein globaler Trend, der die Menschen verunsichert, sie verängstigt und krank macht. Genau in diesem Zusammenhang wird ein neuer Begriff ins Spiel gebracht, welcher der Psychotherapie entlehnt ist: die Resilienz (Schauerte et al. 2012). Er bezeichnet die psychische Widerstandskraft eines Individuums gegen nicht kontrollierbare Widerfahrnisse und Unbillen des Lebens. Nach Schauerte meint Resilienz, die »Opferrolle« zu verlassen und »Verantwortung [zu] übernehmen«. Und weiter: »Resiliente Menschen leben in dem Bewusstsein, dass Krisen keine unüberwindbaren Hürden sind. Sie versuchen, die Gründe zu verstehen und fokussieren sich zielorientiert auf die gefundenen Lösungsmöglichkeiten.« (Ebenda, S. 14). Mehr Resilienz ist an sich nichts Falsches, wenn sie mit Achtung und Achtsamkeit gegenüber der eigenen leiblichen und seelischen Existenz wie der des anderen Menschen verbunden ist. Doch so, wie der Begriff der Resilienz im offiziellen Jargon benutzt wird, ist dies nichts anderes als Zynismus, verbunden mit der impliziten Aufforderung, seinen Ellbogen gegen schwächere Kollegen und Kolleginnen einzusetzen, sich »durchzusetzen« – oder aber die Zumutungen widerstandslos zu schlucken. Resilienz soll helfen, Wut, Zorn und Verzweiflung – hier wieder im O-Ton – mittels »gesunder Lebensweise«, »Stressmanagement« und Psychotherapie zu kompensieren. Kollektiver Widerstand gehört selbstredend nicht zu den »Tools«, welche die Bundesanstalt für Arbeitsschutz und Arbeitsmedizin, die Landesämter für Arbeitsschutz, die Berufsgenossenschaften und die Krankenkassen angesichts der Restrukturierungswelle anbieten. Doch auch in vielen Betriebs- und Personalratsgremien vernebeln Wolken aus Illusion und neoliberaler Ideologie die Hirne. Man hofft darauf, dass Restrukturierung »die Situation bereinigt«, »die leistungsstarken Kräfte bündelt« und »die Leistungsschwachen ausscheidet« – dies sind typische O-Töne, wie sie in BR-Seminaren häufig zu hören sind. Eine kämpferische und auf Widerstand orientierte Resilienz wäre eine, die darauf orientiert ist, Angst abzubauen, Selbstbewusstsein und Solidarität gleichermaßen zu entwickeln, Potenziale der Widerständigkeit gegen unsinnige, unverhältnismäßige, intransparente, nicht-partizipative und autoritäre Restrukturierungsdiktate aufzubauen. Kollegiale Solidarität, Absprachen und Austausch, der Versuch einer gemeinsamen Problembewältigung – all das könnten die »sicheren Orte« werden, die zum Wiedergewinnen von Selbstvertrauen nötig sind.

Wir bekamen lange eingeimpft: Wenn du gute Arbeit leistest, kann dir nichts passieren. Doch das trügt gewaltig. Welche »Rollen« nehmen wir in der Arbeitswelt ein? Schon vor Jahrzehnten hat Hans Peter Dreitzel (1968) in seiner wegweisenden Studie »Die gesellschaftlichen Leiden und die Leiden an der Gesellschaft« die zwei Gefahren im Umgang mit der Einnahme von »Rollen« herauskristallisiert: Entweder ich lasse mich gar nicht auf die Rolle ein, reduziere sie zur »Schablone« und gehe damit ins innere oder äußere Exil, oder: Ich verliere jede Distanz zu der Rolle, die ich spielen soll, mache mich selbst damit zu einer »Marionette« und drohe dadurch mein Selbst zu verlieren. In beiden Fällen findet eine Spaltung statt – die Verbindung zwischen Arbeitsrolle und der sie tragenden Person reißt ab. »Ich bin nichts mehr außer dem, was ich gerade Tolles, Großes, Wichtiges mache!« Wenn das misslingt, falle ich auf die eine oder andere Weise heraus. Die von den Resilienz-Päpsten geforderte »fluide Identität« ist hier eine fatale Scheinlösung. Fluide Identität besitzt kein eigenes Flussbett mehr, keine eigene Kontur – sie zerfließt, läuft aus, versickert, versandet. Auch das Zauberwort »gute Arbeit«, unter dem einige Gewerkschaften Kampagnen initiiert haben, hilft hier nicht wirklich weiter. Eine immer wieder neu ansetzende Rückbesinnung auf das, was man selbst als gute Arbeit versteht, ist zwar sinnvoll und notwendig. Zugleich wissen wir oft ganz gut, dass uns die Verhältnisse daran hindern, das zu tun, was wir für »gut« halten. Eine gesunde Distanz zur »Arbeitsrolle« wird daher zu einer persönlichen Überlebensfrage. Zugleich müssen wir aber – auf allen Ebenen – für eine neue Arbeitskultur eintreten. Das gilt auch für die GewerkschaftsvertreterInnen, die in den Verwaltungsräten und Beiräten all der Institutionen, die solche Restrukturierungsprozesse beschließen und absegnen, paritätisch beteiligt sind. Ihrer originären Mittel ohnehin weitgehend entäußert und prinzipiell an die Konsenspflicht gebunden, ist von ihnen wenig Kritisches zu den individualisierenden und psychologisierenden Deutungen »postmoderner« Arbeitszumutungen zu hören. Und über Personalbemessung, mit der wenigstens quantitativ Voraussetzungen zu einer »Entstressung« der Arbeitsabläufe geschaffen werden könnten, will z.B. die IG Metall in ihrer Anti-Stress-Verordnung nicht reden. Eine Ausnahme bildet da die vorsichtige Diskussion in ver.di um Personalbemessung im Pflegebereich, mit der eine Verbesserung der Pflegearbeit im Sinne der PatientInnen *und* Pflegenden geschaffen werden soll. Das sollte Schule machen!

Mitbestimmung alleine greift allerdings angesichts der gewaltigen Veränderungen zu kurz. Was wir brauchen, ist eine neue politische und kulturelle Orientierung, welche die Beschleunigungsdynamik und Entfremdungserfahrungen aufbrechen könnte. Es geht zugleich auch darum, das Glücksversprechen des Kapitalismus, vor allem das, was es in uns anrührt, Stück für Stück auseinanderzunehmen und die Teile neu, »menschengemäß«, zusammenzubauen. Dafür brauchen wir vor allem aber eine Abkehr von der Konkurrenzschiene, auf die uns die kapitalistische Ökonomie immer wieder zu setzen versucht. Es mag idealistisch klingen, doch nichtsdestotrotz muss gesagt werden: Wir brauchen eine Änderung der inneren Haltung der Beschäftigten selbst – ein Innehalten, ein Sich-Besinnen, eine Abkehr vom unreflektierten Erfolgszwang. Jede/r Einzelne muss wieder Achtsamkeit lernen, sich selbst und anderen gegenüber. Keine übersteigerten Forderungen an sich und andere! Abschied nehmen von Überidentifikation, Perfektionismus und krank(machend)em Ehrgeiz! Sich öffnen gegenüber dem Anderen, den »Andersartigen«, den »Langsamen« und gerade hier eine Atmosphäre der Solidarität aufbauen, die nicht auf Gegenseitigkeit pocht – verstanden nicht als »Solidarität unter gleich Starken«, sondern als »Solidarität in der Vielheit menschlichen Seins« (Marchart 2010, S. 355ff.). Dazu gehört auch das Nachdenken über andere Formen der Existenzsicherung wie etwa das bedingungslose Grundeinkommen, das den von Restrukturierung Betroffenen ein Stück von der Angst nehmen könnte, ins Bodenlose zu fallen.

Neue (auch gewerkschaftliche) Handlungsanleitungen gehen fehl

Im Kontext eines globalisierten Kapitalismus erleben arbeitende Menschen Restrukturierungen in einer Position großer Abhängigkeit, während diejenigen, die an den Schaltstellen der Macht sitzen, in ihrer immer hektischeren Suche nach höheren Renditemöglichkeiten Betriebe und Belegschaften zu Figuren auf dem Schachbrett der Weltökonomie machen. Unternehmen verändern sich in immer kürzeren Abständen, regelmäßig mit der Folge massiven Personalabbaus und massiver Arbeitsintensivierung. In den Belegschaften Angst zu verbreiten, ist zur »Normalität« geworden. Dieser Entwicklung wird der Schein des Unabdingbaren, des Alternativlosen, der Naturnotwendigkeit, ja: des Naturhaften schlechthin verliehen. Haftet schon dem Begriff der Restrukturierung der Verdacht des Euphemismus an, so bestätigt sich dieser Verdacht, wenn in neueren Wortspielen etwa von »Change-Prozessen« die Rede ist (Meyn et al. 2015). Die ideologische Arbeit wird nicht nur von der Regierungspolitik – verschärft begonnen mit der Agenda 2010 unter Schröder/Fischer – und den unter ihrer Ägide wirkenden Institutionen, sondern auch und gerade von den ihnen zuarbeitenden Sozialwissenschaften absolviert. Einmal angetreten, die Arbeits- und Lebensverhältnisse der Menschen kritisch zu durchleuchten und im Gefolge der 1968er-Bewegung auch einen Beitrag zur kritischen Bewusstwerdung der Arbeitenden zu leisten, mausern sich die Sozialwissenschaften zu Begleitern des neoliberalen Wandels. Beispiele dafür finden sich in der Management-Literatur zuhauf. So werden kritisch denkende Arbeitnehmer/innen im Rahmen systemischer Beratungen, die auf die »Logik des positiven Denkens« setzen, gerne als »widerständlerisch« und »zersetzend« geoutet (Königswieser 2000, S. 43). Kritisch Denkende würden, so das Verdikt, sich der Erkenntnis verweigern, dass es ums »Überleben« gehe. Verwendet werden Körper- und Naturmetaphern, die unter der Hand ein biologistisches Gesellschaftsmodell mittransportieren. »Der Markt« erscheint in dieser vom Wirtschaftsliberalismus durchtränkten Wahrnehmung als eine Naturgewalt, ja: als ein Gott (Veerkamp 2005), vor dessen Größe wir niederzuknien gehalten sind. Friedrich August von Hayek, ein Prophet der Naturalisierung und Vergottung des Marktes, forderte vom »Individuum«, das beispielsweise »seinen Beruf wechseln« soll, schon in den 1940er Jahren eine unhinterfragte »Anpassung an Veränderungen, deren Ursachen und Wesen es (das Individuum, W.H.) nicht begreifen kann« (zit. n. Veerkamp 2005, S. 128). Ökonomische und soziale Interessenunterschiede werden eingeebnet und die Beteiligten zu einer Schicksalsgemeinschaft zusammengeschmiedet. In seiner Analyse der Restrukturierungs-Ideologie schreibt der Wiener Politikwissenschaftler Günther Sandner (2003): »Wenn der Eindruck vermittelt wird, dass alle in einem Boot sitzen, dann wäre es natürlich äußerst unvernünftig, nicht gemeinsam in die gleiche Richtung durch die raue See der Marktwirtschaft zu rudern.« (Ebenda, S. 95f.) Sandner hält deswegen eine klare Ideologiekritik für unabdingbar. Doch auch weniger extreme Vertreter/innen der sozialwissenschaftlichen Unternehmensberatung und solche, die ehemals kritische Beiträge lieferten, passen sich dem Zeitgeist an. Als Beispiel sei eine kürzlich erschienene Handlungsanleitung (Meyn et al. 2015) angeführt, an deren Zustandekommen eine Reihe von Mitarbeitern und Mitarbeiterinnen der Sozialforschungsstelle Dortmund, der Universitäten Dortmund und Bremen, der Berufsgenossenschaft Holz und Metall sowie haupt- und ehrenamtliche Mitglieder der Industriegewerkschaft Metall beteiligt waren. In den Gewerkschaften wird breit für diese Broschüre geworben.

Die unter dem Titel »Gesundheit und Beteiligung in Change-Prozessen« veröffentlichte Broschüre ist in vielen Hinsichten bemerkenswert. Als beschwörende Formeln werden »vertrauensvolle Unternehmenskultur« und »humane Managementmethoden« (ebenda, S. 30ff.) ins Feld geführt, ohne die Macht- und Herrschaftsverhältnisse zu thematisieren, die derartigen Wunschfantasien Hohn sprechen. Nicht überraschend wird von den Betroffenen gefordert, »Bewältigungskompetenz« und Resilienz aufzubauen. Die Autoren und Autorinnen gehen davon aus, dass es möglich sei, mit Unternehmensleitungen auch so etwas wie eine »organisationale Resilienz« aufzubauen. Ausgespart bleibt der Umstand, dass Derartiges nur unter der Bedingung einer grundsätzlichen Akzeptanz herrschaftlich gesetzter »Change-Prozesse« gedacht werden kann. Wir haben keine Wirtschaftsdemokratie, d.h. verhandelt werden nicht das »Warum« und das »Ob«, und schon gar nicht das »Was« der Güter und Dienstleistungen, sondern lediglich das »Wie« der Restrukturierung. Welche Maßnahmen und Instrumente werden vorgeschlagen (ebenda, S. 43ff.)? »Geschützte Dialogräume«, in denen »auf Augenhöhe Vertrauen gefördert« werden soll, könnten ein Klima schaffen, innerhalb dessen es möglich würde, Personalabbau »fair zu gestalten« (ebenda, S. 51), Arbeitsverdichtung mit einer Gefährdungsbeurteilung zu begleiten und über permanente Change-Prozesse einen »Radar der Achtsamkeit« aufzuspannen. Doch nicht nur die Macht- und Herrschaftsverhältnisse werden de-thematisiert, sondern auch die Erkenntnisse der Sozialpsychologie. Veränderungen machen Angst, und nicht jede/r kann, insbesondere in der angesagten Geschwindigkeit, mithalten. Allen Proklamationen, »alle Menschen im Unternehmen mitzunehmen«, zum Trotz, bleiben viele auf der Strecke. In der Zusammenschau aller Daten – Langzeitarbeitslosigkeit, Frühberentung, prekäre Arbeit, Sozialhilfe u.a.m. (Hien/Bödeker 2008) – darf geschätzt werden, dass etwa ein Drittel der Bevölkerung dauerhaft aus dem ersten Arbeitsmarkt herausfällt. Mit zunehmender Ökonomisierung und Arbeitsintensivierung wird dieser Anteil zweifelsohne noch ansteigen. Die Veränderungsprozesse sind ja gerade darauf ausgelegt, bestimmten MitarbeiterInnen zu zeigen, dass sie »nicht mehr dazugehören«, sei es, dass ihre Qualifikationen angeblich veraltet oder nicht ausreichend seien, oder dass sie als nicht flexibel und nicht anpassungsfähig eingeschätzt werden. Exklusion ist gewollt, und diese wiederum dient als Mittel, Druck auf die Arbeitenden auszuüben.

Viele Restrukturierungsmaßnahmen – Unternehmensausgründungen, Fusionen, Verkäufe, Bildung konzerneigener Leihfirmen usw. – sind alleine darauf ausgerichtet, Löhne zu kürzen. Dafür gibt es gerade im Sozial- und Gesundheitswesen, auf das sich die zitierte Handlungsanleitung in positiver Absicht mehrfach beruft, viele Beispiele. Wie darf man sich hier einen »fairen« Veränderungsprozess »auf Augenhöhe« vorstellen? Das Verstörende und Ärgerliche an derartigen Handlungsanleitungen ist nicht einmal die Realitätsferne, sondern die Ideologisierung von Realität und Begrifflichkeit. Die vor unseren Augen sich vollziehende Neoliberalisierung aller Arbeits- und Lebensbereiche, d.h. die vollständige Vermarktlichung, auch die des eigenen Körpers und der eigenen Gesamtpersönlichkeit, wird ideologisch verbrämt, verschönert, naturalisiert, angebunden an zutiefst menschliche Hoffnungen auf Gemeinschaft und Geborgenheit und aufgeladen mit hehren Worten wie Achtsamkeit und Verantwortung. Gerade solche Worte erfahren eine schleichende Umdeutung, eine aufgrund des veränderten sozioökonomischen Kontextes sich herstellende Bedeutungsverschiebung.

Achtsamkeit, Verantwortung und Solidarität

Es lohnt sich, ein wenig über die Worte Achtsamkeit und Verantwortung zu reflektieren. Selbst so vorsichtige Rufer nach einer achtsameren Arbeitswelt wie der Benediktinermönch Anselm Grün benennen die Macht- und Herrschaftsstrukturen, gegen die Widerstand angesagt ist (Assländer/Grün 2010). Gerade wegen der Unabwägbarkeit, der Rigorosität und Kälte organisatorischer Restrukturierungsprozesse wird persönliche Achtsamkeit entscheidend: Nehme ich eine gegenüber dem Anderen abgedichtete rücksichtslose Haltung ein oder öffne ich mich der gemeinsamen Sorge der Menschen in der Organisation, der Sorge der konkreten Menschen? Achtsamkeit und Verantwortung – im sozialphilosophisch richtigen Sinn verstanden – bedeuten, dass ich mich dem sozialen Konkurrenzkampf am Arbeitsplatz verweigere, jenen nicht als natur- oder gottgegeben akzeptiere, dass ich dem Menschenbild des »homo oeconomicus«, das mit den neuen Management-Methoden zum allgemeingültigen erklärt wird, widerstehe und mich in meinem eigenen Verhalten anders zu orientieren suche. Das Wort Achtsamkeit hat viel mit Achtung, Selbstachtung und Achtung des Andern, zu tun, d.h. auch damit, auf sich und andere achtzugeben, vorsichtiger, rücksichtsvoller, bedachter, aufmerksamer, nachsichtiger und insgesamt liebevoller mit sich und anderen umzugehen (Hien 2014). Michael Huppertz zeigt in seinem Buch »Achtsamkeit. Befreiung zur Gegenwart«: »Achtsamkeit kommt ohne die Begegnung mit dem Anderen in seiner Einzigartigkeit nicht aus. Dies genau hat die jüdisch-christlich inspirierte Sichtweise den östlichen Traditionen voraus« (Huppertz 2009, S. 100f.). Achtsamkeit erfordere, so Huppertz, »ein Bewusstsein der Begrenztheit der eigenen Erfahrungen«, sie überschreitet gleichsam die Ichbezogenheit des Einzelkämpferdaseins. Hier setzt Verantwortung an, die mich immer als eine »Verantwortung vom Anderen her« zur Antwort auffordert (Bedorf 2011, S. 166ff.).

Im klassisch aufklärerischen Sinne – Herausführung des Menschen aus seinen Abhängigkeiten – können Achtsamkeit, Verantwortung, Anerkennung, Wertschätzung und Solidarität Leitlinien einer gesundheitsgerechten und gesundheitsförderlichen Betriebspolitik werden, wenn sie Alternativräume jenseits der ökonomisierten Laufbänder öffnen. Zu einer emanzipatorischen

Bewältigungskompetenz würde es gehören, Widerstandspotenziale aufzubauen, die vorgegebene Muster der Restrukturierung aufbrechen. Warum, so lässt sich fragen, sollen nicht Betriebsbesetzungen und Belegschaftsübernahmen thematisiert werden? Es gibt ernstzunehmende Initiativen für neue, solidarische Formen der Ökonomie (Krull et al. 2009; Notz 2012; Rätz et al. 2014). Es gibt eine Fülle von Ideen, gerade im Gesundheits- und Sozialwesen, für einen »dritten Sozialraum« (Dörner 2007). Die Bremer Blaue Karawane kann als Beispiel dienen. Im Laufe der letzten Jahre haben sich hier Hunderte von Menschen eingefunden, die mit anderen gemeinsam leben und arbeiten wollen, die aber auf dem ersten Arbeitsmarkt keinerlei Chancen haben. Doch der Staat stellte, statt diese Bewegung zu fördern, seine Hilfen ein. Die In-Jobs für Werkstätten, Gastronomie und Kunstgruppen der Blauen Karawane wurde gestrichen. Angesagt wäre breiter Widerstand gegen diese skandalöse Arbeitspolitik. Angesagt wäre die Einführung eines bedingungslosen Grundeinkommens, das in der Lage wäre, den Erwerbstätigen die Angst vor Restrukturierungen zu nehmen und gesellschaftliche Wege für eine andere Art des Wirtschaftens und Lebens zu ebnen.

Eine ganz entscheidende Perspektive suchen wir in den offiziellen, auch den gewerkschaftsoffiziellen Handlungsanleitungen vergebens: die radikale Arbeitszeitverkürzung (Krull et al. 2009). Statt massiv Arbeitsplätze abzubauen, sollten – vor allem in den industriellen »Hochleistungsbereichen« – Arbeitszeiten massiv heruntergefahren werden. Warum sollte, wie es in Gewerkschaftskreisen oft zu hören ist, die Verteilung der Arbeit auf alle Hände »eine Parole der Ewiggestrigen« sein? Selbstredend müssen bei der Arbeitszeitverkürzung Schutzwälle gegen eine Lohnsenkung in den unteren Einkommensgruppen errichtet werden; selbstredend müssen mit der Arbeitszeitverkürzung zugleich Handlungskompetenzen zur Abwehr von Arbeitsintensivierung aufgebaut werden; selbstredend muss Arbeitszeitverkürzung auch als »ein emanzipatorisches, kulturelles und demokratisches Projekt« aufgefasst werden (Krull 2010). Arbeitszeitverkürzung ist ein gesamtgesellschaftliches Projekt, in das Inseln der solidarischen Ökonomie und gemeinschaftlicher Arbeits- und Lebensformen eingebettet und zu neuen, postkapitalistischen Landschaften umgestaltet werden können. Es ist die Phantasie- und Visionslosigkeit, an der die Debatte um Restrukturierung leidet. Umgekehrt wäre diese als Anlass zu nutzen, die Ruinen der herrschenden Ökonomie abzuräumen, zu demontieren und sich die Sicht freizuräumen, damit wir Möglichkeitsräume für Neues entdecken und uns deren Konstruktion und Gestaltung zuwenden können. Es geht darum, die Gebrauchswertseite von Produkten und Dienstleistungen in den Blick zu nehmen. Zu denken ist an Branchenräte, in denen Vertreter/innen von Beschäftigten, auch und gerade derjenigen Betriebe, die von Restrukturierungen betroffen sind, Wissenschaftler/innen, Ingenieur/innen, Verkehrspolitiker/innen, Umweltschützer/innen und Künstler/innen gemeinsam beraten, welche Produkte und Dienste auf welche Art und Weise entwickelt, erstellt, verteilt und weiterentwickelt werden können. Viele der von Ökonomisierung, Restrukturierung, Flexibilisierung und Intensivierung betroffenen Menschen werden in Angst, Verzweiflung und psychische Verelendung getrieben. Es ist jedoch nicht alleine diese Gegebenheit, die die Menschen krank macht. Es ist die Phantasie- und Alternativlosigkeit. Ein »Fenster in eine andere Welt« (Gisela Notz) zu öffnen, könnte für viele bereits ein erster Schritt zu Gesundheit und Handlungskompetenz sein.

Paradoxien der betrieblichen Gesundheitspolitik – und mögliche Auswege

Ein Diskussionsbeitrag

Das Denken des koreanisch-deutschen Gelehrten Byung-Chul Han scheint sich zu einer neuen Mode-Philosophie zu entwickeln (Han 2014). Hans These, jeder sei Herr und Knecht in einer Person, mit der Folgerung, es gebe daher – beispielsweise am Arbeitsplatz – kein Gegenüber mehr, mit dem man sich auseinandersetzen könnte, mutet an wie eine Wiedergeburt von Herbert Marcuses eindimensionalem Menschen (Marcuse 1967). Alle hätten, so die Behauptung damals wie heute, die kapitalistische Rationalität vollständig einverleibt. Das Ergebnis: Die Menschen verausgaben sich freiwillig und ohne Hemmungen, ohne Widerstand, ohne jeden Selbstzweifel, bis zur völligen Erschöpfung. Unsere Gesellschaft steuere daher auf einen katastrophalen kollektiven Burn-out hin, eine kollektive chronische Depression, wobei dann gerne noch die Studien Alain Ehrenbergs als Beleg angeführt werden (Ehrenberg 2011). Alle seien von der Krankheit des totalen Erfolgszwangs befallen, bis zum bitteren Ende.

Was ist das für ein Menschenbild, was für ein Gesellschaftsbild? Die Empirie scheint auf den ersten Blick diese Perspektive zu bestätigen. Ein Beispiel: Zehntausende arbeitslose IT-Experten über 50 Jahre, ohne Chance auf einen Arbeitsplatz (SZ v. 25.11.2013, Leserbriefseite) und eine – mit dem Motto: »Fachkräftemangel« – nach jungen qualifizierten Kräften aus Indien und anderen Schwellenländern schreiende IT-Branche. Aber sind denn tatsächlich alle über 50-jährigen IT-Kräfte ausgebrannt? Könnte man diese Konstellation nicht auch ganz anders deuten? Haben ältere IT-Kräfte vielleicht gelernt, zwischen Unternehmenszielen und ihren eigenen Zielen, wie z.B. Gesundheit, Privatheit und Muße, zu unterscheiden? Haben sie möglicherweise erkannt, dass »Selbstverwirklichung« sich nicht über ein reibungsloses Ineins-Setzen mit dem Erfolg ihrer Arbeitsprojekte erreichen lässt? Ahnen sie, dass – um es mit Michel Foucault (1976, S. 117) zu sagen – »Leben und die Zeit des Menschen nicht von Natur aus Arbeit (sind, sondern) … Lust, Unstetigkeit, Fest, Ruhe, Bedürfnisse, Zufälle, Begierden, Gewalttätigkeiten, Räubereien etc.«. Vor allem aber ist der Arbeitsplatz ein Ort, an dem man und frau sich mit anderen Menschen treffen möchten, um sich auszutauschen, zu witzeln und zu lachen, wo man und frau sich aufregen, Pläne schmieden, Pläne fallenlassen oder auch mal traurig sein möchten. Der Versuch, diese diskontinuierlichen Potenziale in kontinuierliche Verausgabung von Arbeitskraft zu transformieren und zu funktionalisieren, erzeugt gesundheitliche Probleme.

Ob der betriebliche Gesundheitsschutz, die betriebliche Gesundheitsförderung und die Wiedereingliederung Genesender – was im vorliegenden Beitrag unter dem Begriff der betrieblichen Gesundheitspolitik zusammengefasst werden soll – ebenso wie die seit einigen Jahren breit diskutierten Konzepte von »gute(r) Arbeit«[1] in der Lage sind, die betriebliche Problemlage adäquat zu erfassen und einer Lösung näherzubringen, ist jedoch fraglich.

Zur realen Situation der Erwerbstätigen

Zunächst mag es sinnvoll sein, sich klarzumachen, dass nur relativ wenige Arbeitsplätze – auch in Deutschland – dem Modell der Selbststeuerung, d.h. dem Bild einer eher hierarchiearmen, kreativen, selbstbestimmten Arbeit entsprechen. In Deutschland gibt es gegenwärtig über 40 Millionen Erwerbstätige (Statistisches Bundesamt 2014). 15 Millionen sozialversicherungspflichtige Arbeitnehmer/innen arbeiten in eher untergeordneten – subalternen – Positionen mit einem monatlichen Bruttolohn von weniger als 2300 Euro, mehr als die Hälfte davon arbeiten im Niedriglohnsektor (Bundesagentur für Arbeit 2014). Hierzu kommen 5 Millionen ausschließliche Minijobber und 2 Millionen Selbständige im unteren Einkommensbereich, oftmals unterhalb der Armutsgrenze. Auch Beschäftigte im mittleren Einkommensbereich, in dem sich beispielsweise auch die Automobilarbeiter/innen befinden, erleben ihre Arbeitswelt oftmals als hoch entfremdet und in starke Abhängigkeitskontexte eingepfercht. So kritisierten Betriebsräte des Daimlerwerks in Bremen die zunehmende Arbeitsverdichtung (Kolleginfo 2014). Der Traum von der Gruppenarbeit und einer inhaltlich angereicherten und vielfältigen Arbeit sei ausgeträumt. Bestimmend seien die immer engeren Takte und das Schrumpfen der Kurzpausen gegen Null. Wörtlich heißt es: »Das Pausen-Durchfahren nimmt uns unser soziales Leben auf der Arbeit. Je verdichteter der Takt der Produktion, desto weniger Zeit und Luft bleiben ohnehin, um miteinander zu reden, sich kennenzuler-

[1] Siehe beispielsweise das Schwerpunktheft der Zeitschrift Brandeins von September 2014 zum Thema Gute Arbeit. Vgl. auch: Kuhn (2008).

nen, auszutauschen oder einfach nur blöde Witze zu reißen. Es klingt banal, aber wer uns das nimmt, der raubt uns die einzigen Momente, die die Arbeit noch erträglich machen.«

Kaum weniger restriktiv geht es im Angestelltenbereich zu. Oftmals hohle Präsentationen vorbereiten, sinnlose Meetings durchstehen und – hier sei ein Artikel aus der Süddeutschen Zeitung (Schloemann 2015) zitiert – »verlogene Berichte an die Kunden schreiben, hirnerweichende Verwaltungsauflagen erfüllen, jeden Tag einen Abteilungsleiter ertragen, der nichts als Paranoia und Uninspiriertheit verbreitet«. Patrik Späth beschreibt eine qualifizierte Tätigkeit in der Versicherungsbranche (Späth 2014). Er landete im Keller eines Gebäudes, wo »die wahre Hölle loderte«: »Ehemalige Sachbearbeiter wurden dorthin strafversetzt und mussten nun acht Stunden am Tag Briefe aufschlitzen, kurz den Inhalt checken, das Ganze dem Sachgebiet zuordnen und einscannen.« Und weiter: »Wer zu langsam scannte, bekam mächtig Ärger.« (Ebenda, S. 20) Seine bisherigen Jobs im Hafen oder im Getränkemarkt waren spannender und weniger nervig als diese angeblich hoch qualifizierte Bürotätigkeit. Späth schätzt, dass mehr als 90% der heutigen Büroarbeit, und dies zumeist in Großraumbüros, den Charakter digitaler Fließbandarbeit angenommen hat oder gerade dabei ist, einen solchen Charakter anzunehmen (ebenda, S. 23). Als Indiz für diese Situation kann die Gallup-Umfrage (Spiegel-Online v. 31.3.2014) gewertet werden, nach der 67% der Erwerbstätigen Dienst nach Vorschrift machen und 17% bereits »innerlich gekündigt« haben.

Es ließe sich einwenden, dass diese Ergebnisse nicht mit den Umfragen zusammenpassen, nach denen 80% der Befragten mit ihrer Arbeit zufrieden sind (IGA 2014). Doch in den schon klassischen Handbüchern des Arbeits- und Organisationspsychologen Oswald Neuberger (1985, S. 179ff.) kann man nachlesen, wie dieses Zufriedenheitsparadox zustande kommt: durch Senkung des eigenen Anspruchs, durch Umdeutung der Wirklichkeit, indem die eigene Arbeitsqualität aufgewertet, mitunter völlig idealisiert wird, durch selektives Verleugnen und Vergessen der unangenehmen Seiten der Arbeit, kurz: durch kognitive Filterung und kognitive Dissonanzverminderung.

Eine mehr philosophisch orientierte Deutung dieses Paradoxes wiese in die Richtung des eingangs zitierten Byung-Chul Han. Er könnte insoweit Recht haben, als viele Erwerbstätige ihre ungeliebte Arbeit ideologisch überhöhen und gleichsam innerlich schönreden – als relevanten Beitrag zum Wirtschaftsstandort, nicht zuletzt als relevanten Beitrag zur Sicherung des eigenen Wohlstandes. Dass für viele dieser Wohlstand real längst nicht erreicht und eher unwahrscheinlich ist, steht auf einem anderen Blatt. Beschönigungen sind deshalb so stark, weil sie – auch darauf weist schon Neuberger hin – über den Geldfetisch wirken, d.h. den falschen Schein, der sich wie ein Schleier über die Wirklichkeit legt. Und die neuen Wirklichkeitskonstruktionen treiben Blüten: »Wir sollen am Arbeitsplatz lachen und fröhlich sein.« (Späth 2014, S. 90) Es gibt in den Unternehmenskulturen so etwas wie einen Fröhlichkeitszwang, wobei allen Beschäftigten sonnenklar ist, dass es nicht um Fröhlichkeit geht, sondern um Leistung. Wer hier gegen den Strom schwimmt, hat es schwer. Und weil das jeder und jede weiß, bildet sich eine Ich-Spaltung heraus: »Gute Miene zum bösen Spiel« könnte man sagen. Paul Parin nannte das den »Widerspruch im Subjekt« (Parin 1992): »Um den Zwang nicht zu spüren, nimmt man ihn ins Ich hinein (…). Was an Autonomie verloren geht, wird wettgemacht durch neue Arten der Befriedigung, die die Rolle bietet.« (Ebenda, S. 117) Parin betont, dass sich das Ich nicht mit der realen Rolle an sich, sondern mit dem identifiziert, was »Ideologie der Rolle« genannt werden könnte. Insofern kann diese Spaltung als eine des Über-Ichs gedeutet werden. Diese Problemlage haftet allen Gesellschaften an und kann, so Parin, nur als gesellschaftliche und nicht qua Therapie bearbeitet werden. Die neoliberale Gesellschaft verschärft das Problem, ändert aber nichts an den zugrunde liegenden Konstellationen. Der Widerspruch bleibt. Dass wir selbst zu Herren geworden seien, »die sich selbst freiwillig ausbeuten«, was dazu führe, dass jeder Zwang aus unserer Gesellschaft verschwunden sei, ist eine schwere Täuschung. Ein solcher Gedanke sei ihr, so Heike Geißler in ihrem hoch instruktiven Bericht über eine Saisonarbeit bei Amazon, noch nicht gekommen (Geißler 2014, S. 252f.). Und den 20 Tausend anderen Amazon-Beschäftigten – daran lässt die gut beobachtende Autorin keinen Zweifel – ganz sicher auch nicht. Han irrt in diesem Punkt: Er wirft die maximal 4 Millionen Führungskräfte (Holst 2012), aus deren Reihen sich hauptsächlich die laut Gallup sich mit ihrem Unternehmen identifizierenden 16% rekrutieren, ganz zu schweigen von den 2 Millionen gut verdienenden Selbständigen, mit allen Erwerbstätigen in einen Topf.

Ein besonderes und aus Sicht des Gesundheitsschutzes schon fast absurdes Problem ist die Schichtarbeit. Schon seit Jahrzehnten gehört es zum arbeitsphysiologischen Standardwissen, dass Nachtschicht krank macht und daher auf das nötige Maß und die nötigen Tätigkeitsbereiche – Hochöfen, Raffinerien, Feuerwehr, Krankenhäuser, Pflegeeinrichtungen und Ähnliches

– reduziert werden muss (Karmaus/Schienstock 1979, S. 9-27). Doch in der Realität ist das Gegenteil der Fall. Mittlerweile arbeiten fast vier Millionen Erwerbstätige ständig oder regelmäßig in Nachtschicht (Statistisches Bundesamt 2014, S. 100ff.) – mehr als je zuvor. Die Rund-um-die-Uhr-Welt verlangt dies angeblich. Bedürfnisse werden jedoch auch durch wirtschaftliche Machtstrukturen erzeugt. Das Fatale: Je weniger die natürlichen Lebensrhythmen in der Arbeitswelt respektiert werden, desto mehr entsteht Bedarf an 24-Stunden-Einkaufsmöglichkeiten, an 24-Studen-Call-Center-Diensten und ähnlichen Dienstleistungen.

Gesundheitsschutz und Gesundheitsförderung laufen diesen Entwicklungen mehr oder weniger hilflos hinterher. Ihre Vorschläge – intelligentere Schichtmodelle, leichteres Essen für Nachtschichtler/innen, mehr Bewegung, Tipps für den Tagschlaf usw. – muten an wie Trostpflästerchen angesichts großflächiger Wunden. Die Äußerungen der Betroffenen, gefragt danach, wie sie die Schichtarbeit und Nachtschicht empfinden, werfen noch mal ein grelles Licht auf die gegenwärtige Arbeitswelt insgesamt.[2] Sie sind zumeist froh, dass sie der Tagschicht »entkommen« sind – der Tagschicht voller Vorgesetzter, »Oberchefs«, »Unterchefs«, »Möchtegern-Chefs«, »Obergescheiter«, »Wichtigtuer«, »Rationalisierer«, einer Situation voller widersprüchlicher Anweisungen, voller Stressmomente und »voller Krampf«. Die Nachtschichtler/innen geben ferner zu bedenken, dass sie ohne die Zuschläge nicht auf den Lohn kommen, den sie für die Bewältigung ihrer Lebenssituation und der ihrer Familien brauchen. Was ist das für eine Wirklichkeit, eine angesichts archaischer Arbeitsverhältnisse als derartig stressig erlebte Tagarbeit, dass sie zur Flucht in die Nachtarbeit treibt? Eine Einkommenssituation, die Nachtarbeit erforderlich macht, um das Notwendigste finanzieren zu können? Eine »schöne« neue Arbeitswelt ist das nicht.

Zur betrieblichen Realität zählt auch das Problem längerfristig erkrankter und dann genesender Mitarbeiter/innen.[3] Viele Beschäftigte berichten davon, dass ihre Führungskräfte immerzu nach externalisierenden Lösungen suchen. Statt die Andersartigkeit, Verletzlichkeit und Sorge der Betroffenen

---

[2] Im Folgenden beziehe ich mich auf die Gruppendiskussionen, die im Rahmen eines Seminars für Betriebsräte der Druck- und Papierindustrie sowie von Zeitungsverlagen, welches vom 1. bis 5. Dezember 2014 in der verdi-Bildungsstätte Lage-Hörste stattfanden.

[3] Die Aussagen zum Eingliederungsmanagement beziehen sich auf Informationen, die ich auf meinen Betriebsräte-Seminaren zu diesem Thema erhalten habe.

ernst zu nehmen, sie als Chance für einen Klimawechsel und eine Bereicherung im Betrieb zu sehen, werden betriebliche Routinen ins Laufen gebracht, die manchmal einer regelrechten Jagd auf Kranke ähneln (Wompel 2012). Langsamkeit und Vorsichtigkeit werden zum Stigma ausgerufen, die Rede ist dann von »Minderleistern« oder »low performer« – eine sprachlich geradezu entsetzliche Entgleisung. Es soll an dieser Stelle nicht bestritten werden, dass es Menschen gibt, die sich nicht eingliedern lassen, deren Andersheit so stark ausgeprägt ist, dass sie möglicherweise in anderen Kontexten besser aufgehoben wären. Hier hätte die Debatte um ein garantiertes Grundeinkommen und das Angebot von offenen sozialen Räumen einen Anknüpfungspunkt – ein Thema, das an dieser Stelle nicht weiter vertieft werden kann.

Gesundheitsschutz und Gesundheitsförderung

Wie ist dem Unbehagen, dem Unwohlsein und den krankmachenden Bedingungen bei der Arbeit abzuhelfen? Fragt man Betroffene in geschütztem Rahmen, was für sie die wichtigsten Forderungen für ihre Gesundheit im Betrieb sind, so kommen meist überraschende Antworten: Weniger Vorgesetzte, weniger Manager, mehr Lohn, sicherer Arbeitsplatz, Zurücknahme der überhöhten Mengen- und Zeitvorgaben, mehr Personal und – falls die Tagschichten wieder etwas »entspannter« werden würden, aber auch nur dann – weniger Schicht- und Nachtschichtarbeit. Es ist nun interessant, diese »Laienmeinung« mit der »Wissenschaft« zu konfrontieren. Mittlerweile gibt es ausgefeilte Konzepte des Gesundheitsschutzes, der Gesundheitsförderung und der guten Arbeit, die einen Nimbus von fast absoluter Wahrheit um sich verbreiten.

Aus der Vielzahl von Instrumenten sei beispielhaft der »Leitfaden zum Screening Gesundes Arbeiten (SGA)« herausgegriffen, der von einer Arbeitsgruppe des Instituts für Arbeits- und Organisationspsychologie der TU Dresden erarbeitet wurde (Debitz et al. 2014). Dieser Leitfaden enthält vieles, was in den Arbeitswissenschaften Konsens ist. Der Arbeitsplatz und die Arbeitsaufgaben werden daran gemessen, inwieweit sie vielfältige, komplexe und qualitativ hochwertige Arbeitsaufgaben beinhalten, möglichst viel Handlungsspielraum bei der Arbeit vorhanden ist und ebenso möglichst viel Verantwortung für Arbeitsvorbereitung, Arbeitsvollzug und Arbeitsergebnisse übernommen werden kann. Im Sinne der Gesunderhaltung und Gesundheitsförderung ist es ferner wünschenswert, dass Beschäftigte für ihre Arbeit Würdigung und Anerkennung erhalten.

Das Problem, um das es in diesem Beitrag geht, besteht darin, dass die genannten Kriterien durchaus zufriedenstellend oder gar gut oder sehr gut erfüllt sein können, die Menschen am Arbeitsplatz aber dennoch sich unglücklich, fremdbestimmt und verkannt fühlen können. Das Ausmaß dieser Diskrepanzen kann nicht in exakten Zahlen angegeben werden. Es lässt sich aufgrund qualitativer Arbeitsstudien erahnen.[4] Es sei an dieser Stelle auf ausführliche Zitate befragter Erwerbstätiger verzichtet. Das Hauptproblem besteht in den Kontexten, in denen sich die Arbeitsaufgaben stellen, den Zielvorgaben, den Rahmenbedingungen, den organisationalen Ressourcen, der Unternehmens- und Arbeitskultur und den betrieblichen Interaktionsroutinen. In der Regel gibt es keine Mitsprache bei Produktentscheidungen, was freilich angesichts des Verfassungsdefizits in Sachen Wirtschaftsdemokratie nicht verwunderlich ist. Das Direktionsrecht und die sich hieraus ergebenden Entscheidungen treffen viele Beschäftigte in ihrem beruflichen und zivilgesellschaftlichen Selbstverständnis ins Mark. Ideen für ökologisch und sozial sinnvolle Produkte und Dienstleistungen werden eher durch Öffentlichkeit und Medien als durch betriebliche Diskurse generiert. Das ist insbesondere für qualifizierte Kräfte, die ausdrücklich »nicht gefragt« werden, oftmals schmerzlich und verletzend. Es gehört zum Zufriedenheitsparadox, dass diese Rahmenbedingungen unseres Wirtschaftens und Arbeitens oft gleichsam »geschluckt« und die damit verbundenen Gefühle verleugnet und dem Diskurs entzogen werden.

Nicht entzogen sind hingegen die problematischen Rahmenbedingungen der Arbeitsvollzüge, an denen es anzusetzen gilt. In qualitativen Studien[5] werden durchgehend Fragen der äußerst knappen und zumeist unzureichenden betrieblichen Ressourcen – unzureichende Finanz- und Sachmittel, unzureichende Personalausstattung, unrealistische Mengen- und Zeitvorgaben – thematisiert. Oft werden neue Techniken eingeführt, ohne dass zuvor die Beschäftigten informiert oder gar im Vorfeld einbezogen wurden, ganz zu schweigen davon, dass sie einigermaßen vernünftige Qualifikationsmaßnahmen erführen, um mit diesen Techniken weniger stressbelastet umgehen zu können. Der Umstand sich widersprechender Zielvorgaben hin-

[4] Beispielhaft nenne ich hier meine eigenen Studien – dort viele weitere Verweise: Hien et al. (2002), Hien (2008), Hien (2009).

[5] Siehe die ebenda genannten Studien.

sichtlich Quantität und Qualität gehört ohnehin zum normalen Arbeitsalltag. »Vielseitigkeit« bei der Arbeit artet in kaum zu bewältigende Parallelarbeit – vornehm »Multitasking« genannt – aus, und das Thema Verantwortung entlockt manchen Befragten bittere Kommentare: In zunehmendem Maße wird den Beschäftigten Verantwortung für Arbeitsvorgänge und Arbeitsergebnisse »aufgedrückt«, für die elementare strukturelle, sachliche und personelle Voraussetzungen fehlen. So werden beispielsweise im Zeitungsdruck schneller laufende Maschinen eingesetzt, zu deren Bedienung mehr Personal nötig wäre, aber nicht zur Verfügung steht.[6] Für Nichterfüllung der Sollvorgaben werden die Beschäftigten »zur Verantwortung gezogen«.

Nicht zuletzt an der Frage der Personalbemessung scheiden sich die Geister: Dieses Problem muss thematisiert werden, wenn tatsächlich etwas im Sinne eines ernst gemeinten Gesundheitsschutzes und einer ernst gemeinten Gesundheitsförderung erreicht werden soll. Auch die von den Akteuren und Akteurinnen in Gesundheitsschutz und Gesundheitsförderung schon fast gebetsmühlenartig geforderte Wertschätzung und Anerkennung ist ein zweischneidiges Schwert. Wird tatsächlich der ganze Mensch wertgeschätzt und anerkannt? Wohl kaum – das ist im Kontext von komplett leistungsorientierten Unternehmen auch nicht zu erwarten. Wertgeschätzt und anerkannt wird der Leistungsträger, also nur ein Teil des Menschen. Dieser muss in seinen betrieblichen Interaktionen all seine anderen Teile – Eigenschaften, Wünsche, Bedürfnisse, Hoffnungen, Ängste, Visionen und Lüste, seine Individualität in all ihren sonstigen Potenzialen, auch denen des Arbeitsvermögens, die nicht gefragt sind – ausblenden, und zwar umso mehr, je weniger zweckfreie Kommunikationsräume – »verborgene Situationen« (Thomas 1964) – es gibt. Anerkennung ist immer auch Verkennung, verkennende Anerkennung (Bedorf 2010), die umso verletzender wird, je eingeschränkter die Arbeitsperson wahrgenommen wird. Anerkannt wird die Rolle im Gefüge der Organisation. Anerkennung verdichtet sich als verkennende Anerkennung zu Identität und Nicht-Identität. Das Ich identifiziert sich mit der Rolle, genauer: Mit den Bildern und Vorstellungen, die mit dieser Rolle verknüpft sind, gleichwohl wissend oder ahnend, dass es noch viele andere Seiten hat. In der Nicht-Identität verbirgt sich das von Foucault genannte Konglomerat aus »Lust, Unstetigkeit, Fest, Ruhe, Bedürfnisse, Zufälle, Begierden«, die »Andersheit« und all das, was aus der Persönlichkeit noch alles werden

[6] Dies ist eines der Ergebnisse des bereits erwähnten Seminars für Betriebsräte der Druck- und Papierindustrie sowie von Zeitungsverlagen in Lage-Hörste.

könnte oder hätte werden können, jenseits aller Leistungs- und Verwertungszwänge. Identität geht in Begriff, Zahl, Rolle und Organisation auf, Nicht-Identität überschreitet all das – ins Unordentliche, Spontane, Sprunghafte und Phantastische hinein, jenseits aller Ja-Nein-Alternativen (Birnbacher 1992, S. 358). Eine Anerkennungskultur, die dem Anspruch einer Gesundheitsförderung genügt, wäre eine Kultur, die auch das Nicht-Identische, die Einzigartigkeit jedes Einzelnen respektiert und wertschätzt.

Mögliche Auswege und Perspektiven

Der italienische Philosoph Paolo Virno (2005) nutzt für die Vielheiten sowohl innerhalb eines Individuums als auch diejenigen der Gemeinschaft und Gesellschaft den Begriff der Multitude. Ausgehend vom Begriff des Arbeitsvermögens, welches zugleich funktionale und dysfunktionale Elemente enthält, bildet sich seiner Beobachtung nach eine weltweite Multitude heraus, d.h. eine Ebene von Individualität und Sozialität, in der – entgegen der Sicht Hans – das ganz Andere zum Vorschein kommt. Materieller Träger dieser Entwicklung ist die Digitalisierung der Welt, die – wieder eine Paradoxie – zum Entstehen eines immateriellen »general intellects« beiträgt, d.h. einer neuen produktiven und von vielen gemeinsam getragenen Potenzialität, die sich nicht mehr den reinen Verwertungsdiktaten unterwirft, sondern sich öffnet für neue Perspektiven des Lebens und Arbeitens. Die Digitalisierung wird in dieser Sichtweise nicht nur als Gefahr gesehen, sondern zugleich als Tür zu einer menschlicheren Welt. Sie ermöglicht bisher ungeahnte Möglichkeiten der Kommunikation. Anthropologische Voraussetzung ist auch bei Virno die Gespaltenheit des Menschen, der Widerspruch im Subjekt. So können seiner Auffassung nach Opportunismus und Zynismus durchaus auch subjektiv sinnvoll wirken, können zum Aufbau von Schutz- und Widerstandsräumen genutzt werden und dürfen daher nicht pauschal und moralisierend verurteilt werden. Ob das so ist, sei dahingestellt.

Doch auch unterhalb der Multitude sind im Arbeitsalltag Bewegungen sichtbar, die der anderen Seite des Menschen entspringen und die die andere Seite des Menschen ansprechen, die letztlich mehr zur Gesundheit beitragen als ausgefeilte Gesundheitsprogramme: bei Krankheit und Unwohlsein zu Hause bleiben, kleine Fluchten und kleine Ausstiege organisieren, aber auch Querdenken, Verweigerung, Sabotage, d.h. bestimmte Dinge übersehen oder verschleppen, bestimmte Dinge gezielt umorganisieren, bestimmte

Dinge in das organisationale Nirwana verschieben, Nischen finden, in denen – wie Heike Geißler sagt – »die Arbeitszeit einfach mal verrinnen kann«. Dies, und vor allem die »klammheimliche Freude daran«, wirken ohne jeden Zweifel gesundheitsfördernd.

Die entscheidende Frage jedoch ist die, ob es gelingen kann, in die alltäglichen Routinen am Arbeitsplatz mehr Achtsamkeit gegenüber sich selbst und anderen, mehr Achtung vor der Andersheit, der Vielheit und auch den Geheimnissen gegenüber, mehr Alltagssolidarität und mehr, genauer: subtilere Widerstandsformen gegen Zumutungen und Zurichtungen zu entwickeln. Patrik Späth bringt hierfür ein schönes Beispiel: »Morgens eilten die Angestellten wie von der Tarantel gestochen zu den Stechuhren, wurschtelten hastig ihre Chipkarte hervor und verspürten kleine orgastische Gefühle, wenn sie ihre Karte in den Schlitz der Stechuhr einführten. Die anschließende Erlösung stand ihnen ins Gesicht geschrieben, waren sie doch ab jetzt offiziell bei der Arbeit. Das Tempo verringerte sich nun um den Faktor zehn, im Schildkrötentempo krochen die Leute zur Arbeit. Manche schlossen auch erst mal ihr Fahrrad ab, das sie vor dem Eingang hastig hingeworfen hatten.« (Späth 2014, S. 23) Späth fand, dass sich – wie vor ihm bereits Marx vor mehr als 150 Jahren festgestellt hatte – die Arbeitenden in der Arbeit »außer sich« und erst außerhalb der Arbeit »bei sich« fühlten (ebenda, S. 21f.). Späth plädiert für eine Arbeit, die von den Arbeitenden hinsichtlich ihrer ökologischen und sozialen Folgen reflektiert und so organisiert wird, dass tatsächlich mehr Verantwortung übernommen wird, beispielsweise in genossenschaftlicher Form. Eine solche Verantwortung würde eher mit gesundheitsgerechten Arbeitsweisen zusammengehen. Späth bringt für eine so verstandene »gute Arbeit« viele Beispiele, die an dieser Stelle nicht weiter referiert werden können (ebenda, S. 143ff.). Grundsätzlich verträgt sich eine auf Konkurrenz unter den Arbeitenden setzende Unternehmenspolitik nicht mit Gesundheit.

Doch genau in diese Richtung gehen zunehmend börsennotierte Großunternehmen. Sighard Neckel und Greta Wegner machen darauf aufmerksam, dass die Arbeitswelt von einer kulturellen Hegemonie überformt wird, welche die Anerkennung auf einen Modus des sozialen Konkurrenzkampfes festschreibt (Neckel/Wagner 2013). Dieser Modus ist zum einen durch das völlige Aufgehen in der Arbeitsaufgabe, zum anderen durch den Zwang gekennzeichnet, in immer kürzerer Zeit durch außergewöhnliche Leistungen andere Wettbewerber zu überflügeln und damit ins Abseits drängen oder gar »ausschalten« zu müssen. »Wettbewerbe sind Ausscheidungskämpfe und notwendigerweise damit verbunden, dass sie Verlierer produzieren.« (Ebenda, S. 17) Der hierfür erforderliche psychische Ressourcenverbrauch ist enorm; auch die Gewinner werden an – und zunehmend auch in – den Abgrund der totalen Erschöpfung getrieben. Auf biologisch-anthropologische Grundlagen kann sich eine solche Sozialtechnik nicht berufen. »Wir sind keine Wettkämpfer!« sagt Gerald Hüther (2011, S. 80), sondern Menschen mit vielen unterschiedlichen Stärken und Schwächen und daher als Menschen aufeinander angewiesen. Erfolgsdruck und eine ausschließlich monetarisierte Messlatte setzen Berufsethos, Verantwortungs- und Gemeinschaftsgefühl einer zerstörerischen Erosion aus.

Betriebliche Gesundheitspolitik, die a priori mit Motivations- und Leistungssteigerung oder auch nur mit dem Versprechen hierzu verknüpft ist, verfehlt ihr Ziel, den Menschen zu mehr Wohlbefinden und Lebenspotenziale zu verhelfen. Betriebliche Gesundheitspolitik muss wieder die Kunst dafür entwickeln, zwischen Unternehmenszielen und Zielen wie Gesundheit, Privatheit und Muße zu unterscheiden. Es gilt zu verstehen, dass »Selbstverwirklichung« sich nicht über ein reibungsloses Ineins-Setzen mit der Rentabilität von Arbeitsprojekten erreichen lässt. Betriebliche Gesundheitspolitik darf nicht den Fehler begehen, die Strukturen der Leistungs- und Verwertungswelt zu reproduzieren.

Stattdessen sind Räume zu schaffen und zu erhalten, in denen die lebendige Potenzialität der arbeitenden Menschen, das Ungeregelte, das Unstetige, Freude und Trauer, Lust und Unlust zumindest ein Stück weit sich Ausdruck verschaffen, zur Entfaltung kommen und damit vielleicht mehr zur Humanisierung des Arbeitslebens beitragen können, als dies ausgefeilte Programme, Verordnungen und Technische Regeln zu leisten vermögen. Mehr Gesundheit am Arbeitsplatz braucht Atmosphären, in denen Achtsamkeit, Innehalten und Abkehr von unreflektiertem Erfolgszwang gedeihen können. Durchlittene Krankheiten Einzelner könnten für die Arbeitsgruppe, die Abteilung, den Betrieb, ein Segen sein, insofern Respekt vor dem Anderssein, der Andersartigkeit, möglicherweise der Langsamkeit und Vorsichtigkeit, die Genesende oftmals und glücklicherweise an den Tag legen, gelernt werden könnte. Den Paradoxien betrieblicher Gesundheitspolitik zu entkommen, bedeutet, die andere Seite des Menschseins, das Bedürfnis nach Muße, Lachen, Weinen und zweckfreier Kommunikation als Teil der betrieblichen Wirklichkeit zuzulassen und so eine neue Kultur des Mitseins zu ermöglichen. Das bedeutet zugleich, die strikte Arbeitsorientierung, die im Neoliberalismus von uns noch mehr Besitz ergreifen möchte als in früheren Tagen, aufzubrechen zugunsten einer Öffnung für andere soziale Lebensräume. In der Vielfältigkeit des Lebens liegen die Kräfte, die uns gesund erhalten.

Die Lebenskunst besteht darin, das Verhältnis zwischen Arbeit und Leben, zwischen zielorientiertem und freiem, genießendem und kreativem Sein, zwischen Tätigkeit und Ruhe, zu gestalten. Die – durch Programme der individuellen Gesundheitsförderung fein ausgeklügelte – Rechnung, entfremdete, stressige und erschöpfende Arbeit im Bereich der Nicht-Arbeit gleichsam neutralisieren zu wollen, geht nicht auf.

Krankenhausarbeit unter Ökonomisierungsdruck
Teilnehmende Beobachtung psychischer Belastungen

Personalknappheit: ein politisch gewolltes Faktum

Krankenhausarbeit ist keine Industriearbeit, auch wenn mit einem gewissen Recht von der »Industrialisierung des Krankenhauses« (Feuerstein 1997) oder der »Krankenhaus-Fabrik« (VDÄÄ 2015) gesprochen werden kann. Die Arbeit von Schwestern, Pflegern und Ärzten/Ärztinnen im Krankenhaus war immer schon eine hochgradig anstrengende Arbeit, auch wenn es in den vergangenen Jahrzehnten zuweilen ein erhebliches Macht- und damit auch Gestaltungsgefälle zwischen Medizin und Pflege gegeben hat. In den 1970er und 1980er Jahren erlebten Versuche einer ganzheitlicheren Behandlung und einer ganzheitlicheren Pflege zwar eine erstaunliche Konjunktur, doch scheiterten die hoch gesteckten Ziele an den ökonomischen Rahmenbedingungen, letztlich an der Wertigkeit, die das herrschende Gesellschaftssystem der Gesundheit beimisst. Ebenfalls in den 1970er und 1980er Jahren entstanden die Grundkonzepte zur Ökonomisierung und Vermarktlichung des Gesundheitswesens, einschließlich der Krankenhäuser. Zwischen 1971 und 1984 entstand in Aachen ein beispielhaftes Großklinikum, das in Architektur und Ablaufprozessen einem Industriekomplex nachgebildet war. Das gigantische Gebäude gilt als größte Klinik Europas, die auch in ihrem Inneren mit netzplantechnisch optimierten Behandlungspfaden Industrieabläufe zu imitieren sucht (Pföhler 2010).

Wie sieht die Situation heute aus? Die Kliniklandschaften weisen – weltweit wie auch hierzulande – eine Mischung von patientenbezogener Behandlung und Bezugspflege einerseits und taylorisierten, d.h. zergliederten und unpersönlichen Behandlungs- und Pflegeabläufen andererseits auf. Wieviel Zuwendung und wieviel »Abfertigung« jeweils dem Patienten und der Patientin zuteil werden, hängt von einer Vielzahl von ökonomischen, politischen, kulturellen sowie regional- und personalpolitischen Einflüssen ab, die sich im Zeitverlauf schnell ändern können. Die Privatisierungswelle, die wir gegenwärtig erleben, ist nur einer von vielen Faktoren. Mit gutem Recht kann von »kapitalistischer Landnahme« (Krenn 2014) gesprochen werden. Der Ökonomisierungsdruck nimmt gewaltig zu, und dies nicht nur in privatisierten Krankenhäusern. Das zeigt sich – von einigen exklusiven

Privatkliniken abgesehen – in mehr oder weniger radikalen Kürzungen des Personalbestandes bzw. der Personalbemessung. Zwischen 1991 und 2014 hat die Patientenfallzahl in Krankenhäusern von 14 Millionen auf knapp 19 Millionen jährlich zugenommen. Die Zahl der Krankenhaus-Beschäftigten blieb im gleichen Zeitraum mit 1,1 Millionen nahezu konstant. Die Rede vom »Fachkräftemangel in Krankenhäusern« (Sachverständigenrat 2012) grenzt an eine ideologisierende Realitätsverzerrung. Tatsächlich baut das Management Stellen ab. Zu sehen ist der Versuch, Randbelegschaften auf Niedriglohnbasis aufzubauen. Einen Mangel gibt es nur insofern, als unter den gegebenen Arbeitsbedingungen, den tradierten Arbeitszeitmodellen und unter den Bedingungen befristeter Anstellung und einer skandalös schlechten Entlohnung insbesondere jüngere qualifizierte Kräfte der Option einer Arbeit im Krankenhaus eher skeptisch gegenüberstehen.

Die Personalknappheit und die massive Arbeitsverdichtung in der Krankenhausarbeit sind politisch, gesundheitsökonomisch und betriebswirtschaftlich gewollt. Die Einführung der Fallpauschalen schuf den Rahmen, innerhalb dessen nun die Konzerne, die kirchlichen und sonstigen Träger und die noch kommunal gesteuerten Häuser – unterstützt und ermuntert von Heerscharen unternehmensberaterischer Agenten – sich im Ökonomisierungswahn geradezu zu überbieten versuchen. Die Krankenhausarbeit ist von einer absurden Paradoxie gekennzeichnet: Zum einen sollen das medizinische und pflegerische Personal möglichst selbststeuernd und mit dem Einsatz ihrer ganzen Persönlichkeit die notwendige Arbeit leisten, zum anderen aber sollen Patienten und Patientinnen nicht mehr als Menschen, sondern als Wirtschaftsgüter betrachtet werden, die nicht nur kostendeckend, sondern gewinnbringend »bearbeitet« werden müssen. Die »Gesundheitswirtschaft« unterwirft ihre Beschäftigten gleichsam einem Doppelpostulat der Subjektivierung und Abstraktifizierung der Arbeit. Subjektivierung wird in diesem Zusammenhang ausschließlich als Inkorporation unternehmerischen Denkens verstanden. Die Interaktions- und Gefühlsarbeit ist betriebswirtschaftlich dysfunktional und steht auf der »Kann-Wegfallen-Liste«. Die Folgen für die psychische Belastung der Krankenhausarbeiter/innen sind verheerend. Sie kommen zunehmend in eine emotionale Klemme. Phänomene wie Gewissensstress und moralischer Disstress im Krankenhaus sind bereits Gegenstand internationaler Studien (Houston et al. 2013; Whitehead et al. 2015). Der von der Arbeitssoziologie festgestellte Trend zur »Deprofessionalisierung von Gesundheitsfacharbeit« (Bräutigam et al. 2014) trifft das Problem nur teilweise. Die Personalengpässe führen zur schleichenden Neo-

Hierarchisierung der Krankenhausarbeit, sodass beispielsweise Essensanreichung und sonstige patientennahe Hilfen zunehmend von Arbeitenden übernommen wird, die als »Assistenten« oder schlicht als »Hilfspersonal« bezeichnet werden. Dies ist ein Trend, entscheidende Bereiche des Patientenkontaktes aus der Profession herauszunehmen. Zugleich werden dort, wo Entlastungen möglich wären, so z.B. in der Dokumentation, keine entsprechenden Fachkräfte eingestellt.

Methodologie der teilnehmenden Beobachtung

Es ist hinreichend bekannt, dass mit dem demografischen Wandel auch die Arbeit im Krankenhaus vielfältiger und intensiver wird. Der höhere Altersdurchschnitt der Patienten und Patientinnen und die damit einhergehende Multimorbidität verlangen der Arbeit der versorgenden Fachkräfte viel ab. Die Arbeit der Pflegekräfte und in vielen Bereichen auch die Arbeit der Stationsärzte und -ärztinnen stößt angesichts der zunehmenden Belastungen an ihre Grenzen. Vielerorts wird bereits »am Limit« gearbeitet. Das stellen übereinstimmend alle empirischen Untersuchungen fest (Bräutigam et al. 2014). Doch werden diese empirischen Daten recht dünn, wenn es um die tiefere Beschreibung und Analyse der Belastungen und insbesondere der Grenzerfahrungen geht. Standardisierte Befragungen, ebenso wie standardisierte Beobachtungen, erfassen die betriebliche Wirklichkeit immer nur durch die Brille vorgegebener Kategorien und vorgegebener Schemata. Derartige Methoden sind zwar oftmals reliabel, doch meist wenig valide, d.h. sie sind zuweilen recht präzise, erfassen aber nur einen Teil der Wirklichkeit, nicht das Ungeplante, Chaotische und Paradoxe. Doch gerade diese Aspekte sind für Krankenhausarbeit typisch. Und sie sind es, die zu Situationen führen, in denen sich psychische Belastungen nicht selten zu zeitweilig extremen Spitzenbelastungen anhäufen.

Die Arbeit im Krankenhaus ist keine, die den normalen Regeln industrieller Arbeit folgt – auch wenn das manche Krankenhaus-Management-Systeme glauben machen wollen. Patienten und Patientinnen sind keine Werkstücke oder Autoteile, die bestimmte, einheitliche und genormte Arbeitsschritte erfordern. Solche sind zwar vonnöten, doch sie wechseln sich ab mit unbestimmten, variablen und zuweilen spontan-kreativen Arbeitsschritten, die weder genau vorplanbar noch genau evaluierbar sind. Das ärztliche und pflegerische Personal ist immer wieder mit Situationen konfrontiert, die an innere Zerreißproben grenzen, insbesondere dann, wenn berufsethische Fragen involviert sind. Dieser in der Literatur als »moral distress« bezeichnete Gefühlszustand aber lässt sich kaum durch standardisierte Methoden erfassen. Gefährdungsbeurteilungen psychischer Belastungen im Krankenhaus brauchen eine Methode, die in der Lage ist, das Ungeplante, Chaotische und Paradoxe, die Zerrissenheit und den Gewissensdruck in Arbeitssituationen zu sehen, sich »hineinzuempfinden«, ggf. »mitzuerleben«, und diese Phänomene hinsichtlich angepasster arbeitswissenschaftlicher Kriterien einzuordnen und zu bewerten. Eine solche Methode ist die teilnehmende Beobachtung. Sie kann als arbeitsanalytische Methode verstanden werden, die den in schriftlichen Befragungen gewonnenen groben Tatbeständen feinanalytisch nachgeht.

Die teilnehmende Beobachtung ist eine Methode, in die Lebenswelt – hier: die Arbeitswelt – der Menschen einzutauchen, über die etwas herausgefunden und ausgesagt werden soll (Rosenthal 2014). Konkret bezogen auf die Arbeitswelt und die Gefährdungen der physischen und psychischen Gesundheit heißt dies: Es geht um eine Feinanalyse, die in der Lage ist, etwas über die Arbeitsbelastungen, denen die Menschen in dem konkreten Feld unterworfen sind, »hautnah« herauszufinden, insbesondere hinsichtlich der Frage, wie die Arbeitspersonen diese Belastungen erleben, wie sie sie bewältigen oder auch nicht bewältigen, wie sie mit Situationen fertigwerden, die sie fordern und auch überfordern und wie sie über Lösungsmöglichkeiten oder Auswege denken. Für die arbeitswissenschaftlichen Untersucher/innen bedeutet dies, sich mit Einfühlung und Empathie in das Feld zu begeben. Teilnehmen heißt hier nicht unbedingt, sich wochen- oder monatelang selbst als Arbeiter/in zu verdingen, wie das in ausgedehnten ethnologisch orientierten Studien durchaus Sinn machen kann, sondern sich einige Tage im Feld zu bewegen und mit den Arbeitspersonen gleichsam »mitzubewegen«. »Teilnehmen bedeutet eine leibliche und psychische Erfahrung, die uns bei der nicht-teilnehmenden Beobachtung verschlossen bleibt.« (Ebenda, S. 105) Die Methode erfordert Einfühlungsvermögen, zugleich aber auch große methodische Genauigkeit. Dies betrifft vor allem die sequenzielle Protokollierung der Beobachtungen und die sequenzielle Auswertung der Beobachtungsprotokolle (ebenda, S. 106-119).

Arbeitswissenschaftliche Kriterien

Teilnehmende Beobachtung muss auf Kriterien fokussiert werden, die es erlauben, die Fülle der Beobachtungen und Empfindungen zu ordnen, zu konzentrieren und zu bewerten (Vogd 2009). Um welche Kriterien handelt es sich im Falle von Belastungsanalysen? Die thematische Fokussierung hat sich hier an den allgemein anerkannten arbeitswissenschaftlichen Erkenntnissen zur menschengerechten Gestaltung der Arbeit zu orientieren (Strohm/Ulich 1997; Bundesanstalt für Arbeitsschutz und Arbeitsmedizin 2013), wobei sich für die Krankenhausarbeit folgende Kriterien herausschälen lassen:

- klare Aufgabenzuweisung
- (angemessene) Qualifikation
- Aufgabenvielfalt und Tätigkeitswechsel
- Vollständigkeit der Gesamttätigkeit
- ausreichender Handlungsspielraum
- (angemessene) Arbeitsintensität
- (keine) Arbeit unter Zeitdruck, Überarbeit
- (keine) Unterbrechungen der Arbeitsabläufe
- Widerspruchfreiheit der Arbeitsaufgaben
- Kommunikation und Kooperation
- Information, Informationssystem
- (angemessene) Verantwortung
- Gewissenskonflikte (moral distress)
- Rückmeldungen und Anerkennung
- Führungsqualität/Gesamtorganisation.

Bei Belastungsanalysen im Sinne des Arbeitsschutzgesetzes (ArbSchG) geht es nicht um die Beurteilung von Arbeitspersonen, sondern ausschließlich um die Beurteilung der Arbeitsbedingungen. Belastungsanalysen im Sinne des ArbSchG können daher als Arbeitstätigkeits- bzw. Arbeitsablaufanalysen (Strohm/Ulich 1997, S. 245ff.) aufgefasst werden. Dies bedeutet: Zunächst werden möglichst genau die Tätigkeiten und Abläufe sowie deren Bedingungen festgehalten. Auf dieser Grundlage werden die Arbeitsbedingungen bewertet mit Hilfe der vom ArbSchG geforderten Kriterien der menschengerechten Arbeitsgestaltung. Die so verstandene Arbeitsanalyse setzt die Arbeitspersonen im Sinne einer gemäß Ausbildung, Qualifikation und Erfahrung zu erwartenden Personen als solche voraus, welche in statistisch-epidemiologischer Sicht bei erhöhten Belastungen ein erhöhtes Risiko für Erkrankungen tragen. Zu betonen ist ferner, dass es bei der Analyse psychischer Belastungen nicht darum geht, »Belastungen an sich« infrage zu stellen. Arbeit, auch eine menschengerecht gestaltete Arbeit, ist immer mit Belastungen verbunden, welche im Kontext ihrer Bewältigung nicht zu Schäden, sondern zum Aufbau von Kompetenz, Zufriedenheit, Wohlbefinden und damit auch von Gesundheit führen (sollte). Belastungen sind aber genau dann gesundheitsgefährdend, wenn sie ein bestimmtes Maß – d.h. das Maß einer guten Bewältigbarkeit – überschreiten und/oder die verfügbaren organisationalen, sozialen und personalen Ressourcen aufbrauchen oder außer Kraft setzen. Eine arbeitswissenschaftliche Belastungsanalyse muss daher die Arbeitsaufgaben und die Anforderungsprofile beschreiben und die Beobachtungen hinsichtlich der oben genannten arbeitswissenschaftlichen Kriterien bewerten. Dies bedeutet, im Spektrum der Arbeitsaufgaben und -anforderungen für jedes einzelne Kriterium sehr differenziert »das richtige Maß« herauszufinden, bei dessen Überschreitung eine gesundheitliche Gefährdung eintreten kann. Dass dies nur unter Beachtung des Erfahrungshorizonts der Beschäftigten möglich ist, versteht sich von selbst und gehört zum allgemein anerkannten arbeitswissenschaftlichen Setting (Bundesanstalt für Arbeitsschutz und Arbeitsmedizin 2013).

Dass unangemessene Belastungen (sogenannte Fehlbelastungen) mit zunehmender Expositionszeit und zunehmender Anzahl der Belastungsfaktoren dosis-wirkungs-abhängig das relative Risiko für psychische und psychosomatische Erkrankungen signifikant erhöhen, ist in arbeitswissenschaftlichen und epidemiologischen Studien vielfach belegt (Siegrist 2015). Pflegekräfte haben eine Frühberentungsquote von 40% und stehen damit gleichauf mit Maurern und anderen Schwerstarbeitern an der Spitze aller Frühberentungen (Hien 2009). Hauptdiagnosegruppen sind Muskel-Skelett- und psychische Erkrankungen. Dass die hohe Erkrankungsrate der Krankenhausarbeiter/innen mit den hohen physischen und psychischen Belastungen – und hier ist insbesondere der extreme Zeitdruck zu nennen – korreliert, steht als empirisches Faktum zweifelfrei fest (Hien 2009; Bartholomeyczik et al. 2009; Bräutigam et al. 2014). Doch mit der Anerkennung dieser Tatsache tun sich Personalleiter und andere Führungspersonen immer wieder schwer. Sie beharren – bedauerlicherweise unterstützt von manchen psychologischen Unternehmensberatern – auf ihrer Ansicht, dass alleine die Persönlichkeitsstruktur und die mangelnde Resilienz für die steigende Zahl psychischer und psychosomatischer Erkrankungen verantwortlich seien. Selbstredend variieren die Individualitäten und damit auch die »mitgebrachten« Resilienzen. Die Vielzahl der Studien zeigt jedoch, dass hohe Arbeitsbelastungen, welche im Zeitverlauf anhalten, sowohl durchschnittlich als auch bei der Untergruppe besonders Resilienter gesundheitliche Schäden hervorrufen. Die inneren Belastungen bzw. Beanspruchungen setzten mehr oder weniger schnell Effekte, die sich anhäufen und im weiteren Verlauf zu manifesten Erkrankungen ausformen können. Sich wiederholender Zeitdruck und andere sich im Zeitverlauf nicht abbauende Stressbelastungen verursachen über die Hypothalamus-Hypophyse-Nebennieren-Achse einen erhöhten Adrenalin- und einen erhöhten Cortisolspiegel mit allen bekannten Folgen (Benkert 2005):

- Hypertonie und Herz-Kreislauf-Schäden,
- Verspannungen und Rückenerkrankungen,
- cortisolbedingte Erniedrigung des Serotonins,
- Zunahme psychischer Erschöpfung,
- Depression, Depersonalisation und
- somatoforme Störungen.

Die gleichen neuro-psychischen Auswirkungen sind zu erwarten, wenn die chronische Angst vor wiederkehrenden Stress-Situationen einen dauerhaften inneren Stress – eine psychische Fehlbeanspruchung – erzeugt. Hat die Angst einen realen Erfahrungshintergrund, ist sie also eine Realangst und keine neurotische Angst, muss die in den realen Bedingungen verortete Ursache bearbeitet werden. Geschieht dies nicht, verfestigt sich die Realangst zu einem dauerhaften gesundheitlichen Risiko (Hüther 1997).

Vorbereitung, Feldzugang und Methodik

Zunächst muss der Auftrag klar formuliert sein, d.h. die Methode der fokussierten teilnehmenden Beobachtung muss explizit benannt werden. Für eine Station mit – Früh-, Spät- und Nachtschicht insgesamt umfassenden – ca. 10 bis 20 Arbeitspersonen sind 4-5 Beobachtungstage und noch einmal so viele Tage für Vorbereitungs- und Auswertungsarbeiten einzuplanen. Eine entsprechende Vereinbarung, einschließlich des Stunden- oder Tagessatzes, muss zumindest per Mailkontakt dokumentiert sein. In der Regel kommt der Auftrag, oftmals aufgrund eines Einigungsstellenbeschlusses, von der Personalleitung. Es ist darauf zu achten, dass der Betriebsrat vollständig eingebunden ist. Unabdingbar ist die Zusicherung aller Beteiligten, dass der/

die Arbeitswissenschaftler/in freien Zugang zu allen Arbeitsorten und möglichst allen Arbeitssituationen hat.

Der/die Arbeitswissenschaftler/in muss sich auf das zu beobachtende Feld angemessen vorbereiten. Dies bedeutet, sich aus Lehrbüchern (Pflege und medizinisches Fachgebiet) mit den wichtigsten Arbeitsschritten und deren Benennungen verstehend vertraut zu machen. Ggf. muss sich der/die Arbeitswissenschaftler/in von entsprechend erfahrenen Schwestern/Pflegern oder Ärzten/Ärztinnen zuvor coachen lassen. Zur Vorbereitung gehört auch, sich einen genauen Überblick über die Station bzw. Abteilung hinsichtlich Personal-Soll, Personal-Ist, Schichtbesetzung an den vorgesehenen Untersuchungstagen sowie allen schon in der Station bzw. Abteilung zuvor gemachten Befragungen, Aktionen usw. kundig zu machen bzw. die dazu vorhandenen Unterlagen zu studieren. In den zu untersuchenden Stationen bzw. Abteilungen müssen die Schwestern, Pfleger und Ärzte auf das Kommen der arbeitswissenschaftlichen Untersuchungsperson vorbereitet und eingestellt, d.h. prinzipiell »informiert einverstanden« sein, was mit PDL und BR sehr gut abzustimmen ist. Der Zugang zum Feld ist für die qualitative Methodik der teilnehmenden Beobachtung ein entscheidender Punkt: Gibt es hier Missverständnisse oder gar Reaktanz, so ist ein Misserfolg der Untersuchung vorprogrammiert. Die Beobachtung ist keine verdeckte, sondern eine offene und für alle transparente. Auch die Patienten bzw. bei Kindern die Eltern sind ggf. situativ über den »zusätzlichen Menschen im weißen Kittel« zu informieren, etwa mit dem Satz: »Herr/Frau Soundso untersucht unsere Arbeitstätigkeit und die damit verbundenen Stressbelastungen. Darf er/sie hier mit dabei sein?« Zu betonen ist: Beobachtung und Interviewaussagen bleiben hinsichtlich der konkreten Person anonym. Grundlage der hier vorgestellten Methode ist eine von allen betroffenen Arbeitspersonen, einschließlich der Leitungspersonen, geteilte Vertrauensbasis gegenüber der arbeitswissenschaftlichen Untersuchungsperson.

Die hier beschriebene arbeitswissenschaftliche Beobachtungsmethode orientiert sich an den einschlägigen methodologischen und methodischen Standards der offenen teilnehmenden Beobachtung und der offenen Beobachtungsinterviews (Flick 1995; Strohm/Ulich 1997; Vogd 2009) unter Beachtung des Standes der medizinsoziologischen Forschung (Stratmeyer 2002; Vogd 2006; Lobnig/Grossmann 2013) sowie des Erkenntnisstandes zu Arbeitsbelastungen im Krankenhaus (Bartholomeyczik et al. 2009; Bräutigam et al. 2014; Tremolada et al. 2015). Für die hier in Rede stehende Problemstellung bedeutet Teilnahme, dass der/die Arbeitswissenschaftler/in sich im

Feld – hier: der Station bzw. der Abteilung – frei bewegen, sich von Fall zu Fall an Pflegepersonen bzw. Ärzte/Ärztinnen »anheften« und bei anliegenden Arbeitsschritten interessiert anwesend und zuweilen auch helfend (»Bett schieben«) eingreifen kann. Es ist wichtig, in allen drei Schichten – Früh-, Spät- und Nachtschicht – »mitzulaufen« und alle drei Übergaben vollständig »mitzubekommen«. Die Beobachtungen müssen mit situativen Beobachtungsinterviews verknüpft werden. Diese Verknüpfung ist aus mehreren Gründen unverzichtbar: Zum einen erhellen sich bestimmte Beobachtungen erst durch eine Erläuterung des/der Beobachteten – allein schon wegen des fachlichen Laienstatus des/der Beobachtenden. Zum anderen gilt: Nicht alle relevanten Dinge lassen sich direkt beobachten, nicht alle Aussagen sind mit den tatsächlichen Handlungen konkordant. Wenn Beobachtungen mit vermehrten Nachfragen in unterschiedlichen Situationen und bei unterschiedlichen Personen kombiniert und gegenseitig korrigiert werden, lässt sich ein hoher Grad an Validität und Objektivität erreichen. Zum anzuwendenden Methodeninventar gehört schließlich ein in die Übergaben eingebettetes Gruppeninterview, welches ggf. zur kurzen Gruppendiskussion ausgeweitet werden kann. Die Kombination von Beobachtung, Einzel- und Gruppeninterview trägt leicht einsehbar zur Güte der arbeitswissenschaftlichen Untersuchung bei. Die bei qualitativen Untersuchungen oftmals geäußerten Zweifel an der Objektivität lassen sich bei der arbeitswissenschaftlich fokussierten teilnehmenden Beobachtung geradezu umkehren: Die klare Benennung der Beobachtungs-, Bewertungs- und Beurteilungskriterien, denen die allgemein anerkannten arbeitswissenschaftlichen Erkenntnisse einer menschengerechten Arbeitsgestaltung zugrunde liegen, machen die Auswertung und Interpretation intersubjektiv nachprüfbar. Insofern sich teilnehmende Beobachtung von der alleinigen Bewertung durch die betroffenen Arbeitspersonen unabhängig macht, indem sie diese verknüpft mit der expertlichen Beobachtung und Bewertung, ist sie Gruppenverfahren wie Gesundheitszirkel oder Arbeitssituationsanalyse überlegen. Dennoch spielen Gruppenverfahren, eingebettet in Beobachtung, eine unverzichtbare Rolle. In Gruppengesprächen kommt erfahrungsgemäß eine Fülle von Lösungsvorschlägen zutage, zuweilen auch Berichte über umgesetzte, teilweise oder gänzlich gescheiterte Lösungsversuche. Es wird auch über Hindernisse berichtet, wobei erstaunlich viele strukturelle Faktoren und weniger die Unfähigkeit Einzelner zur Sprache kommen.

Konkrete Vorgehensweise und Fehlerquellen

Die Beobachtung erfolgt zunächst betont deskriptiv: Welche Station bzw. welche Abteilung? Wieviel Personal ist anwesend? Welche Funktionen bzw. Aufgaben haben die anwesenden Personen (Stammpersonal, Famulatur, Praktikum, Ausbildung usw.)? Zu welchen Zeiten kommen und gehen bestimmten Personen? Welches Patientengut liegt vor? Gibt es Besonderheiten, auf die schon in der Übergabe hingewiesen wird? Beobachtungen und erfragte Informationen müssen stichwortartig, doch inhaltlich möglichst vollständig protokolliert werden (DIN-A-4-Block auf Klemmbrett). Die der Übergabe folgenden Durchgänge und Arbeitsschritte sind zeitmäßig und hinsichtlich der körperlichen, mentalen und psychischen Beanspruchung möglichst genau festzuhalten, wobei die Beobachtungen durch zusätzlich erfragte Erläuterungen und Selbstbewertungen der Arbeitenden zu ergänzen sind. Es ist oftmals interessant zu sehen, dass stark belastende Momente von den Betroffenen nicht als solche wahrgenommen werden, weil sie ihnen nach z.T. jahrelanger Übung als »normal« vorkommen, wohingegen bestimmte Momente, die dem industrie-erfahrenen Beobachter als »normal« erscheinen, von den im Krankenhaus Arbeitenden als »schwierig«, »unmöglich« oder »eigentlich unzumutbar« bewertet werden. Die der Deskription folgenden Belastungswertungen der Betroffenen werden sequenziell protokolliert. Die der Beobachtung folgende Auswertung muss das gesamte Material sichten, ordnen und zu einem gutachterlichen Bericht (bzw. zu einem arbeitswissenschaftlichen Gutachten) zusammenfassen. Die Auswertung bzw. der gutachterliche Bericht enthält eine fokussierte Deskription, eine reflektierende Interpretation, darin eingebettet den wissenschaftlichen Erkenntnisstand, und schließlich die priorisierten Vorschläge für die abzuleitenden Maßnahmen. Hierbei können folgende Stichpunkte hilfreich sein:

- Beschreibung der Station bzw. Abteilung, anonymisierte Aufzählung der darin arbeitenden Personen und der darin zu leistenden Aufgaben sowie der jeweiligen Zeitanteile; Beschreibung des Patientengutes und eventueller Besonderheiten.
- Beschreibung der Belastungssituationen und Belastungsspitzen, wobei zunächst die beobachteten, sodann die von den Betroffenen artikulierten und schließlich die arbeitswissenschaftlich interpretierten Belastungen thematisiert werden.
- Einbettung des Standes der arbeitswissenschaftlichen (insbesondere epidemiologischen) Erkenntnisse zum Zusammenhang zwischen Belastungen

und Erkrankungen, ggf. Erstellung eines besonderen Exkurses hierzu im Gutachten.

- Beschreibung der bereits in der Station bzw. Abteilung vorhandenen Lösungsansätze oder Lösungsideen, Herausarbeiten der arbeitswissenschaftlich prinzipiell erforderlichen Maßnahmen und Priorisierung dieser Maßnahmen.

Es gehört zum Stand der allgemein anerkannten arbeitswissenschaftlichen Erkenntnisse, die Mitarbeiter/innen an der Gestaltung ihrer Arbeitsbedingungen aktiv zu beteiligen und den Fortgang der Maßnahmen transparent zu machen, d.h. für die präventive Arbeitsgestaltung ist Partizipation unverzichtbar. Entsprechende Empfehlungen finden sich sowohl im regierungsoffiziellen Handbuch der Bundesanstalt für Arbeitsschutz und Arbeitsmedizin (2013) als auch in den von Arbeitgebern und Gewerkschaften gemeinsam getragenen Empfehlungen der Deutschen Gesetzlichen Unfallversicherung. Dieses Partizipationspostulat sollte bereits in der Beobachtungs- und Untersuchungsphase ernst genommen werden. Dies bedeutet, beobachtete Phänomene und ansatzweise auch deren arbeitswissenschaftliche Deutung im Laufe des mehrtägigen Beobachtungsprozesses an die Beschäftigen rückzumelden und ihre Einschätzung dazu einzuholen. In der qualitativen Forschung werden die genannten Schritte unter dem Stichwort »kommunikative Validierung« diskutiert (Flick 1995, S. 245f.).

Es gibt nun selbstredend mehrere Fallen, Fehler und Verzerrungsmöglichkeiten, denen die untersuchende Person unterliegen kann. Die richtige Balance zwischen Empathie und Distanz zu halten, ist mitunter nicht leicht. Arbeitspersonen, deren Stressbelastungen im Fokus des Interesses stehen, neigen dazu, arbeitswissenschaftliche Untersucher/innen in ihr Feld »hineinzuziehen« und sie mit ihren Belastungsgefühlen zu überschwemmen. Hier ist eine freundliche, aber bestimmte Distanzierung vonnöten. Uwe Flick (ebenda, S. 162f.) kommentiert eine von Anne Sprenger (1989) durchgeführte und beschriebene teilnehmende Beobachtung auf einer Intensivstation. Die Untersucherin hat sich durch die sukzessive, unvorbereitete und zuweilen hektische Übernahme von Hilfstätigkeiten derartig ablenken lassen, dass sie ihre Beobachtungs-Souveränität einbüßte. Wichtig ist, so Flick, die Wahl des Anfangs- und Endzeitpunktes einer Beobachtungssequenz, um der »Überflutung« durch das Feld entgegenzuwirken. Insbesondere ist es wichtig, als wissenschaftlicher Beobachter/in auf die eigenen Ressourcen zu achten und tatsächlich achtsam mit ihnen umzugehen. Eine weitere Problematik stellt die Beeinflussung durch Feldteilnehmer/innen, die – wenn der/die Beobachter/in ihre Souveränität verliert – bis zur Instrumentalisierung gehen kann. Stationsleitungen oder Oberärzte können sehr hilfreiche Informanten zum Belastungsspektrum sein, können aber auch mit konkretpersonenbezogenen Informationen den/die Arbeitswissenschaftler/in zu beeinflussen versuchen. Dessen muss sich der/die Arbeitswissenschaftler/in bewusst sein und ggf. gewahr werden. Derartige Beeinflussungen können, wenn sie von der untersuchenden Person nicht reflektiert werden, zu erheblichen Verzerrungen führen. Insofern empfiehlt es sich, vor der Gutachtenerstellung eine supervisorische Zwischenphase einzuschieben.

Beispiel 1: Pflege auf Station P1 (Nachtschicht)

Im Folgenden wird, leicht abgewandelt und anonymisiert, eine vom Autor teilnehmend beobachtete Pflegestation in einer Fachklinik in Südwestdeutschland beschrieben. Die Beobachtungszeit betrug eine Woche; der Arbeitswissenschaftler ist gleichsam als Hilfsperson in der Pflege in allen drei Schichten »mitgelaufen«, hat kleinere Hilfsaufgaben – z.B. Hilfe beim Bettenschieben – übernommen und konnte eine Fülle von Beobachtungsinterviews durchführen. Das arbeitswissenschaftliche Gutachten, das auf Basis der teilnehmenden Beobachtung erstellt wurde, enthielt zunächst allgemeine Angaben zur Station, die im Folgenden nur stichpunktartig angedeutet werden sollen. Die Station P1 ist hauptsächlich von – zum Zeitpunkt der Untersuchung mit zahlenmäßig 32 – internistischen Rheumapatienten und Rheumapatientinnen belegt. Hinzu kommen Patienten und Patientinnen aus der orthopädischen Chirurgie, deren Genesung zwar fortgeschritten ist, doch deren Gesundheitszustand noch keine Entlassung rechtfertigt. Zum Untersuchungszeitpunkt waren dies zehn Personen. Hinzu kommen pro Woche etwa fünf bis acht ambulante Fälle, die ebenfalls versorgt werden müssen. Das Durchschnittsalter der Patienten und Patientinnen betrug zum Untersuchungszeitpunkt 65 Jahre; die meisten waren – neben der Haupterkrankung bzw. derjenigen Erkrankung, weswegen sie in der Klinik behandelt wurden – multimorbide, wobei Co-Diagnosen wie z.B. Hypertonie, Herzinsuffizienz, Niereninsuffizienz, Diabetes, Lungenerkrankungen, Allergien und Magen-Darmerkrankungen dominieren. Doch auch seltenere Erkrankungen wie z.B. Morbus Crohn und Erkrankungen mit z.T. lebensbedrohlichen Komplikationen kommen vor. Das Hauptproblem sind die Schmerzen, die z.T. anfallsweise über den Tag oder in der Nacht auftreten. Die Anzahl der zu verabreichenden Medikamente ist beträchtlich; die Applikation erfolgt hauptsächlich peroral, aber auch über Infusionen und Injektionen. In der weiteren Beschreibung folgten die genauen Arbeitsschritte, welche die Früh- und Spätschicht zu leisten haben. Hier schon wurden Personalengpässe erkennbar. Eine Pflegekraft in der Frühschicht wird für die Aufnahme abgestellt, die außerhalb der Station erfolgt. Ohne die Aufnahme waren im Untersuchungszeitraum die Schichten – in der Abfolge Früh-Spät-Nacht – folgendermaßen besetzt: 3-2-1. Im Originalgutachten wird diese Personalbesetzung kritisch diskutiert und mit den Personalbemessungs-Empfehlungen des Deutschen Krankenhaus-Institutes verglichen (Plücker 2012). Selbst bei einer konservativen Berechnung käme man auf eine Besetzung von 4-3-1, wobei die Besetzung der Nachtschicht mit einer Person auch vom Autor der offiziösen Empfehlung als problematisch angesehen wird. Denn die heutige Nachtschicht ist nicht mehr gleichbedeutend mit einer klassischen »Nachtwache«, da gegenwärtig immer mehr Arbeiten in die Nachtschicht hineinverlegt werden.

Diese Problematik zeigte sich denn auch in der beobachtenden Teilnahme des Arbeitswissenschaftlers in der Nachtschicht der Station P1. Eine Pflegekraft für 42 Patienten – überwiegend ältere multimorbide Schmerzpatienten mit z.T. gravierenden Schlafstörungen – kommt an ihre Grenzen. Zwar sollen sich die Pflegekräfte von zwei Stationen auf dem gleichen Stockwerk der besagten Klinik die Arbeit teilen bzw. sich gegenseitig unterstützen. Doch in der Praxis läuft die Arbeit überwiegend alleine. Folgende Arbeitsschritte waren zu beobachten:

- zu Beginn der Schicht eine ausführliche Übergabe, ggf. tel. Abklärung unklarer Fragen mit dem diensthabenden Arzt (45 Min.),
- dann ein erster Durchgang mit Medikamenten, z.B. Schlafmittel, auch um zu sehen, wie es den Pat. geht, was fehlt usw. (30 Min.),
- weitere Probleme bearbeiten (Beispiel: kaputte Lampe, fehlende Hilfsmittel, zusätzliche Eispackung für schmerzende Wunde, beruhigende Gespräche wegen Angstattacke usw. usf.) (30 Min.),
- bei bestimmten Pat. Vitalwerte messen, Blutzucker und ggf. Beratung betreffs Insulinspritze u. andere Fragen (30 Min.),
- »Tabletten stellen«, wobei Umfang und Komplexität vergleichsweise beachtlich und wegen Multimorbidität ganz sicher überdurchschnittlich hoch sind (150 Min.),
- bei Unklarheiten (und es gab in einer einzigen Schicht einige davon) SAP-Recherche, Rote Liste, Arzt anrufen (45 Min.),

- »Kurven schreiben«, d.h. alle angesammelten neuen Daten in die Krankenakte eintragen (90 Min.),
- erneuter Durchgang, um insbesondere bei schwer leidenden Pat. nachzusehen, ggf. Becken anreichen usw. (30 Min.),
- Aufnahmeakten, soweit bekannt, vorbereiten, Material und Bedarf für Bestellungen sichten und Ähnliches (60 Min.),
- Pat. klingeln wegen Schmerzen, Toilettengang, Angstträumen: Hier ist Hilfestellung und entsprechende Pflege gefragt (30 Min.),
- abschließender Durchgang und Vorbereitung der Übergabe an die Frühschicht (30 Min.),
- Übergabe an die Frühschicht und Abklärung bestimmter Fragen bezüglich einzelner Pat. (30 Min.).

Zu beobachten war, dass die vorgesehene Ruhepause wegen mehrmaligem »Pat.-Klingeln« nur »gestückelt« genommen werden konnte; zu beobachten war ferner, dass die vorgesehene »Zweier-Konstellation« beim Tablettenstellen (einer liest vor und trägt ein, der andere verbringt die Tabletten in die Sichtverpackung bzw. Blister) nicht erfolgt ist und rein zeitökonomisch auch gar nicht erfolgen kann. Zur womöglich als »übertrieben lang« erscheinenden Zeit des Tablettenstellens muss angemerkt werden, dass (a) diese Tätigkeit einen ausgesprochen hohen Konzentrationsaufwand erfordert (denn jeder Fehler kann fatale Folgen haben), und (b) diese Tätigkeit immer wieder durch das Klingeln von Patienten für mehrere Minuten unterbrochen wird, woraus (c) oftmals die Notwendigkeit erwächst, die letzten Arbeitsschritte der unterbrochenen Tätigkeit zu überprüfen, ggf. wegen Unklarheiten zu verwerfen und zu wiederholen. Beobachtet wurden zudem häufige Telefonkontakte zwischen den beiden für P1 und P2 zuständigen Pflegepersonen, etwa um sich bei den Durchgängen abzusprechen. Dies hat auch mit aufwandsökonomischen Fragen zu tun, denn beachtlich sind die Wege, die während der Arbeit zurückzulegen sind. Ein Stationsgang ist ca. 65 Meter lang; von einer Station zur anderen sind es noch einmal 20 Meter. Tritt am Ende der einen Station ein Notfall auf, der die Hilfe oder zumindest die Konsultation des Kollegen bzw. der Kollegin erfordert, muss diese/r ggf. im Laufschritt mehr als 120 Meter überwinden. Auch dieser Fall wurde beobachtet.

Sowohl die beobachtete Pflegekraft wie auch die zu anderen Tagen und Wochen in der Nachtschicht eingesetzten Schwestern und Pfleger, die während der Tagschichten qualitativ befragt wurden, wiesen den Arbeitswissenschaftler eindringlich darauf hin, dass die für eine »gute Pflege« notwendige

Einfühlungs- und Kommunikationsarbeit nur mangelhaft bis ungenügend geleistet werden kann. Viele Patienten und Patientinnen sind von Ängsten umgetrieben, haben Schmerzen, die sie nicht verstehen, entwickeln immer wieder Unverträglichkeiten hinsichtlich bestimmter Medikamente oder bestimmter Lebensmittel. Schon die Überwachung dieser sich immer wieder ändernden Zustände ist schwierig und mit einer Person auf Station kaum bewältigbar, ganz zu schweigen von der Bearbeitung der jeweils konkreten psychosomatischen Probleme. Insgesamt komme, so die übereinstimmende Einschätzung der Befragten, die Psychosomatik in der täglichen Routinearbeit viel zu kurz. Man gehe oftmals in dem Gefühl nach Hause, seine Arbeit »nur unvollständig«, »nicht richtig«, »nicht ordentlich«, »zu oberflächlich« gemacht zu haben. So bliebe nicht aus, »dass man sich zu Hause Sorgen über einzelne Patienten« mache: Im Kopf liefen dann nochmal bestimmte Szenen ab, und es stellten sich teilweise massive Gewissensbisse ein, bestimmte Dinge nicht getan zu haben. Zugleich kämen freilich Legitimationsgedanken, dass dafür die Zeit einfach nicht reiche. Dies führe zu inneren Zerrissenheiten zwischen eigenen berufsethischen Ansprüchen und der tatsächlich geleisteten und tatsächlich leistbaren Arbeit. Dieses Zerrissenheitsempfinden, der »moral distress«, ist psychisch hoch belastend. Die Folge ist, dass die chronobiologisch ohnehin schwierige Schlafphase während des Tages zusätzlich durch Gewissensstress beeinträchtigt wird.

Im arbeitswissenschaftlichen Gutachten musste angesichts der beobachteten Situation und deren Bewertung die Empfehlung ausgesprochen werden, die Nachtwache auf der Station P1 um eine weitere Fachkraft aufzustocken. Der Empfehlung wurde nicht stattgegeben. Der Betriebsrat hat daher die Einigungsstelle angerufen. Die Juristen der beiden Betriebsparteien sowie der vorsitzende Arbeitsrichter sind mittlerweile in eine weitreichende Auseinandersetzung darüber eingetreten, inwieweit Personalbemessungsfragen durch das ArbSchG abgedeckt sind oder nicht. So ist beispielsweise die Frage aufgeworfen worden, ob nicht bestimmte Arbeitsschritte wie das Tablettenstellen bereits in der Spätschicht bewerkstelligt werden können. Dies wäre eine mögliche und eine aus chronobiologischer Sicht durchaus sinnvolle Variante, würde aber bedeuten, die durch diese arbeitsorganisatorische Veränderung induzierte Belastungserhöhung erneut zu untersuchen und Maßnahmen zu deren Bewältigung, ggf. erneut personalpolitische Maßnahmen, in die Diskussion zu bringen.

Beispiel 2: Stationsärztinnen (Pädiatrie)

Zu untersuchen war eine Kinderabteilung eines Kreiskrankenhauses in Südwestdeutschland. Unternehmensorganisatorisch wurden hier Allgemeinpädiatrie und Neonatologie als zwei Abteilungen einer übergeordneten Großabteilung zusammengefasst. Das sei, so die übereinstimmende Meinung vor Ort, aus medizinischer und versorgungstechnischer Sicht sinnvoll. Der untersuchende Arbeitswissenschaftler lief eine Woche in allen drei Schichten mit, wobei er im weißen Kittel und als »beobachtender Wissenschaftler« tituliert, Zugang zu allen relevanten Arbeitsräumen, Arbeitsschritten und konkreten Arbeitsvorgängen hatte. Der Arbeitswissenschaftler übernahm zudem kleine Hilfsarbeiten, wenn sich dies anbot. Es gab eine morgendliche Gesamtbesprechung, die dem übergreifenden Austausch, der Zusammenarbeit und den Absprachen zwischen Notaufnahmen, der Behandlung frühgeborener und stationär zu versorgender Kleinkinder, der Chirurgie und sonstiger involvierter Fachgebiete sowie der Sozialarbeit einschließlich der klinikübergreifenden Kooperationen dient. Im arbeitswissenschaftlichen Gutachten wurde eine genaue Beschreibung der Abteilungen, der Stationen, der Arbeitsaufgaben, der Personalbesetzung und Personalverteilung, der Arbeitsorganisation, der Arbeitsabläufe und der zu beobachtenden Arbeitsprobleme geliefert. Im Beobachtungszeitraum gab es beispielsweise einen Fall von Schütteltrauma, der eine intensive und aufwändige Kooperation mit Neurologie, Rechtsmedizin und weiteren Stellen erforderlich machte. Positiv war die durchgehend intensive und sich gegenseitig unterstützende Kooperation zwischen Medizin und Pflege zu vermerken. Doch die Konstruktion als Großabteilung birgt, wie sich zeigen sollte, nicht nur Vorteile, und dies aus mindestens zwei Gründen:

(A) Zum einen war eine strukturelle Überforderung der diensthabenden Stationsärztinnen hinsichtlich der Doppelaufgabe »Station plus Notaufnahme« zu beobachten. Insbesondere in der Spät-/Nachtschicht bürdet die Doppelbelastung, sowohl die Station zu betreuen, als auch die Ambulanz sicherzustellen, den diensthabenden Ärztinnen eine Belastung auf, die bei hoher Ambulanzfrequenz eindeutig das Maß der Zumutbarkeit überschreitet. Konkret bedeutet dies: Um 16 Uhr beginnt die Spätschicht der Stationsärztin. Sie endet offiziell um 24 Uhr. Danach ist sie im Sinne einer Anwesenheits- bzw. Ruhebereitschaft in einem Personalzimmer mit Liege bis 8 Uhr prinzipiell in Notfällen ansprechbar. Schon die Spätschicht ist streckenweise von Notfällen dominiert, sodass bestimmte Stationsarbeiten –

Durchgänge, Untersuchungen, Infusionsberechnungen und -durchführung, ggf. weitere Behandlungen, Dokumentation, Elterngespräche – nicht oder nicht vollständig während der Spätschicht durchgeführt und auf die Nacht verschoben werden müssen. Schon hier wird die Zeit der Ruhebereitschaft zurückgedrängt. Doch enden die Notfälle um 24 Uhr keineswegs. Insbesondere Eltern mit Migrationshintergrund sind aufgrund mangelnder Aufklärung und ihrer besonderen sozialen Situation besorgt, beispielsweise bei hohen Fieberschüben ihres Kindes und kommen folglich in die Ambulanz. Die diensthabende Pflegeperson ruft dann die Ärztin, die folgende Arbeitsschritte zu bewerkstelligen hat:

- Untersuchung,
- Erstversorgung,
- Beratung, Hinweise und Überweisungen sowie
- Dokumentation, Verschlüsselung, Arztbrief.

Der Gesamtvorgang einer Notaufnahme beläuft sich je nach Schweregrad zwischen 15 und 45 Minuten. In der Beobachtungswoche ergaben sich durchschnittlich 20 Ambulanzen in der Spät-/Nachtschicht. Der hierfür nötige Zeitaufwand übersteigt die normale Arbeitszeit der Spätschicht erheblich. Die Stationsärztin kommt, »wenn es gut läuft«, auf maximal 2-3 Stunden Schlaf, wenn es Komplikationen gibt, auf überhaupt keinen Schlaf. Sie ist frühestens um 9 Uhr zu Hause und kann im besten Fall 4-5 Stunden schlafen, um sich dann wieder auf den Weg zu nächsten Schicht zu machen. Aus arbeitswissenschaftlicher und arbeitszeitrechtlicher Sicht ist diese Situation nicht haltbar.

(B) Zum anderen wird diese Situation durch ein weiteres, gravierendes Problem überlagert. Es ist dies der Umstand, dass in der Allgemeinpädiatrie kein Oberarzt zu Verfügung steht. Nach übereinstimmender Aussage aller befragten Stationsärztinnen, die alle den Status einer Assistenzärztin (AssÄ) besitzen und sich sämtlich noch in Ausbildung befinden, besteht ein eindeutiger Mangel an Einarbeitung, Anleitung, Begleitung und Supervision. (Dies tangiert die Weiterbildungsordnung der Ärztekammer, in der von einer »persönlichen« und »ganztätigen« Anleitung die Rede ist.) Es wurde beklagt, dass die genannten Mängel zu einer stellenweisen Überforderung führen, d.h. dazu, dass die diensthabenden Ärztinnen sich für die gestellten Aufgaben nicht immer hinreichend qualifiziert fühlen. Dass damit wiederum die Versorgungsqualität gefährdet ist, steht außer Frage. Dies führt zu Unsicherheiten, Ängsten und negativen psychischen Beanspruchungen. Zugleich wird damit die an sich positiv wirkende Verantwortung zu einem negativ wirkenden Faktor verkehrt. Es ist dies eine widersprüchliche Arbeitsanforderung, und zwar in dem Sinne, bestimmte Aufgaben auf dem geforderten hohen Niveau zu bearbeiten und zugleich über die hierfür erforderlichen Kenntnisse und Erfahrungen in einem nicht ausreichenden Maße zu verfügen. O-Ton aus der Abteilung: »Man hat mehr Verantwortung als man tragen kann.« Das induziert erhebliche Belastungen.

Die Situation ist aus versorgungsqualitätsbezogener und weiterbildungsbezogener Sicht, aber auch aus arbeitswissenschaftlicher Sicht problematisch. Die Teilbetreuung durch Fachärztin und Chefarzt, die seitens der Personalverwaltung argumentativ ins Feld geführt wird, reicht nicht aus, die AssÄ in angemessener Form zu unterstützen. Der Beobachter musste mehrfach feststellen, dass Unsicherheiten und Unklarheiten in der assistenzärztlichen Arbeitssituation nicht adäquat oder nur zeitverspätet ausgeräumt werden konnten. Dies führt zu unnötig hohen psychomentalen Belastungen der AssÄ, zu berufsethisch induzierten Stressbelastungen, d.h. zu »moral distress«, zu Unzufriedenheiten, zu unnötig hohen Fluktuationen und letztlich zu einer nicht adäquaten Versorgung der Patienten. Die Angst, eine qualitativ schlechte Arbeit zu machen, tatsächliche Mängel an der Versorgungsqualität, dadurch entstehende überhöhte Stressbelastungen und in der Folge dessen die Gefahr eines Burnout bzw. psychischer Folgeschäden beim betroffenen ärztlichen Personal sind durch Studien gut belegt (Houston et al. 2013; Tremolada et al. 2015; Siegrist 2015, S. 86-89; speziell für Ärzte in Ausbildung: Nason et al. 2013). Die genannten Widersprüche müssen von den betroffenen Arbeitspersonen selbst ausgetragen werden. Die fehlende oder nicht ausreichende Einarbeitung und Anleitung und die fehlende oder nicht ausreichende Supervision führen zu hoch belastenden Zerreißproben und zu einem erheblichen Gewissensstress. Diese Stressfaktoren erhöhen nach allgemein anerkanntem arbeitswissenschaftlich-epidemiologischem Kenntnisstand nachweislich das Risiko für psychische Erkrankungen. Die ärztliche Tätigkeit im Krankenhaus – hier: die Tätigkeit der AssÄ – führt genau dann zu einer kritischen Belastung, wenn seitens der Hierarchie unrealistische Erwartungen an ihre Mitarbeiter/innen herangetragen werden oder auch nur implizit im Raum stehen. Dies erzeugt unnötige Stressbelastungen, insbesondere dann, wenn diese Problemlagen nicht offengelegt werden können oder unter negativem Sanktionsdruck stehen. Ganz ähnlich, wie wir das schon hinsichtlich des Pflegepersonals festgestellt haben, geht auch das ärztliche Personal nach übereinstimmenden Aussagen in der untersuchten Abteilung »sehr oft mit einem unguten Gefühl nach Hause«. Auch hier kamen zur Beschreibung dieser Situation Begriffe wie »unvollständig«, »nicht richtig«, »nicht ordentlich«, »zu oberflächlich« und »möglicherweise fehlerhaft« zur Sprache. Sorgen über einzelne der kleinen Patienten und vom berufsethischen Gewissen hervorgerufene Fragen und Selbstvorwürfe begleiteten auch die freie Zeit, die man eigentlich dringend zur Regeneration benötigte. Anders als bei den Pflegekräften kämen dann schnell Gedanken, den Arbeitsort bzw. den Arbeitgeber zu wechseln, in der Hoffnung, irgendwo anders bessere Bedingungen vorzufinden. Positiv für den Gefühlshaushalt käme lediglich der Faktor ins Spiel, dass Ärzte und Ärztinnen dringend gesucht werden. Dennoch bliebe immer auch »ein Stück Verzweiflung« darüber, dass die eigene Arbeit den selbst gesetzten – und selbstredend durch die ärztliche Sozialisation erworbenen – Ansprüchen nicht gerecht werden könne. Zumeist kämen einem dann nicht die ungenügenden Verhältnisse in den Sinn, sondern die eigenen Schwächen und das eigene Unvermögen. Derartige Überlegungen und Gefühle können bis zu quälenden Selbstzweifeln führen, beispielsweise auch zur Frage, ob man nicht vielleicht den falschen Beruf gewählt habe.

Vor diesem Hintergrund entschloss sich der begutachtende Arbeitswissenschaftler, der Klinik vorzuschlagen, dringend die vakante Oberarzt-Stelle zu besetzen und die stationsärztliche Spät-/Nachtschicht mit mindestens einer weiteren 0,5-Stelle aufzustocken. Zudem sollten bestimmten Dokumentationsaufgaben wie z.B. die DRG-Verschlüsselung durch entsprechend ausgebildete Dokumentationsassistenten/-assistentinnen übernommen werden. Diese Empfehlung führte zu gravierenden Verwerfungen, d.h. die Personalverwaltung ist der Auffassung, dass personalpolitische Maßnahmen nicht zum Setting einer Gefährdungsbeurteilung psychischer Belastungen zählen und der Arbeitswissenschaftler somit seinen Auftrag verfehlt habe. Es wird argumentiert, dass die empfohlenen Maßnahmen kostenmäßig angesichts der durch Fallpauschalen begrenzten Einnahmen nicht gedeckt sind und dass der Arbeitswissenschaftler dies hätte wissen bzw. hätte mit in seine Untersuchung hineinnehmen müssen. Dem steht freilich entgegen, dass es arbeitsschutzrechtlich keineswegs angezeigt ist, die wirtschaftliche Situation eines Unternehmens zu untersuchen. Die Frage der Verhältnismäßigkeit ist immer im Zusammenhang mit dem »Stand der Technik« zu stellen, d.h. es ist zu fragen, ob die Investition in eine Schutzmaßnahme die ökonomischen Möglichkeiten eines Unternehmens übersteigt. Personelle bzw. personalpolitische Maßnahmen erlaubt hingegen das ArbSchG insofern ausdrücklich, als »unzureichende Qualifikation und Unterweisung der

Beschäftigten« als Gefährdung benannt werden, und Maßnahmen so zu gestalten sind, dass »Arbeitsorganisation«, »soziale Beziehungen«, »Arbeitszeit« und sonstige Arbeits- und Umweltbedingungen sachgerecht zu verknüpfen sind. Die Außerkraftsetzung der Ruhebereitschaft beispielsweise ist ein Gefährdungsfaktor, dem alleine durch eine Personalanpassung zu begegnen ist. Das sieht auch der zuständige Betriebsrat so. Es wurde die Einigungsstelle angerufen.

Versuch einiger Schlussfolgerungen

Zweifelsohne steht die Kliniklandschaft in Deutschland vor gravierenden Veränderungen. Der Trend, entscheidende Bereiche des Patientenkontaktes aus der Profession zu »entlassen«, ist im Rahmen des herrschenden Gesamtsystems wahrscheinlich nicht mehr aufzuhalten. Essensanreichung, Hilfe bei Ausscheidungen und ähnliche Dienstleistungen werden zunehmend von Hilfskräften übernommen. Der Transport von Patienten und Patientinnen zum und vom OP-Bereich und zu den Diagnostik- und Therapiestationen und zurück wird zumindest von Hilfskräften unterstützt werden müssen (ganz ohne examinierte Kraft dürfen solche Transporte i.d.R. nicht durchgeführt werden). Die Eingabe der DRG-Verschlüsselungen sowie auch andere Dokumentationsaufgaben können und sollten von entsprechend ausgebildetem Personal übernommen werden, um die Ärzte/Ärztinnen und Pflegekräfte zu entlasten. Es werden weiterhin Techniken, welche der Industrie entnommen sind, wie z.B. Netzplantechnik und Pfadanalysen, Einzug halten (Pföhler 2010). Darauf baut auch die Organisationsentwicklung im Krankenhaus (Lobnig/Grossmann 2013). Die mit dem Schlachtruf »Arbeit 4.0« von allen, auch den Gewerkschaften, vorangetriebene Digitalisierung der Arbeitsprozesse wird die Krankenhausarbeit und die Care-Arbeit insgesamt grundlegend infrage stellen. Es wird zu Zerreißproben, möglicherweise aber auch zu neuen Öffnungen kommen, wenn die Beschäftigten sich wehren. Die Frage ist, ob und inwieweit hierdurch die personell angespannte Situation insoweit entspannt werden kann, als dass originäre ärztliche und pflegerische Versorgungsarbeit, einschließlich der notwendigen Kommunikations- und Gefühlsarbeit im sachlich, fachlich und ethischen Sinne wieder ausreichend geleistet werden kann. Gemeint sind hier beispielsweise die Einführung von abteilungsübergreifenden Kooperationsformen, die Etablierung von Prozessmanagement oder die Vernetzung zwischen dem Krankenhaus und ambulanter Versorgung. All diese Veränderungen sind genau dann kontraproduktiv, wenn sie mit Personalkürzungen, einer weiteren Intensivierung der Krankenhausarbeit und damit einer weiteren Auspowerung des Personals verbunden sind. Doch das ist in der gegenwärtigen politökonomischen Großwetterlage die Regel. Dieser leider sehr negative Befund verweist zwingend auf die makropolitische Dimension, d.h. auf die Frage, welchen Stellenwert Gesundheit und die Versorgung Kranker in der Gesellschaft haben soll. Es geht letztlich um die Frage, ob das Gesundheitswesen weiter der kapitalistischen Ökonomisierung und Vermarktlichung unterworfen werden soll. Die Alternative wäre die Wiedergewinnung einer gemeinwirtschaftlichen Orientierung, innerhalb derer stationäre, ambulante und sozialraumbezogene Handlungsebenen miteinander verbunden werden (Winker 2015).

Die Zunahme der Arbeitsbelastungen in den Kliniken wird, wenn nicht eine wirksame Gegenwehr entwickelt wird, das bisherige System der stationären Gesundheitsversorgung wenn nicht zum Einsturz bringen, so doch einen grundlegenden Wandel induzieren. Die Behandlung würde dann tatsächlich immer mehr den Charakter von kalten, seelenlosen Arbeitsvollzügen annehmen. Ein »Coolout« der Beschäftigten, welches heute schon in Ansätzen sichtbar ist (Kersting 2013), würde sich zu einem massenhaften Phänomen ausweiten. Berufsethische Vorstellungen und moralische Alltagspraxis fallen heute schon einer schleichenden Erosion anheim. Eine Verschärfung und andauernde Systematisierung des Ökonomisierungsdruckes würde diese Erosion in – wie es Richard Sennett (1998) in seiner wegweisenden arbeitssoziologischen Studie feststellt – eine »Korrosion des Charakters« transformieren. Es ist daher dringend angezeigt, die Arbeitssituation der Krankenhausarbeiter/innen hinsichtlich ihrer Belastungen arbeitswissenschaftlich anders, d.h. tiefgreifender und in einer die ethisch-moralischen Aspekte ihrer Arbeit umfassenden Art und Weise zu untersuchen. Zugleich müssen Ansätze und Konzepte gefunden werden, die Krankenhausarbeiter/innen möglichst interaktiv anzusprechen und »mitzunehmen«. Veränderungen können, wenn sie erfolgreich und nachhaltig sein sollen, nur partizipativ angegangen werden. Dies bedeutet: Ein Veränderungsmanagement muss sowohl auf Leitungsebene wie auf Abteilungs- bzw. Stationsebene das Erfahrungswissen des ärztlichen und pflegerischen Personals wie auch das Erfahrungswissen der Patienten und Patientinnen und ihrer Angehörigen einbeziehen. Hier setzen Methodologie und Methodik der teilnehmenden Beobachtung an. Sie ermöglicht handlungstheoretisch und praktisch eine

Verzahnung von Deskription, Analyse und Handlungsperspektive. Aus sozial-, arbeits- und organisationswissenschaftlicher Sicht (Lobnig/Grossmann 2013) ist es unerlässlich, den partizipativen Untersuchungsprozess durch externe Arbeitswissenschaftler/innen durchführen zu lassen sowie im weiteren Verlauf die Auseinandersetzungen durch Moderatoren und Supervisoren bzw. Moderatorinnen und Supervisorinnen zu begleiten. Hier bieten sich themenorientierte »Werkstattzirkel« aus interessierten Ärzten, Pflegekräften, Patientenvertretern und -vertreterinnen und weiteren expertlichen Personen an, in denen der Personalschlüssel und Personalbesetzungsfragen, aber auch beispielsweise eine verbesserte Aufnahmeprozedur, ein verbessertes Bettenmanagement, neue Arbeitszeitmodelle und die Einführung geeigneter Krankenhaus-Informations-Systeme diskutiert und begleitet werden könnten. Der Umstand, dass Konzerne und Unternehmensorganisationen auf Leitungsebene Entscheidungen treffen, die das Arbeiten und Leben der Mitarbeiter/innen nachhaltig beeinflussen, ohne dass diese im Vorfeld auch nur wirksame Korrekturen, ganz zu schweigen von anderen Modellen und Vorgehensweisen, einbringen könnten, ist unerträglich. Veränderungen, die sich an einem menschlichen Maß orientieren, sind nur denkbar, wenn der Macht der Ökonomie und ihrer Agenten eine Gegenmacht gegenübergestellt wird. Diese zu entwickeln, ist eine übergreifende politische und gewerkschaftliche Aufgabe, die durch genaue und teilnehmende Arbeitsanalysen unterstützt werden kann.

Arbeit, Gesundheit und Leben

Eine kritisch-theoretische Perspektive[1]

Scientific Management

1911 publizierte Frederick W. Taylor[2] die Ergebnisse seiner jahrzehntelangen unternehmensberaterischen Erfahrungen unter dem Titel: »Principles of scientific management«. Dieses Buch entpuppte sich – trotz oder vielleicht auch gerade wegen seiner überaus trivialen, simplifizierenden und apodiktischen Argumentationsweise – zu einem Bestseller mit nachhaltigen Folgewirkungen.[3] Es wurde binnen kurzer Zeit in viele Sprachen übersetzt. 1913 erschien es auf deutsch unter dem Titel: »Grundsätze der wissenschaftlichen Betriebsführung«. Der Schweizer Kulturhistoriker Philipp Sarasin zählt es zu den einflussreichsten Büchern des 20. Jahrhunderts. Es gab seiner Einschätzung nach den Anstoß nicht nur zur Rationalisierung des Arbeitskörpers, sondern des Körpers schlechthin und damit zur Rationalisierung und Optimierung aller Lebensbereiche (Sarasin 1995; Birkner/Foltin 2006).

In den Vereinigten Staaten war die Zweite industrielle Revolution – Elektrizität, Mechanisierung, Fließbandarbeit usw. – schon voll im Gange, in Deutschland setzte sie zu Beginn der 1920er Jahre ein, und dies dann auch

---

[1] Die Ursprungsfassung dieses Textes (Vortrag anlässlich der Auftaktveranstaltung des Vereins für kritische Arbeits-, Gesundheits- und Lebenswissenschaft) enthielt den Untertitel: »Versuch einer Annäherung an die Begriffe unseres Vereinstitels«. Der folgende Text orientiert sich am mündlich gehaltenen Vortrag und sollte auch ohne Fußnoten verständlich sein. Die Fußnoten enthalten genaue Literaturnachweise und weitergehende Überlegungen.

[2] Frederick Winslow Taylor (1856-1915) war ein US-amerikanischer Ingenieur. Er gilt als Begründer der Arbeitswissenschaft und der industriellen Managementlehre. Seine Ideen müssen mit denen Henry Fords (1863-1947) zusammengedacht werden. Ford entwickelte die Fließbandarbeit zu einem umfassenden System, das in der Folge mit dem Begriff des Fordismus belegt wurde. Vgl. Braverman 1985.

[3] Vgl. dazu die schöne Studie von Ribolitis (1997) sowie Meschnig/Stuhr (2003); eine Literaturübersicht über Forschungen zur Körpergeschichte im Fordismus und Post-Fordismus findet sich bei: Bänzinger (2013). Der Taylorismus forderte auch gewaltige psychische Kosten, vgl. dazu: Abholz (1970, S. 142-151). Die Literatur für die heutige Zeit ist unübersehbar, wobei soziologisch das Thema »Beschleunigung« hervorzuheben ist, vgl. dazu: Rosa (2012).

mit voller Macht – unter dem Schlagwort »Rationalisierung«. Welches Menschenbild lag dieser Entwicklung zugrunde? Es war eindeutig das des »homo oeconomicus«, des egoistischen Kämpfers um Macht und Geld, d.h. ein Menschenbild, das vollständig dem Hobbes'schen Grundsatz »homo homini lupus« – der Mensch ist des Menschen Wolf – folgte. Die Taylorschen Ideen standen im Kontext eines Gesellschaftsbildes, das ganz wesentlich vom Sozialdarwinismus geprägt war. Der britische Sozialphilosoph Herbert Spencer war damals – genauer: in der zweiten Hälfte des 19. Jahrhunderts – der unumstrittene Vordenker für die industrielle und politische Elite und sollte dies auch nach seinem Tod 1903, neben einer zweiten Figur – Vilfredo Pareto[4] – auch im neuen Jahrhundert noch lange sein. Das einschneidende Motto »Survival of the Fittest« stammt von Spencer, nicht von Darwin. Spencer gab der Elite theoretische Rückendeckung für ihre klassenpolitische Haltung. Das entscheidende Axiom lässt sich in folgendem Satz zusammenfassen: Es gibt eine natürliche Ungleichheit zwischen der Mehrheit der Menschen einerseits, deren Intelligenz beschränkt ist und die deswegen zur abhängigen Arbeit geboren sind, und einer Elite andererseits, die zur Führung geboren ist. Diejenigen, die zur abhängigen Arbeit geboren sind, müssen mit geschickten ökonomischen Anreizen, Kontrolle, Disziplinierung und einer Rhythmisierung des Körpers zum optimalen Funktionieren gebracht werden. Eine Arbeitsgruppe um die Leipziger Kulturwissenschaftlerin Inge Baxmann hat unter dem Titel »Arbeit und Rhythmus« dazu aufschlussreiche und erhellende Studien vorgelegt (Baxmann et al. 2009). »Optimierung« – von Körper und Geist – wird im 20. Jahrhundert zum Zauberwort, zum Leitmotiv, zum Generalmodell unseres Lebens. Baxmann: »Das Prinzip der Arbeit explodiert und verbreitet sich über den gesamten Raum der Gesellschaft.« Diese Diffusion werde durch eine Synchronisation zwischen Arbeit und Gesamtgesellschaft komplettiert, bis sich das gesamte Leben »um die Sonne der Arbeit dreht«. Dies galt nicht nur für die kapitalistischen Gesellschaften, sondern in gleichem Maße auch für die Sowjetunion, die Taylors Ideen begierig aufgriff und in ein Konzept der »sozialistische(n) Rationalisierung« transformierte. Ein Übriges tat noch

---

[4] Vilfredo Pareto, Nationalökonom, Philosoph und Soziologe (1848-1923), teilt voll die sozialdarwinistischen Anschauungen Spencers und hat diese weiterentwickelt zu einer umfassenden Elitetheorie. Er war Vordenker des italienischen Faschismus.

der angelsächsische Utilitarismus, der alle Handlungen nach ihrem – letztlich ökonomischen – Nutzen für das Gesamtsystem bewertet.

Ich möchte die These vertreten, dass wir es in der gegenwärtigen Situation keinesfalls mit einer Überwindung des Taylorismus bzw. des Fordismus zu tun haben, sondern ganz im Gegenteil mit einer umfassenenden Ökonomisierung und Optimierung unseres körperlichen und geistigen Lebens, das andauernd dem Nutzenkalkül unterworfen wird. Ausbrüche daraus sind immer nur partiell möglich. Die Widersprüche gehen oftmals mitten durch uns hindurch – hierauf wird zurückzukommen sein.

Molekularbiologie – die zweite Leitwissenschaft

Genau zur Zeit der Zweiten industriellen Revolution, 1912, begann der junge US-amerikanische Biologe Hermann Joseph Muller mit seinen Forschungsarbeiten in der Drosophila-Gruppe der Columbia University in New York.[5] Die Gruppe untersuchte strahlenbedingte Mutationsvorgänge im Chromosom der Fruchtfliege. Muller gehört zu den Begründern der Molekularbiologie, die in den 1930er und 1940er Jahren in den USA, in der Sowjetunion und in Deutschland in jeweils besonderer Weise aufblühen sollte. Die neue Wissenschaft wurde, neben dem »scientific management« zur zweiten Leitwissenschaft des 20. Jahrhunderts. Die Definitionsmacht der Leifrage »Was ist Leben?« sollte endlich der längst störenden Lebensphilosophie entrissen und auf ein streng naturwissenschaftliches Terrain gebracht werden. Wie wurde diese Leitfrage beantwortet? In etwa so: Leben – das sind Stoffsysteme, die in der Lage sind, sich selbst zu reduplizieren. Seit Mitte der 1940er Jahre kristallisierte sich die DNA – deoxyribonucleic acid – als das hierfür entscheidende Molekül heraus. Muller, Watson, Crick und viele weitere Forscher engagierten sich in der Folge vehement für ein Gesellschaftsmodell »auf biologischer Grundlage«, d.h. für eine Weltpolitik, deren Idee auf eine globale eugenische Orientierung hinauslief.[6] Die Bildung eines totalen Arbeits-

[5] Zu Hermann Joseph Muller gibt es eine hervorragende Einführung von Roth (1985). Interessant ist, dass Muller sich zeitweise stark zur stalinistischen Sowjetunion hingezogen fühlte und einige Jahre in Moskau forschte.

[6] Hoch instruktiv ist hierzu die faszinierende Autobiografie von Chargaff (1981). Chargaff entschlüsselte Anfang der 1940er Jahre die DNA-Basenkomplementarität AT/CG, befürchtete aber sogleich einen Missbrauch seiner Entdeckung. Das Nobelpreiskomitee versagte ihm daraufhin den ihm gebührenden Preis.

staates auf biologischer Grundlage im nationalsozialistischen Deutschland betrachtete die internationale Nobelpreiselite zunächst durchaus wohlwollend, wobei sie die grauenhafte Ausformung dieser Idee in den Konzentrationslagern eher als historischen Kollateralschaden, denn als Konsequenz ihres eigenen Denkens ansahen. Sichtbar wurde die ganz und gar schreckliche Verschmelzung von Taylorismus bzw. Fordismus, moderner Biologie und des Utilitarismus zu einem totalitären Gesamtsystem schon in dem 1932 erschienenen Roman »Brave new world« von Aldous Huxley – eine nach wie vor von vielen, beispielsweise vom Starphilosophen Sloterdijk positiv gehuldigte Vision (Sloterdijk 1999). Die biopolitische Ausstrahlung der Molekularbiologie auf alle möglichen Gebiete der Medizin, aber auch anderer Wissenschaften, in neuerer Zeit insbesondere auf die Neurowissenschaften und die sogenannte Philosophie des Geistes, war und ist enorm. Gesundheit, Krankheit, Denken und Fühlen – alles habe, so die Behauptung, eine physikalisch-chemische Grundlage, die »ohne Rest« alles erklären könne. Der Begriff der »life science« scheint voll vom naturwissenschaftlichen Reduktionismus okkupiert. Glücklicherweise haben sich Literatur- und Kulturwissenschaftler/innen gefunden, die dem entschieden entgegentreten und den Begriff der Lebenswissenschaft für das tatsächlich gelebte, erlebte und biografisch kontextuierte Leben reklamieren (Asholt/Ette 2010).

Zurück zur Geschichte des Lebensbegriffs und damit auch der Beurteilung von Gesundheit und Krankheit: Ganz entscheidend für eine Einordnung ist der erkenntnisleitende Standpunkt: Gehe ich von einem biologischen Idealzustand – dem »Weltkörper«, dem »Volkskörper« oder dem »gesunde(n) Betrieb« – aus, dann komme ich unweigerlich zur Unterteilung in »biologisch wertvoll« und biologisch nicht wertvoll«, in »stark« und »schwach«, in »leistungsfähig« und »minderleistungsfähig« bzw. »leistungsunfähig« oder »minderwertig«. Genau diese Unterscheidung unternahm die Medizin und die sich zur Rassenhygiene entwickelnde Sozialhygiene der 1920er Jahre. Der Mediziner und Erfolgsautor Erwin Liek kaprizierte sich in seinem 1925 ersterschienenen Buch »Der Arzt und seine Sendung« auf die »Neurastheniker« – die »Schwächlinge« – die »Simulanten« und »Rentenneurotiker«, die »unser Volk« schädigten und, biete man keinen Einhalt, zugrunde richteten. Die Selektionsmedizin war hier schon eindeutig angelegt. In dem heute so aktuellen Wort »employability« oder »Beschäftigungsfähigkeit«, um die sich jeder Einzelne gefälligst zu kümmern habe, klingt diese schreckliche Perspektive erneut an. Gehe ich aber von einem ganz anderen erkenntnisleitenden Standpunkt aus, nämlich den Bedürfnissen des Einzelnen, seiner Not, seinem Leid, seinem Hoffen und Bangen, und gehe ich vom absolut gesetzten Recht eines Jeden auf ein menschenwürdiges Leben aus, dann eröffnet sich ein geistiges Panorama eines Gesellschaftsmodells, in der die gegenseitige Hilfe, die Solidarität und die »Verantwortung vom Anderen her« (Levinas) in den Mittelpunkt rückt.

Die Hoffnung vom »Segen« der Technik

Arbeit, Gesundheit und Leben erfahren also während der Zweiten industriellen Revolution eine spezifische Definition, die – so sollte man meinen – nicht unwidersprochen bleiben durfte. Die bürgerliche Sozialreformbewegung – hier ist pars pro toto Max Weber zu nennen – griff denn auch einige Begriffe kritisch auf, verharrte aber im ideologischen Gerüst des Gegebenen. Die Arbeiterbewegung übernahm ebenfalls zentrale Begriffe und versuchte sie kritisch zu wenden. Dass Arbeit unter massenindustriellen Bedingungen einen für Körper, Geist und Seele zerstörenden Charakter annimmt, war offensichtlich.[7] Das bewiesen schon alleine die exorbitanten Unfallzahlen, das bewiesen auch die um sich greifenden schweren Berufserkrankungen. Ein August Bebel wusste sehr genau um das körperliche und geistig-seelische Elend der arbeitenden Klasse, war er doch selbst einmal Handwerker. Doch schon in der Debatte um das Erfurter Programm 1891 zeigte sich eine merkwürdige Konstellation: Während die »Reformisten« um Eduard Bernstein den Gesundheitsschutz der Arbeiter/innen, den Sozialversicherungsschutz und menschenwürdige Arbeits- und Lebensbedingungen betonten, warnte der alte Friedrich Engels davor, mit »zuviel Schutz« die Arbeiter/innen zu sehr mit den herrschenden Verhältnissen zu versöhnen statt sie zum politischen Kampf gegen jene zu motivieren. Ähnlich sahen das nach der Jahrhundertwende auch Rosa Luxemburg und Anton Pannekoek, beide in der Vorkriegszeit Dozenten an der Bremer Parteischule der SPD. Die Bremer Werftarbeiter gingen schon vor dem Krieg, dann mehrmals während des Krieges und machtvoll zwischen November 1918 und Februar 1919 auf die Straße, um endlich den Achtstundentag und die Abschaffung des mörderischen Akkordsystems zu erreichen. Pannekoek (1918), der wohl be

[7] Der Verfasser arbeitet seit Jahren an einer umfassenden Geschichte der Arbeits- und Lebensbedingungen von der Hochindustrialisierung bis heute. Einen ersten Überblick zur Entwicklung bis zum Ersten Weltkrieg bietet Tennstedt (1981).

kannteste Theoretiker des Rätekommunismus, schrieb mitten in den Novembertagen: »Es handelt sich nicht um einige Reformen auf dem Gebiete von Arbeiterschutz und Achtstundentag, sondern um die großen Maßnahmen, die die Wirtschaft wieder aufrichten werden durch eine sozialistische Organisation.« (vgl. dazu auch Farina 2013) Was hier durchschimmert, ist die damals wie heute allseits geteilte Hoffnung in den Segen der Technik, der Mechanisierung, der Automation.[8] Letztlich die Automation würde – so die sich als Illusion erwiesene Hoffnung – die körperliche, belastende und auch geisttötende Arbeit abschaffen. Selbstredend ist es begrüßens- und erstrebenswert, dass gesundheitsschädigende Arbeit durch Maschinen ersetzt wird. Doch bleibt damit Arbeit – und genau an diesem Punkt haben Luxemburg, Pannekoek und andere Recht – häufig immer noch entfremdet und damit auch psychisch belastend, soweit sie nicht auf der konkret-nützlichen Ebene und im Sinne einer menschenfreundlichen Ökonomie organisiert ist. Und weil diese ein nie endender Übergang sein wird, »eine Heimat, in der noch nie jemand war« (Bloch), wird Arbeit immer auch einen belastenden Aspekt haben. Arbeit hat ein Doppelgesicht. Genau dies formulierte der Psychologe Kurt Lewin[9] 1920 in seinem Grundsatzartikel »Die zwei Gesichter der Arbeit«: »Arbeit ist einmal Mühe, Last, Kraftaufwand (…). Arbeit ist unentbehrliche Voraussetzung zum Leben, aber sie ist selbst noch nicht wirkliches Leben. Darum Arbeit so kurz und bequem wie möglich (…). Die Arbeit ist dem Menschen unentbehrlich, weil ein Leben ohne Arbeit hohl und leer ist. Weil die Arbeit selbst Leben ist, darum will man auch alle Kräfte des Lebens an sie heranbringen und in ihr auswirken. Darum will man die Arbeit reich und weit, vielgestaltig und nicht krüppelhaft beengt.« (Lewin 1920) Einerseits ist Arbeit nicht wirkliches Leben, muss also minimiert werden, doch andererseits ist Arbeit selbst Leben. Jenseits eines »tertium non datur« – d.h. der Aufforderung, sich für eine logisch widerspruchsfreie Aussage zu entscheiden – ist Arbeit eben beides, ein zutiefst dialektisches, durch die jüdische Talmud- Schulung geprägtes Widerspruchsdenken, als dessen Leitmotiv die Liebe zum Menschen, die Achtung der Menschenwürde, aufscheint.

---

[8] Zu nennen sind hier Namen, die für ganz verschiedene politische Orientierungen stehen, wie z.B. Paul Lafargue, Herbert Marcuse, Hannah Arendt, Jeremy Rifkin.

[9] Kurt Lewin (1890-1947) gehörte zur Berliner Gruppe der Gestaltpsychologie. Als Jude musste er emigrieren. Er zählt zu den Begründern der Feldtheorie, der Gruppendynamik und der Aktionsforschung.

Protagonisten der modernen Sozialmedizin und Philosophie

Ganz ähnlich verhält es sich mit den Kategorien der Gesundheit und des Lebens. Eine Fetischisierung führt in eine Sackgasse, in die negative Utopie einer »brave new world«, einer unterschwelligen oder – bei den Nazis – offen formulierten totalen »Pflicht zur Gesundheit« und einer Abwertung von Krankheit, Behinderung und Alter. Diese sind für Utilitaristen und noch konsequenter für Nazis negativ belastete Begriffe, welche die »Reinheit« des Lebens stören. Das Störende ist durch eine wissenschaftlich begründete Biopolitik, d.h. letztlich durch eine Eliminierung, aus der Welt zu schaffen. Was die Nazi-Mediziner anbetrifft: Fast alle führenden Theoretiker dieser Sichtweisen haben nahezu unbeschadet das Nazireich überlebt und zum Teil noch durchaus eklektische Nachkriegskarrieren hingelegt. Doch es gab auch andere Stimmen in der Medizin, der Arbeits- und Sozialmedizin, der Psychosomatik, der Philosophie: Ludwig Teleky zum Beispiel, der zunächst in Wien, dann in den 1920er Jahren in Düsseldorf wirkte und der als Begründer der modernen Arbeits- und Sozialmedizin zu sehen ist.[10] Die Nazis haben mit jahrzehntelangem Erfolg seinen Namen ausgetilgt. Erst Anfang der 1980er Jahre wurde Teleky durch die Forschungen von Rainer Müller und Dietrich Milles – Wissenschaftler der damals »roten« Bremer Universität – dem Dunkel des Vergessens entrissen. Für Teleky gab es nur ein Ziel: die Gesundheit der Menschen zu erhalten oder, wenn möglich, wiederherzustellen. Dies, und nur dies, galt – nicht die Leistungsfähigkeit, nicht die Beschäftigungsfähigkeit, nicht das Funktionieren im durchorganisierten Betrieb. So lehnte Teleky das selektionsmedizinische Konzept ab. Es wären einige weitere Vertreter/innen einer anderen, nicht-utilitaristischen Medizin zu nennen. Symbolhaft sei Sigmund Freud genannt, dessen 1930 erschienene Schrift »Das Unbehagen in der Kultur« weite Kreise zog und auch für Nicht-Psychologen und Nicht-Mediziner die Bedeutung der Psyche herausstellte. Zu erwähnen ist auch Erwin Straus, ein ebenfalls jüdischer und dann vertriebener Neurologe, der mit seinem 1935 – freilich nicht mehr in Deutschland publizierbaren – Buch »Vom Sinn der Sinne« eine Integration von Phänomenologie und Neurowissenschaft versuchte. Vor allen Din-

---

[10] Ludwig Teleky (1872-1957), der einer ungarisch-jüdischen Familie entstammte, befasst sich als Krankenhausarzt zunächst mit Tuberkulose, dann mit Massenvergiftungen durch Phosphor, Quecksilber und Blei, welche in der damaligen Industrie an der Tagesordnung waren.

gen gilt es auf den bedeutsamen, vielleicht bedeutendsten Philosophen des 20. Jahrhunderts hinzuweisen: Edmund Husserl.[11] Auch er wurde vertrieben. 1935 hielt er an den Universitäten Wien und Prag einen Vortrag mit dem Titel: »Die Krisis der europäischen Wissenschaften und die transzendentale Phänomenologie«. Hier – und in den zu dieser Zeit noch entstandenen umfangreichen Zusatzmaterialien – entwickelt Husserl den Begriff der Lebenswelt. Er forderte, wissenschaftliches Tun auf die Lebenswelt zurückzubeziehen. Husserl: »In der naturwissenschaftlichen Mathematisierung messen wir der Lebenswelt in ihrer offenen Unendlichkeit möglicher Erfahrungen ein wohlproportioniertes Ideenkleid an, das der sogenannten objektiv- wissenschaftlichen Wahrheiten.« (Husserl 1982, S. 55) Wir verwechseln, so Husserl, das, was wir auf diese Weise konstruieren, mit der Wirklichkeit. Husserl spricht in diesem Zusammenhang von den »Füllen des Lebens«. Wohlgemerkt: Husserl war selbst Mathematiker, doch er erkannte in der um sich greifenden Praxis der Vermessung und Quantifizierung der Welt, einer dominant werdenden und zum totalitären Ausschluss aller anderen Zugangsweisen zur Welt sich stilisierenden Praxis, ein – vielleicht das – entscheidende Grundübel der Zivilisationsgeschichte.

Diese Überlegungen beflügelte nachweislich die Kritische Theorie der Gesellschaft, die Max Horkheimer und seine Arbeitsgruppe ab 1930 am Frankfurter Institut für Sozialforschung begründete.[12] Kritische Theorie arbeitet heraus, dass und wie Wirklichkeit quantifizierend reduziert und auf diese Weise für Herrschaftstechniken verfügbar gemacht wird. Sie befasst sich mit der Bemächtigung unseres Denkens und Fühlens durch die Warenform, d.h. damit, dass alles und jedes nach seinem Marktwert gemessen und bewertet wird.[13] Kritische Theorie geht freilich insofern über Husserl hinaus, als sie

---

[11] Edmund Husserl (1859-1938), geboren als Sohn eines jüdischen Tuchhändlers in Mähren, wirkte lange an der Universität Freiburg, bis ihn die Nationalsozialisten vertrieben. Husserl ist der Begründer der phänomenologischen Methode, welche – gleichsam durch die Wissenschaftswelt hindurch – den direkt wahrnehm- und erfahrbaren Lebenserscheinungen (»Phänomenen«) der Menschen einen bedeutsamen Platz im Prozess der Erkenntnis zuweist.

[12] Dies gilt für Max Horkheimer selbst, der Husserl in seiner 1947 Studie »Eclipse of Reason« mehrfach erwähnte, wie insbesondere für den Husserl-Schüler Herbert Marcuse, der in seinem 1964 vorgelegten Buch »The One-Dimensional Men« dem Krisis-Vortrag Husserls eine großartige Interpretation widmete.

[13] Vgl. dazu auch Alfred Sohn-Rethel (1978). Der Ökonom, Soziologe und Philosoph Sohn-Rethel (1899-1990) emigrierte 1937 aufgrund seiner jüdischer Her-

sich gerade nicht mit dem so Gegebenen (dem »Positiven«) zufrieden geben will. Sie stößt sich an dem Umstand, dass die positivistische Wissenschaft sich neutral gegenüber dem Leid der Menschen verhält, d.h. Kritische Theorie nimmt das Leiden der Menschen zum Anlass, über das Gegebene hinauszudenken. Sie klagt die emanzipatorische Grundidee der Aufklärung ein. Sie hält an dem Ziel fest, dass alle Menschen, auch und gerade angesichts biologischer und sozialer Unterschiede, ein gleiches absolutes Recht auf menschenwürdiges Leben in all seiner Vielfältigkeit haben.

Kritische Theorie der Gesellschaft

Seiner besonderen Bedeutung wegen möchte ich noch einige Momente bei Theodor W. Adorno verweilen und – gleichsam in seiner Nachfolge – die US-amerikanischen Philosophinnen Judith Butler und Seyla Benhabib erwähnen. Adorno hatte eine Vorstellung von der Vielfalt des Lebens. Er warb für eine egalitäre Gesellschaft bei Anerkennung einer unendlichen horizontalen Ungleichheit. Ihm war die Einbindung in Rollen, welche uns die gegebene Gesellschaft zuschreibt, ein Gräuel. Der Mensch war seiner Meinung nach viel mehr als sich im Korsett irgendwelcher Rollen zu bewegen. Wenn Anerkennung immer nur Anerkennung einer gut funktionierenden Rollenübernahme ist, muss sie eher als Zuschreibung und Zurichtung denn als Anerkennung in Freiheit gedeutet werden. Adorno sah in diesem Zusammenhang auch die Kategorie der Identität äußert kritisch. Er stellte neben sie die Kategorie der Nicht-Identität, und zwar mit der Vision, »ohne Angst verschieden sein zu dürfen«. Insofern kann ich auch eine bestimmte Rolle annehmen, wenn ich weiß, dass ich »viel mehr bin«, d.h. nicht darauf reduziert werde. In seinem Spätwerk »Negative Dialektik« kommt Adorno auf den Punkt: »Die kleinste Spur sinnlosen Leidens (…), das leibhafte Moment meldet der Erkenntnis an, dass Leiden nicht sein kann, dass es – dies meint hier: dass die Welt – anders werden solle.« (Adorno 1966, S. 203) Leib – das ist die widersprüchliche, brüchige, beschädigte Einheit von Körper, Geist und Seele, d.h. leibliches Leiden umfasst auch psychisches Leiden.[14]

kunft nach England. Auf Vermittlung von Oskar Negt erhielt Sohn-Rethel 1972 eine Professur an der Universität Bremen, an der er bis zu seinem Tod lehrte.

[14] Die Kategorie des Leibes wurde von Schopenhauer und Nietzsche als besondere Kategorie aufgegriffen und ganz entschieden von Husserl und der Phänome-

Adorno richtet sein Denken gegen die industrialisierte, die rationalisierte und optimierte Arbeits- und Lebenswelt, vor allem gegen das industrialisierte Denken in unseren Köpfen, gegen den homo oeconomicus im Sein und Bewusstsein, gegen den Warenfetisch. Er sieht im globalen Maßstab die Herrschaft der Irrationalität, welche unser subjektives Sein »durchwest«. Er äußert sein Unbehagen gegen jede Form der Anpassung, an der auch und gerade Psychotherapeuten mitwirkten. So gesehen geraten wir in eine hochgradig dilemmatöse Situation. In seinem Aufsatz »Zum Verhältnis von Soziologie und Psychologie« heißt es: »Indem der Geheilte dem irren Ganzen sich anähnelt, wird er erst recht krank, ohne dass doch der, dem die Heilung misslingt, darum gesünder wäre.« (Adorno 1975, S. 109) Fast existentialistisch könnte man/frau sagen: Wir sind dazu verurteilt, immerfort ein richtiges Leben im falschen zu suchen oder zu versuchen, ohne es jedoch je zu erreichen. Genau dieses Problem treibt auch Judith Butler um. Sie hat in ihren Adorno-Vorlesungen 2002 (Butler 2007)[15] – und noch einmal vehement in ihrer Adorno-Preis-Rede im Jahr 2012 (Butler 2012) – die Bedeutung dieses Denkers hervorgehoben und dessen Philosophie mit weiteren Überlegungen verbunden, vor allem mit der ethischen Philosophie des litau-

---

nologie weiterentwickelt. Für »Körper« steht das pur Stoffliche, Physische, Mechanische, Maschinenhafte – paradigmatisch hierfür: der »Arbeitskörper« –, für »Leib« die belebte, wahrnehmende, fühlende, handelnde, begehrende, kämpfende und eben auch leidende Gesamtheit der Person, auch und gerade auch dann, wenn diese durch vielerlei Brüche, Spaltungen, Fragmentierungen und einen »Mangel« (Lacan) beeinträchtigt ist, ohne dass damit das Wunder der biochemischen und biophysikalischen Prozesse ignoriert werden soll. Freilich: Eine Integration von Leibtheorie und Naturwissenschaft lässt noch auf sich warten – ein Thema für unseren Verein? Interessant auch, dass Baxmann, Bänzinger u.a. nur mit der Kategorie »Körper« arbeiten, nicht mit der Kategorie »Leib«, obwohl es dafür, wie angedeutet, gewichtige Gründe gibt (vgl. dazu auch: Petzold 1986; Fuchs 2000) und neuerdings sogar führende Soziologen diese Differenzierung einfordern (vgl. hierzu Gugutzer 2012). Einen weiteren Diskussionsansatz bietet Müller (2014) mit Kategorien wie Bewegung, Rhythmus, Ermüdung, Erholung, Schlaf usw.

[15] Judith Butler (geb. 1956) ist Professorin für Rhetorik und Komparatistik an der University of California, Berkeley. Butler, selbst Jüdin, ist wegen ihrer vehementen Kritik an der imperialistischen Politik Israelis ins Kreuzfeuer der Kritik geraten. Einflussreiche Kreise wollten – glücklicherweise erfolglos – ihre Ehrung in Frankfurt verhindern.

isch-französischen Gelehrten Emmanuel Levinas.[16] Butler erinnert mit Levinas an die Grundtatsache der unendlichen Verflochtenheit des Menschen mit dem Anderen, seinem Angewiesensein auf den Anderen, seinem Ausgesetztsein und seiner Verletzlichkeit. Entscheidend für all diese Überlegungen ist die unbedingte Menschenwürde für alle auf dieser Welt. Auf diesen Punkt hebt auch Seyla Benhabib ab, deren Wurzeln im türkischen Judentum liegen. Sie erhielt 2009 den Ernst-Bloch-Preis der Stadt Ludwighafen. In ihrer Dankesrede (Benhabib 2009) erinnerte sie an die zunehmende Spaltung der Welt, die zunehmende soziale Ungleichheit, und daran, dass wir – mehr denn je – einer »konkrete(n) Utopie« (Bloch) bedürfen. Wenn wir Arbeit, Gesundheit und Leben unter dieser Perspektive betrachten, so geht es darum, an einer Welt zu arbeiten, in der Tätigsein und Ruhen, Gesundsein und Kranksein, Kindsein und Altsein, leibliche Berührung und Spiritualität für alle Menschen, völlig unabhängig von Leistungs- und Nutzenerwägungen, in allen »unendlichen Füllen« (Husserl), ohne Zwang und ohne Sanktion, lebbar wird. Die Kritische Theorie hält an der Vorstellung fest, dass es eine menschliche Gemeinschaft geben müsse, in der die freie Entfaltung eines jeden, als Bedingung für die freie Entfaltung aller möglich ist.[17]

Re-Taylorisierung des gesellschaftlichen Seins

Lassen wir einmal die gegenwärtigen Arbeits- und Lebensverhältnisse Revue passieren,[18] so müssen wir feststellen: Arbeit hat sich in post-tayloristischen und post-fordistischen Systemen verändert, sie ist – auf den ersten Blick – in den kapitalistischen Zentren vielfältiger und anregender gewor-

[16] Emmanuel Levinas (1905-1995), jüdisch-litauischer Herkunft, wirkte in Frankreich als einer der maßgeblichen Philosophen des 20. Jahrhunderts. Seine Philosophie denkt das Ich radikal »vom Anderen her«. Vgl. die kleine, aber feine Einführung von Staudinger (2009).

[17] In der Tat heißt es an zentraler Stelle im Kommunistischen Manifest von 1848: »An Stelle der alten Gesellschaft mit ihren Klassen und Klassengegensätzen tritt eine Assoziation, worin die freie Entwicklung eines jeden die Bedingung für die freie Entwicklung aller ist.« (zit. nach der Ausgabe des Bernd-Müller-Verlags, Zittau 2009, S. 48).

[18] Diesen letzten Teil meiner Rede habe ich am 1.3.2014 aus Zeitgründen nicht vorgetragen, habe aber in der Diskussion auf die entscheidenden Punkte hingewiesen.

den. Doch beim zweiten und dritten Blick zeigen sich höchst widersprüchliche Konturen. Einmal davon abgesehen, dass tayloristische Massenarbeit das gesamte Leben von Milliarden Menschen auf dem asiatischen Kontinent und auch in Lateinamerika immer mehr zu bestimmen beginnt, beobachten wir auch hierzulande eine massive Re-Taylorisierung. Anfang 2014 kritisierten Betriebsräte des Daimler-Werkes in Bremen in einem Flugblatt die zunehmende Arbeitsverdichtung. Der Traum von der Gruppenarbeit und einer inhaltlich angereicherten und vielfältigen Arbeit sei ausgeträumt, bestimmend seien die immer engeren Takte, das Schrumpfen der Kurzpausen gegen Null.[19] Nicht viel anders hören sich Berichte aus dem Angestelltenbereich an, auch aus den Bereichen, die noch vor Jahren als kreativ und nicht-entfremdet hochgelobt wurden, wie z.B. die IT-Arbeit.[20] Richard Sennett (1998; 2005) hat genau diese komplexen und widersprüchlichen Entwicklungen unter die Lupe genommen. Er konstatiert eine schleichende Anpassung an die Verhältnisse, an den homo oeconomicus, eine schleichende »Korrosion des Charakters«. Die Arbeitswelt, aber zunehmend die gesamte Lebenswelt, wird von einer kulturellen Hegemonie überformt, welche Anerkennung auf einen Modus des sozialen Konkurrenzkampfes und des materiellen Erfolgs festschreibt (Neckel/Wagner 2013; Ehrenberg 2011). Dieses »Gegeneinander« erzeugt enorme Angst – die Realangst, Verlierer zu sein. Diese Angst macht krank und produziert ihrerseits genau das, was das die sozialdarwinistische Hegemonie beabsichtigt: weitere Spaltungen in der Gesellschaft. Und die Gewinner von heute verausgaben sich und können morgen selbst in den Abgrund der Erschöpfung getrieben werden. Die Diffusion der ökonomisierten Arbeit in unseres gesamtes gesellschaftliches und kulturelles Leben und die Synchronisation von Arbeit, Leben und Kultur ist vor allen anderen Dingen in den Gesundheitsverhältnissen sichtbar. Ein bemerkenswerter Körperkult durchwirkt die gesamte Gesellschaft, ein Schönheits- und Fitnesswahn, ein auf Außenwirkung bedachter Gesundheitsfetisch, eine kulturelle Hegemonie, die Anderssein, Langsamkeit, Krankheit,

[19] Vgl. Kollegeninfo Mercedes-Werk Bremen, Nr. 529, zit. in: Express. Zeitung für sozialistische Betriebs- und Gewerkschaftsarbeit. Jg. 52, Heft 2 (2014), S. 5.

[20] Der SAP-Betriebsrat Ralf Kronig beklagt, dass eine ursprünglich ganzheitliche Arbeit bei SAP immer mehr in kleine standardisierte Module zerlegt und damit die Arbeit extrem verdichtet wird. Kronig (2012) spricht expliziert von einer Re-Taylorisierung.

Behinderung, Sterben und Tod ausblendet. Was damit konstituiert wird, ist eine neue Art von Klassengesellschaft.

Die Wiener Sozialwissenschaftlerin Eva Kreisky wies schon vor Jahren auf diese Entwicklung hin (Kreisky 2003) Der fitte Körper, vermeintlich für alle erreichbar, wird zum Unterscheidungsmerkmal gegenüber den »Faulen«, »Untätigen« und »Unfitten«, welche der Gesellschaft zur Last fallen, und deren Selbstverschuldung sanktioniert und geächtet werden müsse. Eingeschlossen in diese soziale Externalisierung, diese schleichende Exklusion, ist die zunehmende Zahl psychisch Erkrankter, die »nicht mehr mithalten können«. Sie sind entweder selbst schuld oder eben nicht geeignet für die Hochleistungsgesellschaft. Erneut werden hier Weichen für einen üblen Sozialdarwinismus gestellt, gleichsam einen Nützlichkeitsrassismus,[21] der – auf der Schiene »Gesundheit« – unsere Köpfe und Herzen indoktriniert. »Der postfordistische fitte Körper ist damit gleichzeitig Leitbild und Effekt eines neoliberalen Individualisierungsdiskurses« (Graf 2013, S. 152). Dazu gehört die ideologische Bejahung der sozialen Ungleichheit, die weltweit, aber auch hierzulande, immer krassere Formen annimmt. Der wachsende Unterschied zwischen reich und arm, zwischen Eliten und oberen Mittelschichten einerseits und der »breiten Masse« der Lohnabhängigen und prekären Selbständigen andererseits – d.h. die Relation und nicht die absolute Höhe des jeweiligen Lebensstandards – ist das Skandalon, das epidemiologisch nachweisbar zu einem massenhaft wirksamen gesundheitlichen Risikofaktor wird.

Dies gilt nicht nur im globalen Maßstab, sondern auch im nationalen oder lokalen Rahmen. Richard Wilkinson und Kate Pickett (2009) zeigen in einem Vergleich der Industrienationen auf, dass mit wachsender sozialer Ungleichheit das jeweils durchschnittliche nationale Maß an Krankheit, Unwohlsein, Hass und Kriminalität zunimmt. Besonders schlimm sind die Verhältnisse in den USA. 16-jährige US-Amerikaner in armen Wohngegenden sterben 28 Jahre früher als solche in reichen Wohngegenden. In der Tendenz gilt das auch hierzulande. Eine Analyse des Bremer Gesundheitsamtes (Tempel 2006) zeigt: In den armen Stadtteilen wird zehn Jahre früher gestorben als in den reichen. Internationale Studien zeigen: Auch wenn alle möglichen Einflussfaktoren wie Rauchen und Bodymassindex gegengerechnet werden: Es bleibt ein signifikanter Unterschied – derjenige der Diskriminierung, Stigmatisierung, Abwertung und Ausgrenzung, welche sich sozio-

[21] Diesen treffenden Begriff übernehme ich von Jörg Ackermann.

psychosomatisch in Krankheit und vorzeitigen Tod umsetzen. Insbesondere die psychischen Erkrankungen steigen genau dort stark an, wo sich soziale Unterschiede vergrößern und sich das nagende und innerlich zersetzende Gefühl des Nicht-mehr-Mitkommens, des Abgehängtseins und schließlich der eigenen Wert- und Nutzlosigkeit einstellt. Das »scientific management« unserer Gesellschaften, die optimale Ausnutzung von Natur und Mensch auf dieser Welt, bringt nicht »mehr Wohlstand für alle«, sondern mehr Spaltung – global, lokal, in unseren sozialen Beziehungen, auch und gerade in uns selbst. Die Widersprüche dieser Welt gehen durch uns hindurch.[22] Darüber zu sprechen, in einer wirklich freien – einer angstfreien und liebevollen – Atmosphäre, ist nötiger denn je, auch um zu schauen, was wir tun können, wo und was wir verändern können.

Appendix: Versuch einer Zusammenfassung der Diskussion

In der Diskussion kamen ganz verschiedene Stimmen zu Wort. Einerseits wurde betont, dass viele Arbeitnehmer/innen ihre eigene Situation längst »nicht so schwarz« sehen, wie ich sie in meinem Vortrag dargestellt habe. Viele möchten durchaus selbst fit und gesund sein, möchten durchaus »beschäftigungsfähig« bleiben und ein gutes Einkommen erzielen. Es wurde bezweifelt, dass das Leiden am Anpassungsdruck so groß sei, wie ich es annehme. Zugleich wurde eingeräumt, dass es tatsächlich auch »Verlierer« gibt und diese an Zahl und Tragik zunehmen.

Ein ehemaliger Betriebsrat einer Weltfirma berichtete, wie sehr sich die Alltagskultur der Menschen geändert hat, die in seinem Unternehmen arbeiten. Sie arbeiten »freiwillig« daran, möglichst lange fit und leistungsfähig zu bleiben, joggen beispielsweise in der Mittagspause am Werk entlang, sind selbstredend sowohl technisch wie mental immer »online«. Die Grenzen zwischen Arbeit und Leben, zwischen Arbeitszeit und Freizeit zerfließen, weil man/frau gleichsam mit seiner ganzen Persönlichkeit einen »verkaufbaren Eindruck« machen möchte und sich auch damit vorbehaltlos zu identifizieren sucht. Doch begründet man damit gerade nicht das entfrem-

---

[22] Vgl. Parin (2002). Die mitten durch uns hindurchgehenden Widersprüche sind es auch, welche zu den paradoxen Befragungsergebnissen führen, nach denen die große Mehrheit der Menschen mit ihrer Lage zufrieden sind und zugleich die große Mehrheit der Menschen Unbehagen und Unzufriedenheit äußern.

dete »Pseudo-Selbst« (das Erich Fromm in seiner großen Studie »Furcht vor der Freiheit« schon vor über 70 Jahren beklagte)? Einige Diskussionsteilnehmer/innen wiesen darauf hin, dass man/frau sich im Alltagsleben ungeheuer viel vormache, dass man/frau sich selbst belüge und damit auch diejenigen, die einen umgeben.

In der weiteren Diskussion wurde die Sinnfrage angesprochen bzw. das Leiden an der Sinnlosigkeit. Es wurden auch psychische Erkrankungen thematisiert und die Frage aufgeworfen, wieviel sie mit den veränderten Arbeits- und Lebensverhältnissen zu tun haben. In diesem Zusammenhang erzählten einige Diskussionsteilnehmer/innen, die in medizinischen und therapeutischen Berufen tätig sind, von den Problemen, welche die Ökonomisierung des Gesundheitswesens schaffe. Beispielsweise in der Psychiatrie: Tatsächlich auf die Bedürfnisse der leidenden Menschen einzugehen, wird immer schwieriger, weil Personal und Zeit fehle. Dies erklärt auch, dass beispielsweise Pflegekräfte durchaus ihren Beruf lieben, aber nur noch mit Widerwillen zur Arbeit gehen. Dann passiert es, dass sie in Rente gehen und sich daraufhin sogleich bei der Bahnhofsmission engagieren.

Viele weitere Punkte wurden angesprochen, so z.B. der Umstand, dass weite Bereiche unserer Produktions- und Dienstleistungslandschaft inhaltlich von sinnlosen, schädigenden und menschenfeindlichen Aspekten geprägt sind. Die Rüstungswirtschaft wurde beispielhaft genannt. Einige Diskussionsteilnehmer/innen hoben dann auf die Notwendigkeit ab, mittels eines bedingungslosen und menschenwürdigen Grundeinkommens den fatalen Druck von den Menschen zu nehmen, ihnen die Möglichkeit des Durchatmens zu geben und damit auch neue Chancen einer freien Entwicklung und Entfaltung zu schaffen. Insofern sei es auch begrüßenswert, wenn schwere und eintönige Arbeit durch Maschinen ersetzt sowie sinnlose und destruktive Arbeit ganz und gar abgeschafft würde. Ohnehin könne dann die notwendige Arbeitszeit extrem reduziert werden.

Ein weiterer Aspekt wurde genannt: Die falsche Einschränkung der Arbeit auf Lohnarbeit. Die demografische Entwicklung erfordere ein radikales Umdenken: Die mittlere Generation – und Männer und Frauen gleichermaßen – müssen sich um Kinder, Kranke und Alte kümmern. Darin waren sich alle einig: Sorgearbeit wird zu einem wesentlichen Bestandteil der Arbeit und des Lebens werden. Vieles hierzu blieb aus Zeitgründen im Raum stehen. Es zeigte sich insgesamt, dass es zu allen angesprochenen Punkten noch viel Diskussionsbedarf gibt. Im weiteren Fortgang der Diskussion – und in den Gesprächen des Abends – einigten wir uns darauf, uns im Philosophischen

Salon erst einmal mit grundsätzlichen Fragen wie Identität, Anerkennung und damit zusammenhängenden Kategorien zu befassen, und dies mithilfe der Überlegungen Judith Butlers zu tun, um uns dann ggf. auch mehr praktischen Fragestellungen unseres Alltagslebens zuzuwenden.

Leiblichkeit

Eine ebenso elementare wie schwierige Kategorie einer kritischen Theorie des Subjekts

Wer sich in kritisch-wissenschaftlicher Perspektive mit den Arbeits- und Lebensbedingungen der Menschen befasst, sieht sich in der Wissenschaftslandschaft schnell mit zahllosen Mauern und Fallgruben konfrontiert, vielen altbekannten, aber auch vielen neu platzierten, die immer wieder und teilweise völlig unverhofft umplatziert werden. Das macht unsicher und nicht selten sprachlos.

Altbekannt ist die oftmals konfrontative Konstellation zwischen quantitativen und qualitativen Forschungsansätzen. Häufig bestätigt sich die These: Wer Angst hat, sich auf die Lebenswelten der Menschen einzulassen, misst und zählt alles, was mess- und zählbar ist. Solche Wissenschaft braucht keine Gesellschaftstheorie. Sie ist beliebt bei staatlichen Institutionen und staatsnahen Geldgebern, die dann nach freiem Belieben die Zahlen interpretieren und für ihre Zwecke nutzen können, zumal sie in der Regel die Maßeinheiten und Fragestellungen selbst vorgeben. Ausdrücklich sei darauf hingewiesen, dass auch quantitative Forschung nötig und nützlich ist. Doch es kommt auf die Kontextualisierung an. Gemeint ist damit eine Wissenschaft, die sich auf die Lebenswelten der Menschen einlässt. Was ist dabei so anders? Hier kommt mensch den Menschen nahe, hört den Menschen zu, beobachtet, versucht zu verstehen, kommuniziert und meldet zurück, entwickelt – möglichst gemeinsam mit ihnen – Handlungsansätze, aus Abhängigkeiten und zerstörerischen wie selbstzerstörerischen Verhältnissen herauszukommen. Eingebettet, kann Statistik und Epidemiologie sehr hilfreich sein. Entscheidend ist: Diese Art von Wissenschaft braucht einen gesellschaftstheoretisch und sozialphilosophisch inspirierten Hintergrund. Doch diese Art von Wissenschaft ist bei staatlichen und staatsnahen Institutionen wenig beliebt. Denn diese sind weder an kritischer Theorie, noch an Einblick in die wirklichen Lebenswelten interessiert.

Das alles kennt man und frau im sogenannten Wissenschaftsbetrieb schon lange, und genau das macht den Unterschied zwischen affirmativer und kritischer Wissenschaft aus. Was in den letzten Jahren überrascht, ist der Umstand, dass auch innerhalb der sich kritisch verstehenden Wissenschaft Mauern und Fallgruben errichtet wurden, auf die mensch zunächst gar nicht gefasst war. Das hat nicht nur mit der sich etablierenden Frauen- und Genderforschung zu tun, sondern auch mit den darin sich festsetzenden Theoriesystemen, die sich zuweilen als neue Dogmatismen gebärden. So scheint sich der Dekonstruktivismus als gute Möglichkeit zu erweisen, insbesondere marxismusverdächtige Theorien aus der Wissenschaftslandschaft zu vertreiben.

Doch nicht nur Marxismus und Kritische Theorie, sondern auch Phänomenologie und Aufklärungsphilosophie insgesamt gelten als überholt. Sie werden als fundamentalistisch eingeschätzt, als große Erzählungen, d.h. als Theoriegebilde, welche die Katastrophen des 20. Jahrhunderts mitverursacht oder gar legitimiert hätten. Selbst wenn darin ein Körnchen Wahrheit steckt, so ist dies nur ein Körnchen. Auf die Kritische Theorie jedenfalls können sich die Aufklärungsgegner nicht berufen. Max Horkheimer war, wie allen seinen Mitstreiter/innen, immer wichtig, am Postulat der Aufklärung festzuhalten, dem Menschen zu verhelfen, sich aus seiner Unmündigkeit zu befreien, ihnen zu verhelfen, autonome Menschen zu werden. Sicher: Über den Begriff der Autonomie muss diskutiert werden. Festzuhalten aber gilt: Dass Aufklärung in Form von vermessender, zurichtender und zerstörerischer Wissenschaft ins Gegenteil umgeschlagen, Aufklärung in Form von Wissenschaftsgläubigkeit zur Mythologie geworden ist, ist nicht der Aufklärung geschuldet, sondern dem herrschenden gesellschaftlichen Kontext, der die Aufklärung ins Menschenfeindliche verdreht.

Wie steht es um die Aufklärung? Seyla Benhabib fragt in ihrer Auseinandersetzung mit feministischen Theoretikerinnen erschrocken, ob es denn angezeigt sei, sich völlig von der Idee des autonomen Subjekts zu verabschieden, sie fragt, ob wir uns nur noch als ewig fragmentiert und dezentriert begreifen müssen, und wenn ja: wie unter diesen Bedingungen überhaupt noch politisches Handeln möglich sein soll (Benhabib 1995, S. 217ff.). Und die Wiener Sozialforscherin Esther Marian beklagt bitter ihre universitären Erfahrungen, nach denen alleine schon Fragen nach dem autonomen Subjekt, auch kritisch-nachdenkliche Rückfragen, als »völlig veraltet«, als »theoretisch zurückgeblieben« denunziert werden (Marian 2009). Es geht nicht darum, die Kant'sche Idee des autonomen, souveränen, kohärenten Subjekts in ihrer gleichsam ursprünglichen Form zu retten. Es ist dem Autor eher um die Frage Benhabibs zu tun, wie ein Ich im Kontext mit dem Anderen, trotz innerer Gespaltenheit, trotz innerer Widersprüchlichkeit, trotz eines Unbegreifens seines Selbst, dennoch ein handelndes und verantwortliches Ich werden kann. Diese Frage verweist entschieden auf die Frage der

Leiblichkeit. Anhand dieser zu Unrecht vernachlässigten, oftmals missverstandenen und trivialisierten Kategorie soll im Folgenden versucht werden, die gestellten Fragen aufzugreifen und ein kritisches Konzept von Leiblichkeit und Subjektivität zu skizzieren.

Der Leib bei Marx, Nietzsche, Husserl, Merleau-Ponty

Der Begriff des Leibes im Unterschied zu dem des Körpers ist ein Spezifikum der deutschen Sprache. »Corpus« ermöglichte diese Unterscheidung im Wort selbst noch nicht, wobei aber, beispielsweise bei Baruch de Spinoza – in Abgrenzung und im Gegensatz zu René Descartes – der Leib nicht getrennt vom Bewusstsein, sondern als Einheit von Geist und Körper gesehen wird. Leib und Leiblichkeit haben sich im deutschen Idealismus als Vorstellung von einem beseelten, bewussten, wahrnehmenden und handelnden Körper einer menschlichen Persönlichkeit herausgebildet. Karl Marx benutzt den Begriff des Leibes völlig selbstverständlich, um ihn sowohl zur Natur zugehörig wie zugleich bewusst die Natur verändernd herauszustellen. Wenn der Mensch leben und überleben will, muss er in den Stoffwechselprozess mit der Natur eintreten. Er tut dies vermögens seiner »physischen und geistigen Fähigkeiten, die in der Leiblichkeit, der lebendigen Persönlichkeit eines Menschen existieren und die er in Bewegung setzt, sooft er Gebrauchswerte irgendeiner Art produziert« (Marx 1970, S. 181). Das Vermögen des Menschen zum Stoffwechselprozess mit der Natur bezeichnet Marx als Arbeitsvermögen oder Arbeitskraft, die, sobald sie im Rahmen des Verwertungsprozesses verkauft werden muss, den Menschen von sich selbst, seiner Leiblichkeit, seiner Sozialität und von der Natur entfremdet. Schon bei Marx spielt die Sozialität, d.h. die Tatsache, dass der Lebensprozess nur in Gemeinschaft mit anderen möglich ist, eine entscheidende Rolle. Indem der Kapitalismus und insbesondere der neoliberale Kapitalismus die Gemeinschaftlichkeit zu zerstören sucht, indem er uns Menschen gleichsam gegeneinander aufhetzt, werden die elementaren Grundlagen menschlichen Lebens wie der Natur insgesamt angegriffen und unterhöhlt.

Die Arbeiterbewegung bzw. ihre führenden Theoretiker haben diese Zusammenhänge wenig beachtet und die Problematik des Kapitalismus ökonomistisch verkürzt. Die bürgerliche Sichtweise, Arbeiter und Arbeiterinnen nur als Arbeitsmaschinen wahrzunehmen, wurde unversehens reproduziert. Der Leib verkam zum Arbeitskörper. Freie Denker wie beispielsweise Paul

Lafargue, aber auch Friedrich Nietzsche, haben der Leiblichkeit einen hohen Stellenwert beigemessen. »Am Leitfaden des Leibes« (Nietzsche) werden aus versklavten Menschen souveräne, handelnde und weltverändernde Persönlichkeiten, sofern ihr leibliches Leiden der Erkenntnis anmeldet, dass – wie es später einmal Theodor W. Adorno ausdrücken sollte – »Leiden nicht sein, dass es anders werden solle« (Adorno 1966, S. 203). Auch wenn Nietzsche ein kranker bürgerlicher Philosoph gewesen ist, auch wenn seine Philosophie von reaktionären Eliten und von Nazis missbraucht wurde, auch wenn sie Ansatzpunkte für Missbrauch bot – sie überschreitet die bürgerlichen Gesellschafts- und Lebensvorstellungen meilenweit, ja: sie steht in vielen Punkten in völligem Gegensatz zu ihnen. Adorno, Foucault und viele andere haben das erkannt. Eine kritische Theorie des Subjekts ist ohne Nietzsche nicht zu denken.

Die Leiblichkeitsphilosophie hat – nach Nietzsche – entscheidende Impulse durch Edmund Husserl erhalten, dessen Wirken Ende des 19. Jahrhunderts begann (Danzer 1995, S. 100ff.). Dem Mathematiker Husserl kamen Zweifel, ob die quantitative Vermessung, Beschreibung und Verplanung der Welt der Menschheit wirklich helfen würde. Zwar erkannte er den Zusammenhang zur quantitativen Wertbestimmung der kapitalistischen Warenproduktion und damit auch des Menschen nicht, doch er kam immer mehr zu der Auffassung, dass Mathematisierung, Kategorisierung, und Schematisierung den Blick auf die Lebenswelt verstellen. Er wollte »zurück zu den Sachen«, »zurück zu den Phänomenen«, und damit begründete er die Phänomenologie. Die Kritische Theorie, so beispielsweise Max Horkheimers »Zur Kritik der instrumentellen Vernunft« (Horkheimer 1947, 1967) oder Herbert Marcuses Werk »Der eindimensionale Mensch« (Marcuse 1964, 1967) sind stark von Husserl beeinflusst, ebenso wie – über viele Vermittlungsschritte – die Alternativbewegung der 1970er und 1980er Jahre. Gegen die Zumutungen und Zurichtungen, gegen die Einzwängung des Menschen in vorgegebene Rollenmuster, war die Betonung der »Lebenswelt in ihren unendlichen Füllen« (Husserl 1982, S. 55) geradezu befreiend.

Ganz entscheidend für die Weiterentwicklung der Phänomenologie war der Existenzialismus, insbesondere derjenige Maurice Merleau-Pontys (1945, 1965). Hier verschmelzen Hegel'sche Dialektik und materialistische, von Feuerbach und Marx beeinflusste Sichtweisen nicht nur mit Husserl und Heidegger, sondern auch mit dem damaligen Erkenntnisstand in Neurologie, Psychologie und Soziologie. Merleau-Ponty versuchte zu verstehen, wie Passivität und Aktivität, letztlich: ein »Zu-sich-kommen« der Menschen möglich ist. »Nicht die Wirtschaft oder die Gesellschaft, betrachtet als unpersönliche Mächte, qualifizieren mich als Proletarier, sondern die Gesellschaft und die Wirtschaft, so wie ich sie in mir selber trage und sie erlebe.« (Ebenda, S. 504) Das Subjekt erlebt die Gegebenheiten als »Fatum«, das es zumeist erduldet, manchmal gestaltet, in bestimmten Situationen aber auch überwinden kann. Doch gilt auch hier: »Weder das Fatum, noch die es zerbrechende freie Tat sind eigens vorgestellt, sie sind in Zweideutigkeit erlebt.« (Ebenda) Der Phänomenologie ist es darum zu tun, die Betrachtung der menschlichen Geschichte in den Kontext der stofflichen Welt zurückzuverlegen oder zurückzuholen, d.h. jene dahin zurückzubringen, worin diese sich real entwickelt und real verwickelt ist. Dieser Kontext wird negativ sichtbar in den Auswüchsen des kapitalgetriebenen physikalischen, chemischen und biotechnischen »Fortschritts«, welcher das Leben von Millionen von Menschen zerstört hat – und hier wiederum in erster Linie das Leben von Arbeitern und Arbeiterinnen – und weiter zerstören wird, wenn dem nicht Widerstand entgegengesetzt wird.

Der stoffliche Kontext aber ist im positiven Sinne, welcher der Widerständigkeit zugrunde liegt, ein sich im Mensch-Natur-Stoffwechselprozess herstellender Gebrauchswert-Kontext. Hier eröffnen sich Dimensionen, die Karl Heinz Roth (2007) als »Subjekt-Reste« und als »Nicht-Wert« bezeichnet. Roth macht bewusst, dass es der Idee der Arbeiteremanzipation nie alleine um die Verteilung von Macht und Reichtum ging, sondern immer auch darum, der Gebrauchswertebene zu ihrem Recht zu verhelfen. In der emanzipatorischen Perspektive geht es um eine gebrauchswertorientierte Sozialität im Sinne einer weltweiten Befreiung aus körperlicher und geistiger Not und einer Transzendenz zu allseitiger Entfaltung des Menschen in seiner Vielgestaltigkeit. Der Vulgärmarxismus betrachtete den Menschen nur als Teil des kollektiven Arbeitskörpers, nicht oder nur selten als Wesen aus Fleisch und Blut mit Schmerz und Lust, als Individuum mit Ängsten, Träumen, Hoffnungen und Sehnsüchten. Der Vulgärmarxismus hypostasierte Kollektivität zum Generalmaßstab. Individualität galt nichts, ganz im Gegensatz zur Vision des Kommunistischen Manifestes, das »die freie Entwicklung eines jeden (zur) Bedingung für die freie Entwicklung aller« machte. Gemeinschaft im emanzipatorischen, besser: im befreiten Sinne ist nur denkbar als Gemeinschaft freier Menschen. Deshalb ist es nicht verwunderlich, dass nach den Gräueln des Stalinismus – beispielsweise in Paris, Prag, Budapest – sich marxistische Erneuerungsbewegungen bildeten, die sich deutliche Anleihen aus der bürgerlichen Philosophie, insbesondere der Phänomenologie und der Psychoanalyse holten. Es ging und geht um eine kritische Theorie des Subjekts, und diese ist ohne eine kritische Theorie der Leiblichkeit nicht denkbar.

Der Leib ist Medium unserer Verankerung in der Welt und zugleich Medium unserer Welthabe und Weltveränderung. Der Leib ist wahrnehmbar, formbar, empfangend und zugleich wahrnehmend, gebend, formend und verändernd. Existenz begreift Merleau-Ponty als ein »Zur-Welt sein« (être-au-monde). Menschliche Existenz bedarf zugleich eines natürlichen, dem Körper nahekommenden, und kulturellen, schöpferischen Leibes. Leibhaftige Vernunft geht über den Gegensatz von Naturalismus und Rationalismus hinaus: Sie impliziert Initiative, Intentionalität und Transzendenz, d.h. eine Offenheit für die Welt. Sie verleiht dem sinnlich Wahrgenommenen kulturelle Bedeutungsgehalte, einen Überschuss an Sinn – immer mit der Begrenzung durch die materielle Gebundenheit ringend. Diese ambivalente Spannung macht die Uneindeutigkeit (ambiguité) aus, welcher der Mensch unweigerlich ausgesetzt ist und zugleich mit ihr in einer aktiven Weise umgehen muss. Nicht mehr die Trennung zwischen Körper und Geist, sondern die – den Dualismus überwindende aber höchst spannungsreiche – Ambiguität des Leibes ist für die Phänomenologie der Bezugspunkt praktischen alltagsweltlichen wie politischen, präventiven und therapeutischen Handelns. Der Leib-Körper-Gegensatz drückt – hier immer noch in der Sichtweise Merleau-Pontys – die Spannung aus zwischen dem, was mich trägt und dem, was mich belastet. Normalerweise fühlen und empfinden, sprechen und handeln wir mit Hilfe unseres Leibes, ohne diesen dabei zu bemerken. Situationen der Begrenzung – Müdigkeit, Krankheit, Alter, Sterben – machen uns schmerzlich klar, dass wir einen Leib haben. Solche Situationen »schieben das Medium in den Vordergrund und lassen die Welt in den Hintergrund treten« (Danzer 1995, S. 169). Aber auch Situationen der Entrechtung, Entwürdigung und Beleidigung gehen durch unseren Leib hindurch und erzeugen Aufbegehren und Wut. Den Rationalisten sei ins Buch geschrieben: Die Verschlungenheit unseres Denkens mit unserer Materialität und Animalität stößt unablässig die Vernunft an ihre Grenzen und über ihre Grenzen hinaus (Meyer-Drawe 1990).

Leiblichkeit und Biografie unter Lohnarbeitsbedingungen

Leiblichkeit als kritisch-philosophische Reflexion des Leibes besitzt eine biografietheoretische Dimension. Es gibt einen Zusammenhang von erlebten Belastungen und Ressourcen, von erlebter persönlicher Geschichte und dem leiblichen Befinden, Gesundheit und Krankheit. Biografie ist erfahrene, erlebte, gedeutete Lebensgeschichte, ist Ergebnis eines umfassenden Stoffwechsels des Menschen mit seinen materiellen, sozialen und kulturellen Umwelten. Die Bremer Biografieforscherin Annelie Keil schreibt: »Biographie entsteht, indem wir leben und uns leibhaftig entwickeln, uns anpassen und Widerstand leisten, Zugriffe auf Zukunft wagen und gleichzeitig die Not, auf das Vorhandene zu antworten, aushalten. Im Auferlegten beginnt die Freiheit wie die Erfindung des Lebens. Insoweit ist Biographie die schwierige Antwort auf die Provokation, die Leben heißt. Sie entsteht aus der Offenheit der Zukunft und versucht die leibhaftige Geschichte jedes einzelnen Menschen zu schreiben.« (Keil 1999, S. 78) Symptome sagen etwas über den so gewordenen Zustand, über lange verleugnete Belastungen, über lange verdrängte Lebensimpulse; und auch der Zeitpunkt sagt etwas über die Konflikt-Konstellation, in der die jeweilige Lebensgeschichte steckt. Ähnlich wie Husserl versucht Merleau-Ponty ein Programm zu postulieren, wissenschaftliches Denken zurückzubeziehen auf den Boden lebendiger Erfahrung, auf die Lebenswelt, der es ursprünglich entspringt. Doch im Unterschied zu Husserl nimmt Merleau-Ponty die Leiblichkeit selbst nicht wieder zurück in ein wie auch immer geartetes transzendentales Ego, weil die Genesis des Ich nie »vollendet« ist, sondern immer im Medium naturhafter und sozialer Kontexte verbleibt. Zugleich ist der Leib selbst »gleichsam eine vorläufige Skizze meines ganzen Seins« (Merleau-Ponty 1965, S. 234), eines Seins in Sozialität. Bei Merleau-Ponty ist Transzendenz immer auf Gesellschaft gerichtet.

Doch Gesellschaft ist ein In-sich-Widersprüchliches, Leid-Erzeugendes (Dreitzel 1968). Und so schließt sich die Frage an: Warum gehen Menschen nicht in den Widerstand, sondern passen sich – das ist ja historisch leider die Regel – den lebensfeindlichen Verhältnissen an? Warum erleiden sie, statt zu kämpfen? Warum bleiben sie in der Isolation, statt sich ihrer Gemeinschaftlichkeit, ihrem Mitsein, zu erinnern? Warum ertragen sie so oft Erniedrigung, Schmerz, arbeits- und berufsbedingte Krankheit und frühen Tod? Entscheidend ist hier der Zwang, sich in Lohnarbeit verdingen oder sich in (Schein) Selbständigkeit dem gnadenlosen Markt aussetzen zu müssen. Um im realen Arbeitsprozess standhalten zu können, muss ich mir einen Körperpanzer zulegen. Wilhelm Reich kommt das Verdienst zu, diesen Zusammenhang erkannt zu haben. Und es ist nicht nur der faschistische Kontext, es ist der kapitalistische Kontext schlechthin, der den arbeitenden Menschen zwingt, sich zu verpanzern, um sein Ich vor dem Fragmentieren und Zusammenbrechen zu bewahren (Theweleit 1978). Dem »maschinisierten Leib«, so Klaus Theweleit, entspringt die Notwendigkeit, »das eigene Menschliche, das Es, die Produktivkraft des Unbewussten, in sich zu beherrschen«. Und weiter: »Das eingeschlossene Innere transformiert der Panzer zum Treibstoff seiner Geschwindigkeit, oder aber: Er schleudert es aus sich heraus. Als ihn dann Äußeres kann er es bekämpfen…« (Ebenda, S. 188) Wir beobachten aber auch eine andere Art und Weise der Panzerung: Das Sich-nach-außen-Abdichten, die somatische und emotionale Einigelung, die Abkühlung, ja: das Einfrieren – ein Prozess, der mit dem Begriff der Depersonalisation bezeichnet werden kann. Die Betroffenen spüren weniger Schmerz, sie ertragen – zumindest eine gewisse Zeit – belastende Verhältnisse besser. In der Konsequenz werden die Betroffenen gefühllos gegen sich und andere, sie empfinden weder Freude noch Trauer, sie treten gleichsam aus ihrem Leib heraus. Die Art von Panzerung kann als ein Kaltwerden verstanden werden, eine Kälte, die der Person die Härte verleiht, rücksichtslos gegen sich und andere einen als notwendig erachteten Weg zu gehen. Je entfremdeter, je menschenfeindlicher die Verhältnisse sind, desto kälter, härter und rücksichtsloser muss man werden. In unseren Forschungen zum Lebensschicksal ehemaliger Werftarbeiter in Bremen (Hien 2007, S. 72ff.) – zehn Jahre nach der Schließung der letzten Großwerft, des Bremer Vulkan – haben wir auch diesen Typus der »Durchhalters«, des »Sich-Durchbeißenden« gefunden. Die Betroffenen haben die Fähigkeit entwickelt, ihre Schmerzen, ihre Erschöpfung und ihre Krankheiten jahrelang zu verleugnen und Symptome zu unterdrücken. Ihr Körper arbeitet weiter, maschinenhaft, bis zum völligen Zusammenbruch. Gleich welche Art von Panzerung sich der Mensch antut: Der Leibkörper wird hinsichtlich Wahrnehmung und Empfindung »kaltgestellt«, wird unempfindlich gemacht, wird anästhesiert. Doch der gepanzerte Körper wird krank, somatisch oder psychisch oder beides, und irgendwann, früher oder später, bricht diese Krankheit durch den Panzer hindurch.

Krankheit ist eine Form der Selbstkritik, die ans Licht bringt, was einem gesunden Leben noch fehlte oder die Gesundheit zu ihrem Lebensentwurf bräuchte. Insofern ist Krankheit – biografisch gesehen – auf die Kritik der Verhältnisse gerichtet, die dieses Leiden erzeugen – die Verhältnisse in uns und in der Welt, die uns umgibt. In Krankheit drückt sich nicht nur die leibhafte Rebellion gegen gesellschaftliche Inhumanität aus, sondern auch das Bloch'sche Noch-Nicht, das zur Wirklichkeit drängt und an ihr verzweifelt. Es gibt kein richtiges Leben im Falschen, sagt Adorno, doch erst die Ahnung des Utopischen verleiht dem beschädigten Leben Sinn, nämlich den, das Falsche, das Ungelebte, zu erkennen und es – wie kindhaft auch immer – gegenüber der Gesellschaft einzuklagen. In seinem Kampf um Anerkennung durchlebt der so Zu-sich-kommende noch einmal, anders, korrigierend, seine Geschichte. Spürt der Betroffene, dass er gescheitert ist, tut er – und dies ist in der Tat ein sehr »männliches« Problem – sich schwer, über den Kern seines Scheiterns oder seiner Schwierigkeiten zu sprechen. Die Rede darüber bleibt ihm »im Halse« stecken, eher überkommt ihn diffuse Verzweiflung, Wut, Hass. In seinem Leib aber ist der biografische Verlauf »eingeschrieben«. In der Leibhaftigkeit kristallisiert sich die Widersprüchlichkeit des Lebens: Der Überschuss an vermeintlichem Sinn wird gebrochen durch einen Überschuss an Realität, der nicht nur jede Intention hinter dem Gegebenen zurückbleiben lässt, sondern auch den »ursprünglichen« Sinn überformt, gravierend verändert, vielleicht sogar – aus dem Leiden heraus – völlig neu erschafft, als Figur der Klage und Anklage, nicht selten als Figur von Schuld und Sühne. In der Grenzsituation des Ausgeliefertseins »fällt uns die Wirklichkeit ins Wort«. Wir erfahren den eigenen Leib in seiner körperlichen Verletzlichkeit. In biografischer Perspektive erlebt der Betroffene einen elementaren Bruch, der einer Erschütterung gleichkommt. War ihm doch sein Leib, d.h. sein Vehikel des Zur-Welt-Seins, das »Instrument«, auf das er sich verlassen, mit Hilfe dessen er sich auf ein bestimmtes Milieu einlassen, sich mit einem bestimmten Vorhaben identifizieren und sich darin beständig engagieren konnte. Nun ist das Milieu zum Feind, das einstige Vorhaben zum Gegenstand des Verzichts, der Entsagung und der schmerzhaften Erinnerung geworden. Und doch spürt der nun kranke Mensch, dass nicht nur blinder Zufall, nicht nur dunkles Schicksal, sondern auch eigenes Tun und Lassen zu diesem bitteren Ergebnis geführt haben – auch auf vertrackte Weise erklärlich, hat er sich doch in jüngeren Jahren stark und unverletzbar gefühlt. »Psychologische Motivation und körperliche Anlässe können sich miteinander verflechten, da es keine einzige leibliche Bewegung gibt, die einen absoluten Zufall darstellt gegenüber den psychischen Intentionen, und keinen einzigen psychischen Akt, der nicht wenigstens seinen Keim und seine allgemeine Vorzeichnung gefunden hätte in den psychischen Dispositionen.« (Merleau-Ponty 1965, S. 113)

Dieser Gedankengang – biografietheoretisch interpretiert – erscheint vielschichtig und schillernd: Die doppelte »Vorzeichnung« in gesunden Jahren führt zu einer Überschätzung der leiblichen Ressourcen – doch sind da nicht immer auch Vorzeichen der Begrenzung, eigene, leiblich-körperlich wahrnehmbare, andere, kognitiv wahrnehmbare, aus der eigenen Familie, aus dem Kollegen- und Freundeskreis, Warnungen, die durchaus unter die Haut gehen, aber doch nicht *wahr*genommen werden? »Ein Kranker«, sagt Merleau-Ponty, »fühlt in seinem Körper die Anwesenheit einer zweiten Person« (ebenda). Ist dies nicht auch schon beim Gesunden der Fall? Fühlt er – und wieder ist hier ein »Männlichkeitsmuster« gemeint – in seinem Leib nicht auch die Stimme der Achtsamkeit, der Vorsicht, der »inneren Frau«, die er andauernd zu übergehen sucht? Unser Leib besitzt eine eigentümliche Zeitstruktur: Solange ich lebe, kann er nicht einfach »vergangen« sein, noch kann ich ihn ganz »vergessen«, weil er manifestierte Geschichte ist, insofern Vergangenes gegenwärtig ist, wohl aber kann ich Unbeschwertes, vielleicht auch Unangenehmes vergessen, ins Unbewusste verdrängt haben.

Doch es gibt bekanntlich eine Wiederkehr des Verdrängten. Dies ist das Gebiet der Psychoanalyse, die sich mit Konversions-Symptomen befasst, d.h. mit der Frage, wie Seelisches als Verdrängtes sich in Körperliches wandelt. Für die Phänomenologie ist darüber hinaus aber auch die umgekehrte Frage von Bedeutung, nämlich die, wie Körperliches sich in psychischen und geistigen Prozessen niederschlägt. Erfahrung ist vor diesem Hintergrund niemals eine des Ich im Sinne einer autonomen Subjektivität, sondern immer auch eine des Ich »als eines in eins und unteilbar vom Strome der Zeit fortgerissenen und wiederhergestellten« (ebenda, S. 257). Existenz fasst Merleau-Ponty als fragile Einheit von Leib und Bewusstsein, weil sie sich nur verwirklicht »als wirklich Leib Seiendes und durch diesen Leib in die Welt Eingehendes... Wir sind zur Welt, das heißt: Dinge zeichnen sich ab, ein unermessliches Individuum behauptet sich, jede Existenz umfasst sich selbst und umfasst eine jede andere. Es bleibt uns nichts, als diese alle unsere Gewissheit begründende Phänomene anzuerkennen. Der Glaube an einen absoluten Geist oder an eine von uns losgelöste Welt an sich ist selbst nur Rationalisierung jenes Urglaubens.« (Ebenda, S. 464) Nicht nur, dass Merleau-Ponty auf einem Weltbegriff besteht, der zugleich stofflich, sozial und geistig ist – er kritisiert unmissverständlich den philosophischen Idealismus und den Spiritualismus genauso, wie er den die Subjekt-Objekt-Dialektik ignorierenden Positivismus ablehnt, der eine Welt »an sich« annimmt.

Eine solche Sichtweise kann Gesundheit, Krankheit und Altern nur »messen«, doch nicht als Phänomene der erlebten Biografie begreifen.

Leiblichkeit als Verletzlichkeit, Fragilität und Zerbrochenheit

Leib und Biografie sind Ausdruck unserer – wie es der konservative Neurologe und Psychosomatiker Viktor von Weizsäcker ausdrückt – »pathischen Existenz«, einer Existenz, die sich wesentlich durch die Tatsache beschreiben lässt, »dass der Mensch ... von allem Anfang an als unzulänglich, unfertig, ergänzungsbedürftig, veränderungssüchtig, indeterminiert, defekt oder ohnmächtig, in jedem Falle also nicht als das Sein selbst, nicht ewig, sondern zeitlich auftritt; nicht als einer oder etwas, den oder das es ›gibt‹, sondern als einer oder etwas, das wird oder ›werden‹ will, kann, soll oder muss« (von Weizsäcker 1956, S. 62). Im Verhältnis von Leib und Biografie erfahren wir etwas über die Tatsache, wie mit einem Menschen umgegangen wird und wie er selbst mit sich umgeht. Um dies zu erkunden, müssen wir eine Art Reise in die »pathische Landschaft« (Weizsäcker) antreten, eine Reise in die leidenschaftlich wahrgenommene Welt, die in ständiger Veränderung ist und in der wir nur wahrnehmen können, wenn wir uns bewegen, aber gleichzeitig jede Wahrnehmung von der Bereitschaft getragen ist, sich weiter zu bewegen. So schichten sich Erfahrungen gelebten, aber auch Erfahrungen nicht gelebten, gewünschten, versagten Lebens in uns auf. Die biografisch sedimentierte Leiblichkeit erzählt also von einer Lebens- und Arbeitswelt, die der Mensch durchlebt, erleidet, aktiv gestaltet und anhand ihrer Phantasien und Wünsche entwickelt hat, welche er wiederum leben oder nicht leben konnte, bzw. im aktuellen Sein: kann. Wir versuchen, uns in oder nach jeder Krise neu zu orientieren. Doch die häufig kognitivistisch verkürzte Biografieforschung hat keinen zureichenden Begriff des im Leiblichen verborgenen Wissens, des hinter der Identität liegenden Nicht-Identischen, des »wilden« Empfindens, Denkens und Handelns, der sich körperlich in uns eingrabenden Verletzungen und Versagungen und »dem Schrei« nach Veränderung. Es sind dies die – wie Alheit in Anlehnung an Bourdieu formuliert (Alheit 1996) – »versteckte(n) Referenzen an die strukturellen Bedingungen, die uns aufgegeben sind«, und zugleich an die darüber hinausweisenden »Überschüsse«. Die Beschäftigung mit dieser »Biographizität«, d.h. mit der fortdauernden Selbstauslegung der Individuen, dient keinem Selbstzweck. Sie verhilft dem Subjekt über Krisen hinweg zu Übergängen in neue Qualitäten des Selbst- und Weltbezuges, zu Übergängen ins Politische. Entscheidend hierbei ist: Möglichkeitsräume und Grenzen gibt uns unserer Leiblichkeit vor. So lässt sich auch sagen: Ein Konzept biografischen Lernens braucht einen Zugang zur leiblichen Ambiguität, d.h. einen Zugang zu den uns zerreißenden und zugleich einenden Uneindeutigen in uns und der Welt, die uns umklammert und die uns zugleich freigibt.

Etwa zeitgleich mit Merleau-Ponty entwickelte der Psychoanalytiker Jacques Lacan seine Theorie des fragmentierten und dezentrierten Subjekts, dessen materielle Grundlage der »zerstückelte Körper« sei. Lacan denkt Sigmund Freuds Annahme, dass das Ich erst durch das Aufeinandertreffen von biologischen Trieben und gesellschaftlichem Überich entsteht, einen entscheidenden Schritt weiter: »Das Ich ist ein Mangel«, sagt Lacan, ein Mangel, aus dem heraus ein unersättliches Begehren entsteht, das nur von anderen Menschen, vom Anderen, befriedigt zu werden scheint und doch nie befriedigt werden kann (Lacan 1991, S. 72ff.). »Im Bild des Anderen, das sein eigenes antizipiertes Bild ist«, findet der zerstückelte Körper zu einer wie auch immer gearteten, fragilen, illusionäre Einheit zusammen (Meyer-Drawe 1990, S. 112ff.). Lacan steht in der Tradition des Strukturalismus, nach dem ein Begreifen der Welt und des selbst erst durch kulturell geformte und mit Sinn beladene sprachliche Zeichen – Signifikanten – und Zeichenmuster hindurch möglich ist. Erst die Imagination des Eigenen durch das Andere erzeugt das leibliche Selbst, das eingedenk seines imaginären Ursprungs brüchig, gespalten und im Grunde immer »ein Mangel« bleibt.

So befremdlich zunächst diese Gedanken sein mögen: Sie schließen in einer gewissen Weise an Hegel, Feuerbach, auch an Husserl und Merleau-Ponty an. Der Gedanke, nur durch den Anderen und das »große Andere« zum Ich zu werden, ist für eine radikal an Sozialität orientierte Sozialphilosophie elementar. Auch dass Wahrnehmung und Begreifen über Signifikantenketten erfolgen, ist einleuchtend. Anthropologisch freilich scheint die Lacan'sche Theorie wie auch durch den nach ihm kommenden Poststrukturalismus durch die Annahme getrübt, dass der Mensch zunächst prinzipiell »ein Nichts« sei, dass er als vollkommen unbeschriebenes Blatt auf die Welt komme. Auch Michel Foucault sieht – aus der Psychiatrie kommend den Menschen, d.h. seinen Leibkörper, als Medium, das zunächst alleine durch die ihn umgebenden Machtstrukturen bestimmt, definiert, gleichsam erschaffen wird. In diesen Strukturen bilden sich nach Foucaults Meinung neue, widerständige Machtstrebungen heraus, mit Hilfe derer sich der Mensch leibhaftig in der Welt behauptet (Foucault 2005). Foucault entwickelt anhand der Disziplinargesellschaft des 18. und 19. Jahrhunderts den Begriff der Biomacht bzw. Biopolitik, d.h. einer Politik des direkten Zugriffs auf unsere Körper. Weiterentwickelt und angewandt auf die heutige Kontrollgesellschaft und diejenige der Schaffung »neoliberaler Selbste« ist Biopolitik eine Politik der Inszenierung von Körpern im Konkurrenzkampf auf dem Arbeits- und Lebensmarkt (Kreisky 2003). Leibvergessenheit und Körperkult gehen Hand in Hand. Die Macht des Visuellen ersetzt die Berührung. Subjekte – darin steckt das lateinische »subiectum«: das Daruntergeworfene – sind zugleich Unterworfene und Gestaltende. Was zählt sind Rollen und Masken, was zählt, sind Identitäten, die in Wirklichkeit zugeschrieben, durch die Verhältnisse erzwungene Identitäten sind. Es ist Jacques Derrida, der noch einmal – hier der älteren Kritischen Theorie folgend – mit der Identitätsphilosophie ins Gericht geht (Rentsch 2014). Er dekonstruiert die herrschaftlich zugerichtete Identität und setzt gegen die Einheit die Vielfalt des Lebendigen.

Judith Butler bezieht sich unter vielen anderen auf die »Vordenker« Adorno, Lacan, Foucault und Derrida und entwickelt die Idee des leiblichen Subjekts als von Strukturen bestimmtes und zugleich handelndes entschieden weiter (Butler 2007). Dabei kommen eigenartige und – für an Kant, Hegel und Marx geschulte Köpfe – ungewohnte Gedanken zum Tragen. Das Subjekt ist von Anfang an Bedingungen ausgesetzt, zu denen es nie einen Zugang finden, deren wesentliche Bestimmungen ihm unbewusst bleiben und daher immer wieder Macht über es gewinnen werden, der es sich gleichzeitig zu entwinden sucht. Das Subjekt ist in sprachlich verankerten Machtstrukturen, Normen und Regeln gefangen – die Assoziation an Paul Celans »Sprachgitter« ist keinesfalls abwegig – und kämpft zugleich dagegen an, sucht Wege der Befreiung. Doch in unserer Leiblichkeit gibt es »Sagbares und Unsagbares« (Merleau-Ponty), Sprachliches und Nichtsprachliches. Butler geht insofern über Lacan hinaus, als sie die leibliche Berührung, die taktilen Zeichen, als vorsprachliche Signifikanten in die Individuation einführt. »Es sind Zeichen eines Anderen (sic!), aber es sind Spuren, aus denen schließlich ein Ich hervorgeht …«, und sie fügt zugleich hinzu: dies sei ein Ich, »für das diese Zeichen zum Teil überwältigend und unlesbar, rätselhaft und prägend bleiben« (Butler 2007, S. 95f.). Dies verweise den Menschen auf seine unhintergehbare Sozialität, auf sein Angewiesensein auf andere, auf seine Verantwortung für andere. Autonomie ist, so Butler, eine Illusion insofern und insoweit, als eine von anderen autonome Existenz nicht möglich ist, und wenn scheinbar doch, dann nur in vernichtungsorientierter Absicht. Diese

Gedanken erinnern nicht zufällig an Theodor W. Adorno und Emmanuel Levinas. Leibliche Existenz sperrt sich gegen die rollentechnische Einordnung und »Einnordung« des Subjekts, sperrt sich gegen Zwangsidentitäten. Adorno: Leibliche Existenz verspürt Schmerz und Verletztheit, sie verspürt zugleich Widerstand, das Begehren nach dem Anderssein, nach dem ganz Anderen eines freien Lebens, in dem die vielen anderen Seiten, die Vielheiten, die Schwachheiten, die Gespaltenheiten der Person, die Andersartigkeit, das Fremde, das Nicht-Identische, ohne Angst gezeigt und gelebt werden können. Levinas: Leibliche Existenz lebt durch die Berührung, die Umarmung, die Erregung, die Erschütterung durch den Anderen, d.h. erst durch die Berührung des Anderen – im Außer-sich-Sein, in der Ekstase – werde ich meiner Existenz, meines selbst, meiner Verantwortung gewahr. Butler nutzt und überwindet zugleich das Foucault'sche Subjektverständnis, und zwar insofern, als der Mensch in den Spuren der menschlichen Geschichte lebt, in diese Spuren hineingeboren wird, womit ihm damit auch so etwas wie eine vorontologische Substanz zukommt. Das Du hat seinen Sitz in mir, sagt Butler. Und weiter: »Das Ich, das ich bin, (ist) ohne dieses Du gar nichts.« (Ebenda, S. 112) Ich bin in die Verantwortung geworfen, weil ich mit dem Anderen untrennbar verwoben und verflochten bin. Der Unterscheid zu Kant: Nicht das autonome, souveräne, selbstbewusst-starke Subjekt in dem Sinne »über allen und allem zu stehen«, sondern das verletzliche, demütige, sich ständig infrage stellende und schwache Subjekt ist zum Handeln gerufen. Zugleich tut sich ein signifikanter Unterschied zu Lacan und Foucault auf: Der Mensch kommt nicht als ein »Nichts« auf die Welt. Er wird in die Spur des Anderen hineingeboren, die ihn trägt und belastet und in der er sich neu orientieren kann und muss.

Die dekonstruktivistische Sicht des Subjekts hat weitreichende forschungspraktische Implikationen, insbesondere hinsichtlich qualitativ-biografischer Interviews. Eine Narration, d.h. eine erzählte Lebensgeschichte, ist zwar immer noch ein empirisches Datum, doch eines, das in ein besonderes Licht gerückt und mit besonderer Sorgfalt entziffert werden muss. Das Ich, das eine Geschichte von sich erzählt, kann im Grunde nicht angeben, wie es zu einem Ich geworden ist, und immer wenn es versucht, einen roten Faden zu finden, stößt es auf Unterbrechungen, Brüche, Risse und Undurchsichtigkeiten. Dieser Urgrund, der dem Bewusstsein nicht zugänglich ist, besteht aus einer unendlichen Kette von Übertragungen und Projektionen mit Vorgeschichten, die weit – zuweilen in eine unvordenkliche Vergangenheit – zurückreichen. Dieser Urgrund ist leiblich eingeschrieben. Die lange Geschichte von Herr und Knecht schwingt im Fühlen, Sprechen und Inszenieren aktuell Befragter mit. Das Ich inszeniert ein Selbst, es konstruiert ein narratives Ich, »in jedem Moment, in dem man sich in der Erzählung auf es bezieht« (ebenda, S. 91). Erzählt wird immer für jemanden, d.h. erzählt wird immer in einem Kontext der Aufforderung durch einen anderen Menschen. In der Hermeneutik, der Kunst, Texte zu verstehen und »auszulegen«, waren Widersprüche und Inkonsistenzen im Erzählstrom immer schon von heuristischem Interesse. Dem Erzählenden wurde unterstellt, er verleugne, verdränge, verdrehe, verschweige oder erfinde da etwas, das die Wahrheit verschleiern solle. Vom Strukturalismus und Dekonstruktivismus kann die Sozialwissenschaft lernen, dass in der Regel solche Ungereimtheiten dem unbewussten Urgrund unseres Seins entspringen. Erzählbrüche, Widersprüche und Uneindeutigkeiten sollen eben gerade nicht per besserwisserischer Deutungsmacht auf einen logischen Nenner gebracht werden. Sie sollen so stehen bleiben und einen Raum öffnen für ein weites Spektrum von Deutungsalternativen. Zu fordern ist eine Hermeneutik, »deren Kunst nicht darin besteht, jemanden auf das, was er faktisch gesagt hat, festzunageln, sondern vielmehr für das, was er eigentlich sagen wollte, offen zu sein« (Angehrn 2003, S. 248). Butler kritisiert, hier Derrida folgend, die im Wissenschaftsbetrieb gängige Praxis, Aussagen unter bestimmte Konstrukte zu subsumieren, ihnen damit einen falschen Sinn zu oktroyieren und einem vereinheitlichenden Zwang zu unterwerfen. Leicht gemacht wird dies durch die Praxis standarisierter Internetbefragungen. Umso wichtiger wäre es, Befragte in ihrer Leiblichkeit zu erleben, ihre Aussagen im Kontext ihres Angesichts und ihres gesamten Leibseins wahrzunehmen.

Ausgesetztsein und Solidarität: Butler, Levinas, Nancy

In ihrer Dankesrede zur Verleihung des Adorno-Preises der Stadt Frankfurt am Main sprach Judith Butler die Frage der Leiblichkeit explizit an (auch wenn für den Begriff des Körpers eher derjenige des Leibes stehen sollte): »Wir sind als Körper angreifbar… Das ist Politik, in der die performative Aktion körperlich und pluralistisch wird und sich kritisch den Bedingungen körperlichen Überlebens und Gedeihens unter den Vorgaben radikaler Demokratie zuwendet. … Wer immer ich bin, verwandelt sich im Bezug zu den anderen, da ich, um zu leben und gut zu leben, notwendig von anderen abhängig und auf andere angewiesen bin. Unsere gemeinsame Gefährdung (verpflichtet uns) … zur gemeinsamen Schaffung der Bedingungen für ein lebbares Leben.« (Butler 2012) So anders hat das auch der politisch engagierte Leiblichkeitsphilosoph Merleau-Ponty nicht gesehen. Er betont, dass es so etwas wie eine »absolute Subjektivität« nicht geben kann (Merleau-Ponty 1965, S. 509). Immer sei das Subjekt von einem »Hof von Allgemeinheit«, einem Hof von Sozialität umgeben und bestimmt. »Alles Für-sich-sein – ich für mich selbst wie der Andere für sich selbst – muss sich abheben von einem Untergrund des Seins-für-Andere, meiner für den Anderen und des Anderen für mich selbst. Mein Leben muss einen Sinn haben, den ich nicht konstituiere, es muss in strengem Sinne Intersubjektivität sein.« (Ebenda) Hier bekommt der Begriff der Zwischenleiblichkeit einen Sinn. Der Einzelne kann nur existieren, indem er weit über sich hinausgeht. Der Unterschied zu Levinas ist, dass dieser die Existenz des Einzelnen erst vom Anderen her konstituiert sieht. So auch bei Jean-Luc Nancy, der in den letzten Jahren eine berückende Philosophie des Leibes vorgelegt hat, die unmittelbar ineins geht mit einer politischen Philosophie (Nancy 2003).

Nancy denkt den Leib differenztheoretisch als Erfahrung vom Anderen her, als Erfahrung der Bezogenheit auf andere, d.h. als Erfahrung, der das Getrenntsein von ihnen zugrunde liegt. »Insofern der Mensch leiblich existiert und körperlich den anderen ausgesetzt ist, gibt es Gemeinschaft.« (Busch 2012) Und umgekehrt: Insofern der Mensch ein gemeinschaftliches Wesen ist, ohne Gemeinschaft gar nicht leben kann, bedarf er der leiblichen Berührung, um zu wissen, dass es ihn gibt, dass er existiert.

Der eigene Leib ist bei Nancy etwas Fremdes. Erst durch die Gemeinschaft werde ich meines Leibes, meiner Subjektivität, gewahr, erst durch die Gemeinschaft gibt es so etwas wie Individuierung. Dieses Geinsam-sein bildet keine Einheit, sondern bleibt in der Differenz zueinander. Zugegeben: Nancy im Original zu lesen, ist schwierig. Er entwickelt ein ganz eigenartiges System von Begriffen und Bezügen, um – wie es schon Adorno, Levinas und Derrida unternahmen – aus der Identitätsphilosophie herauszutreten und eine Philosophie jenseits des Seins Kant'scher Provenienz zu betreiben. Das Ausgesetztsein, die Exposition, ist auch hier ein ganz wesentliches Element des Denkens. »Ergo sum expositus«, heißt es bei Nancy. Die Exposition: Das ist die Gemeinschaft. Differenz ist elementar, sie verwehrt sich bei Nancy jedweder Vereinheitlichung, jedweder Einebnung, jedweder »Ganzheitlichkeit«, jedwedes Versuchs, »ein organisches Ganzes« zu bilden. Die Andersheit, seine eigene wie die des Anderen, zu achten, zu respektieren, und als Grundlage einer leiblichen Solidarität aufzufassen, die sich im politischen Widerstand manifestiert – das ist der Kern von Nancys Credo. »Singulär Plural sein« heißt eines seiner Bücher. Anders als Merleau-Ponty sieht Nancy als entscheidendes Kriterium in der Zwischenleiblichkeit nicht die Verschmelzung, sondern das dauernde Ausgesetztsein, die andauernde Ausgrenzung. Das leibliche Außen macht das Ich, nicht ein irgendwie geartetes Inneres. Doch die Haut ist durchlässig: »Die Berührbarkeit durchdringt den Körper (hier ließe sich eher Leib sagen, W.H.) anstatt durch seine Hülle begrenzt zu werden.« (Nancy 2003, S. 314) Das Außen wird zum Inneren. Nancy begründet mit diesem Gedanken ein neues Konzept von Seele: »Die Seele ist durch den ganzen Körper hindurch ausgedehnt.« (Ebenda, wörtliches Zitat von Nancy) Zugleich erstreckt sich das Denken entlang der leibkörperlichen Ausgedehntheit, im Grunde also schlägt Nancy hier ein neues Konzept von Körper-Leib-Seele-Geist-Einheit vor, deren wesentlichen Eigenschaften oder Kennzeichen freilich Differenz, Fremdheit, Vielheit, Gespaltenheit, Fragmentierung, d.h. eben gerade nicht die »Ganzheitlichkeit« darstellen. »Das Ganze ist das Unwahre« (Adorno), vollkommene »Stimmigkeit« eine Illusion. Es gilt zu akzeptieren, dass wir gespaltene, zerrissene und genau deshalb sehnsuchtsvolle Subjekte sind, die elementar auf andere angewiesen sind. Unbestritten: Jeder Mensch sehnt sich nach Authentizität, Identität und unverwechselbarer Subjektivität, die ihm oder ihr auch zukommen, doch – hier sei Nancy in seiner eigentümlichen Diktion einmal wörtlich zitiert – »unter der Bedingung, dass die Subjektivität dieses Subjekts immer als ein Außer-sich-Sein verstanden wird, als ein Sich-Spüren, jedoch insofern, als Sich-Spüren nicht wirklich ein Sich-durch-sich-selbst-Setzen und ein Sich-an-sich-selbst-Aneignen im reinen Inneren, sondern ein Im-Äußeren-in-Bezug-auf-sich selbst-Sein ist. Man spürt sich als ein Außen.« (Nancy 2003, S. 120) Nancy setzt hier Merlau-Pontys Ontologie der Zwischenleiblichkeit und Levinas' Ontologie des Sein-durch den-Anderen fort, eine Ontologie der Ex-Position, wodurch allein Subjektivität, Identität und Selbstheit entsteht. Die Sehnsucht, »ohne Angst anders sein zu dürfen« (Adorno), verweist auf eine andere Welt – eine Welt, um die es sich zu kämpfen lohnt, immer in der Gewissheit, dass wir nur Annäherungen an das finden werden, was wir ersehnen. Sofern Leiblichkeit uns als Zwischenleiblichkeit bewusst wird, wird sie zur Macht, die verändern kann. Sich des fundamentalen leiblichen »Dazwischen«, des »Mitteilens« und des »Mitseins« bewusst zu werden, lässt – so Nancy – Potenziale entstehen, die wir brauchen, um »gegen die Barbarei des Kapitals, der Technik und des Krieges« aufzustehen.

In diesem Zusammenhang sei eine kurze Anmerkung zu der in den letzten Jahren anschwellenden Diskussion um das Thema »Embodiment« – in deutschen Texten wird von »Verkörperung« gesprochen – erlaubt (Fingerhut et al. 2013). Gemeint ist damit ein Verständnis des Körpers als »ausgedehnter Geist« (Clark/Chalmers 2013, S. 205ff.), ein von Neurowissenschaft und Analytischer Philosophie ausgehender Versuch, sich der Phänomenologie anzunähern, genauer: sich ihrer zu bedienen. Es fällt auf, dass die Sprache des Embodiment-Diskurses merkwürdig hölzern, ja fast technisch anmutet. Dies verweist auf einen entscheidenden Punkt: In den Embodiment-Konzepten bleibt der Aspekt der Transzendenz, d.h. der Aspekt des Über-sich-Hinausgehens, des Seins-für-den-Anderen unterbelichtet, wenn nicht gar völlig un-thematisiert. Ob dieser Diskurs an den der Zwischenleiblichkeit, Verantwortung und Gemeinschaft anschlussfähig gemacht werden kann, muss bezweifelt werden. Die Leiblichkeitsphilosophie sollte sich nicht von naturwissenschaftlichen oder sich naturwissenschaftlich gebenden Kontrahenten ins Bockhorn jagen lassen. Die Dinge verhalten sich eher andersherum: Es ist erstaunlich, wie sich leibphilosophische Denkbewegungen und naturwissenschaftliche Grundlagenforschung – zumindest in bestimmten Aspekten, ohne ein zugrunde liegendes Programm und sicherlich für manche überraschend und vielleicht sogar anstößig – annähern. Die Epigenetik, ein molekularbiologisch orientiertes Konzept, das die Einflüsse der sozialen Umwelt auf die Erbinformation in den Zellen untersucht, bestätigt die Bedeutung der Gemeinschaft, die Bedeutung des Anderen, die Bedeutung der Exposition. Berührung, leibliche Zuwendung, Anerkennung der leiblich-persönlichen Eigenarten, Liebe und Geborgenheit – all das verankert sich im Genom, schreibt sich gleichsam leiblich ein, und übt einen positiven – und beim Fehlen der genannten Faktoren – negativen Effekt auf das weitere Leben aus (Shanahan/Freeman 2013). Insbesondere Berührung ist überlebensnotwendig. Auch die Neurowissenschaft weiß um die Bedeutung der Zwischenleiblichkeit. Als hätte das Lacan geahnt, als er seine These des Spiegelstadiums aufstellte, nach der sich das leibliche, gleichwohl gespaltene Selbst, erst durch die Wahrnehmung des Anderen entwickelt, wird diese These durch die neurowissenschaftlichen Erkenntnisse zum Phänomen der Spiegelneuronen bestätigt (Fuchs 2012). Insgesamt muss die genetische, neurowissenschaftliche und psychologische Forschung jenseits aller deterministischen Behauptungen einräumen, dass die menschliche Entwicklung und die biografisch geprägten Eigenschaften der Person sich während eines Lebens ändern und manchmal auch unverhoffte Wendungen nehmen können. Das, was die tradierte Sozialwissenschaft als Identität bezeichnet, entwickelt sich im Laufe des Lebens in der komplexen Interaktion zwischen dem Leib selbst und der sozialen Umwelt. Dabei zeigt sich, dass es nicht die ein für allemal festgelegte, stabile Identität gibt, sondern eine Vielzahl von nicht oder nur selten kohärenten, oftmals widersprüchlich-paradoxen Eigenheiten, aber auch Möglichkeiten oder Möglichkeitsräumen, ein Nebeneinander von Identität und Nicht-Identität (Bedorf 2010, S. 109ff., 203ff.). Affirmative Wissenschaft, deren Ansinnen schlichtweg die Anpassung ist, spricht in diesem Zusammenhang von der »Lebenskunst«, die darin bestünde, die inneren Verschiedenheiten in ein »kohärentes Selbst« zu integrieren. Kritische Wissenschaft – und hier sei ausdrücklich auf Judith Butler verwiesen – ermutigt die Menschen, ihre inneren Verschiedenheiten und Vielheiten offen zu leben, sich öffentliche Räume zu verschaffen, in denen das Nicht-Identische artikuliert und leibkörperlich ausgedrückt werden kann, Räume, in denen sich Widerstand gegen Identitätszuschreibungen, Zumutungen und Zurichtungen, und in denen sich Solidarität und Gemeinschaftlichkeit manifestieren kann. Diese Gemeinschaftlichkeit ist allerdings eine ganz andere als diejenige, die sich etwa bei Ferdinand Tönnies, Alfred Weber und anderen bürgerlichen Soziologen findet. Sie ist auch ein ganz Anderes als die der Zwangskollektive im Arbeitsprozess. Es ist nicht die Gemeinschaft, die sich auf eine einheitliche und eindeutige kollektive Identität gründet – auf eine »Werkgemeinschaft«, wie Nancy es formuliert – sondern ganz im Gegenteil: anvisiert ist eine Gemeinschaft freier Menschen in all ihren Unterschiedlichkeiten, ihrer Andersartigkeiten und Fremdheiten, ihren wechselnden Expositionen und Selbstdefinitionen, ihren Stärken und Schwächen, ihrer Freude und Melancholie, ihrem individuellem Eigensinn, der sich heute so und morgen anders äußern kann. Dieses »Werden in Gemeinschaft« (Butler) ersetzt die Idee des souveränen, solistisch oder avantgardistisch oder handelnden autonomen Subjekts. Die eingangs zitierte Frage Seyla Benhabibs, ob es denn angezeigt sei, sich völlig von der Idee des autonomen Subjekts zu verabschieden, lässt sich so in die Aufforderung transformieren, den Schmerz in ein Rufen, in ein Schreien, zu verwandeln und damit das leibliche Werden in Gemeinschaft – in den Raum des Politischen hinein – zu konstituieren.

Postskriptum

Feministische, postfeministische und humanistische Perspektiven

Bei Licht betrachtet offenbart die »schöne neue Arbeitswelt« ein paradoxes Bild: Überverausgabung, Entgrenzung und 24-Stunden-Bereitschaft der »Hochleister« auf der einen Seite, Exklusion und die Verfestigung des gesellschaftlichen Segments der »Überflüssigen« auf der anderen Seite. Der postmoderne Kapitalismus selektiert. Er benötigt Personen mit Charakterstrukturen, denen Kriterien wie Härte, Durchsetzungskraft, Rücksichtslosigkeit und Unachtsamkeit eigen sind. Die Gender-Forschung konnte zeigen, dass diese Charaktereigenschaften einem sozialen Männlichkeitsmuster entsprechen, einem Muster, das nicht biologisch, sondern durch die Gravitationskraft jahrtausendealter kultureller Traditionen geprägt ist (Connell 1999). Auch wenn es an den Rändern der postmodernen Arbeitswelt begrüßenswerte Aufweichungstendenzen gibt, so stehen im Kern dieser Welt extrem harte Persönlichkeitsfiguren, die sich ungeteilt für das jeweilige und gerade gegebene Unternehmensziel einzusetzen bereit sind. Da gibt es, wie aktuelle Studien (z.B. Ziegler/Graml 2011) zeigen, wenig Platz für Kinder, Familie und nicht zweckgebundene emotionale Beziehungen. Haupternährer-Ideologie, Heldentum, Flucht aus der Familie in die Arbeit, Arbeitssucht – diese Phänomene agglomerieren zu einem Muster, das von einigen Gender-Forscherinnen m.E. zu Recht als hochgradig homolog zu neoliberalen Orientierungen begriffen wird (Griffin-Cohen/Brodie 2007). Satoshi Ikeda sieht eine »neue Form der Maskulinität«, ein »Regime der Markt-Maskulinität«, das als bewusste Gegenbewegung zur Frauenbewegung gedeutet werden kann, als »Konterrevolution des Kapitalismus gegen diejenigen, die eine Erosion des Profits verursachen wie etwa gewerkschaftlich organisierte Arbeiter oder Frauen, die gleichen Lohn und gleiche Arbeitsbedingungen fordern« (Ikeda 2007, S. 127).

Das neoliberal aufgeladene neue Männlichkeitsmuster macht vor Frauen nicht halt. Wenn Viviane Reding, Vizepräsidentin der Europäischen Kommission, fordert, mehr Frauen in Führungspositionen zu bringen und sie dies damit begründet, »dass der Betriebsgewinn in Unternehmen, in denen das Verhältnis von Frauen und Männern ausgeglichen ist, um 56% höher ist als in männerdominierten Firmen« (SZ v. 30.6.2012, S. V1/10), dann lässt sich ahnen, das damit nicht ein Mehr an Achtsamkeit, sondern ein Mehr an funktionaler, flexibler und angepasster Emotionalität gemeint ist. Zugleich wird damit die nichtfunktionale Emotionalität, die Achtsamkeit im Sinne einer vorsichtigeren, rücksichtsvolleren und verantwortungsvolleren Umgangsweise mit sich und anderen, von den Zentren des Kapitals ferngehalten. Maskulinität bemächtigt sich auch der Frauen. Die Software-Entwicklerin Angela Schmidt beschreibt, vor dem Hintergrund erlebten Drucks, erlebter Ängste, mentaler und körperlicher Beschwerden, die Situation mit folgenden Worten: »Ich erleide den Prozess nicht, ich lebe ihn. Ich selbst bin der Prozess!« Um dann fortzufahren: »Ich kann mir sagen: Die Härte ist halt das Leben. Indem ich mich unter diesen Bedingungen bewähre, im Kampf ums Überleben bestehe, diene ich einer größeren Sache. Das ist wahrer Heroismus. Selbst mein Versagen gewinnt an Größe, weil ich vor etwas ganz Großem versage. Je elender es mir geht, je mehr ich mich selbst bekämpfen muss, desto größer ist auch mein Heldentum« (Schmidt 2000, S. 32f.).

Wir stehen vor gewaltigen gesellschaftlichen Umbrüchen und Alternativen: Wollen wir einen transnationalen maskulin dominierten neoliberalen Kapitalismus, in dem Achtsamkeit keinen Platz hat, eingebettet in ein Netzwerk eines feminisierten Prekariats, das die Sorgearbeit für Kinder, Alte und Kranke übernimmt, oder wollen wir eine Abkehr vom Männlichkeitsmuster in der Arbeitswelt, eine radikale Verkürzung der Arbeitszeit für alle und eine Aufteilung aller Sorgearbeit auf Männer und Frauen? Feminisiert heißt mitnichten, dass dies nur Frauen sind. Wenn sich die Option eines »harten neoliberalen Kerns« durchsetzen sollte, werden viele Männer in feminisierte Sektoren abwandern, und es werden sich neue kulturelle Spaltungen in männliche und weibliche Männer auftun (Isaksen 2007).

Eine ganz andere Lösung reklamiert der feministische Posthumanismus (Braidotti 2014). Er setzt – wie alle Trans- und Posthumanisten – auf eine naturwissenschaftlich-technische Revolutionierung der menschlichen Lebenswelt und des Menschen selbst. Maschinen und Roboter übernehmen alle schweren, monotonen, ungeliebten und verschleißenden Tätigkeiten, und der Mensch kann durch biotechnische Methoden »verbessert« und soweit vor Krankheiten verschont werden, dass sein Leben deutlich verlängert und von tradierten, negativen Begleiterscheinungen weitgehend befreit werden kann. Der Körper mit all seinen Problemen und Fehlern soll gleichsam überwunden werden, sodass es dem »Geist« ermöglicht werde, frei von körperlich-leiblichen Beschränkungen zu agieren. Leid und möglichst auch der Tod stehen auf der Liste des Abzuschaffenden. Die Rede ist im affirmativen

Sinne von »Cyborgs«, d.h. von Mischwesen aus Kybernetik und (menschlichem) Organismus. In vielen Bereichen hat das Diktat von Fitness, Attraktivität, Stärke und Leistungsfähigkeit bereits Platz gegriffen. Der bisherige Mensch wird durch einen prothetischen Menschen ersetzt. Die digitale Revolution ermögliche, so die Befürworter des Posthumanismus, eine baldige Verwirklichung der Vision des neuen, leidfreien post-menschlichen Wesens (kritisch dazu: Jansen 2015).

Wie kommen nun aber genderkritische Wissenschaftler/innen dazu, sich diesen technischen Visionen anzuschließen? Die italienisch-niederländische Philosophin und Feministin Rosi Braidotti plädiert für einen »Abschied vom Humanismus mit seinem eurozentrischen Kern und seinen imperialen Tendenzen« (Braidotti 2014, S. 22). Mit dem Schlagwort »Humanismus« auf den Lippen sei immer nur die Vorherrschaft des männlichen, gewaltförmigen und umweltzerstörenden globalen Kapitalismus gesichert worden. Die männlichen Eliten brillierten zwar mittlerweile mit Lippenbekenntnissen zu Vielfältigkeit, Diversität und Freiheit, doch in Wirklichkeit setzten sie alles daran, genau diese Vielfältigkeit einzuebnen und den Menschen in ein Korsett normierter Funktionalität hineinzuzwängen. Ein kritisch verstandener Posthumanismus, so Braidotti, könnte den Menschen befreien von den Zwängen, die ihm Biologie und Gesellschaft auferlegen. Jede/r soll sich frei entscheiden können, wieviel Natur und wieviel Synthetisches ihm zu eigen sein soll. Die Argumentation läuft auf folgendes Visionsbild hinaus: Wenn die Arbeit im herkömmlichen Sinne abgeschafft ist, kann sich Sorgearbeit verallgemeinern, die zugleich, weil auch Krankheiten, körperlicher und geistiger Verfall abgeschafft sind, nicht mehr die anstrengende und belastende Tätigkeit sein muss, als die wir sie bisher kennen. Diese Vision gleicht fatal den religiösen Erlösungsphantasien. Der Mensch soll sich, so wie es schon Apostel Paulus predigte, von seinem krankheitsanfälligen, schmutzigen und sündigen Leibkörper trennen, soll reiner Geist werden. Wo bleibt hier Freude und Trauer, Lust und Schmerz, Hoffnung und Verzweiflung? Das eine ist ohne das andere nicht zu haben. Eine Welt aber ohne Freude, Lust und Hoffnung ist im tatsächlichen Wortsinn eine posthumane Welt, d.h. eine Welt, in der der Mensch nicht mehr zu Hause sein kann, genauer: in der der Mensch aufhört, ein Zuhause zu suchen. Der Posthumanismus impliziert – entgegen den Intentionen Braidottis – Eugenik und Klassenherrschaft bisher ungeahnten Ausmaßes, d.h. die wissenschaftlich-technische bzw. die gen- und biotechnische Manipulierung, ergänzt um digitale Prothesen, schafft alle Voraussetzungen für eine bevölkerungswissenschaftliche Konstruktion von vorgeblich superintelligenten Eliten und unkritischen, duldsamen und perfekt konditioniert arbeitenden Klassen (Jansen 2015). Die Frage ist: Träumen wir von Huxleys »schöne(r) neue(r) Welt« oder von Freiheit und Solidarität für unperfekte, gespaltene, vom Unbewussten getriebene, in paradoxen Bildern und Sprachgittern sich verfangende, leidende, hoffende, genießende, eigensinnige und aufbegehrende leibkörperliche Menschen?

Die Arbeits- und Genderforscherin Gabriele Winker (2015) zeigt in ihrer engagierten Studie »Care Revolution« zugleich die Problemlage und den Weg auf, den die Menschen des 21. Jahrhunderts gehen müssen, wollen sie als Menschen überleben. Erziehungs- und Pflegearbeit, im weitesten Sinne alle Formen der Sorgearbeit, werden zu den elementaren Tätigkeitsformen gehören, an denen alle, auch die Männer, gleichberechtigt und aktiv teilhaben. Das ist nicht denkbar ohne eine massive Reduzierung der Erwerbsarbeitszeit. Dies ist gleichbedeutend mit einer grundsätzlichen Destruktion des männlich dominierten Leitungsmusters, welches unsere bisherige Arbeitswelt prägt. Es geht also gerade nicht darum, Frauen in männliche Karrieremuster hineinzubringen, sondern darum, solche Karrieremuster zu destruieren. Auf der Agenda steht nicht mehr und nicht weniger als der Entwurf neuer, vielfältiger und zugleich solidarischer Arbeits- und Lebensformen. Es gilt, Brücken zu einer anderen Welt zu schaffen, in der die Würde jedes Einzelnen vollkommen unabhängig von seiner Leistungsfähigkeit – nicht nur auf dem Papier, sondern in der Wirklichkeit – geachtet wird. So schält sich auch der Kern des bisher uneingelösten Programms des Humanismus heraus, so wie ihn die europäische Aufklärung verstand – beispielhaft festzumachen an den Postulaten »Herausführung aus der Unmündigkeit« (Kant), »Aufhebung der Entfremdung« (Marx) und »Verantwortung vom Anderen her« (Levinas). Die materiellen Bedingungen dafür sind längst hergestellt. Not müsste recht eigentlich nirgendwo mehr herrschen.

Die gesellschaftliche Produktivkraft hat eine Stufe erreicht, die eine ausreichende Versorgung aller Menschen mit lebenswichtigen, kreativen und schönen Gütern ermöglicht. Die globale ökologische Krise könnte die Türen zu Entscheidungsräumen öffnen, der Massenproduktion überflüssiger, schädlicher und krankmachender Güter Einhalt zu gebieten. Doch wie kann man den Verlockungen und Verführungen der digitalen, chemischen und bi ologischen Technologien, die unsere Sehnsucht nach einem sorgenfreien Leben nähren, begegnen? Trans- und Posthumanismus ist nicht mehr nur Sujet verrückter Science-Fiction-Filme – er avanciert gerade zum Konzept einer mit gigantischen Finanzsummen geförderten realen Weltveränderung. Das

Gegenprogramm enthält eine andere Vision: Altern, Krankheit und Tod gehören zum Leben. Diese Tatsache wird zur allgemeinen und vor allem zur versöhnlichen Einsicht wachsen, insofern es gelingt, auch diese Lebensphasen und Lebensprozesse in die Mitte der Gesellschaft zurückzuholen.

Dieser Weg – daran lässt auch Gabriele Winker keinen Zweifel aufkommen – wird ein schwieriger und steiniger sein. Es wird ein Weg sein, der eine Kombination von sozialreformerischen und sozialrevolutionären Perspektiven erfordert. Unabdingbar sind leibliche und geistige Anstrengungen – Widerstand und Ideenkampf –, um Mündigkeit, Selbstbestimmung und Freiheit für alle zu erringen. Es geht – unbelassen der Notwendigkeit einer globalen politisch-ökonomischen Wende, welche Rahmenbedingungen für soziale Veränderungen zu schaffen vermag – auch darum, die inneren Hindernisse zu überwinden, d.h. die Last der Tradition, die sich in unser kollektives und je individuelles Leben eingeschrieben hat. Zu thematisieren sind beispielsweise unser Hang zu Vorteilssuche, Rücksichtslosigkeit und Machtansprüchen.

Sigmund Freud hat die negativen, destruktiven und aggressiven Seiten der menschlichen Natur benannt, die es durch kulturelle Entwicklung zu überwinden gilt. Jaques Lacan geht einen Schritt weiter: Er sieht das Problem in der Fragmentierung, der Spaltung und dem Mangel des Subjekts, das des anderen Menschen oder des »großen Anderen« bedarf, um Mensch zu werden. Dies sind verschiedene Akzente einer humanistischen Anthropologie, die in eine politische Perspektive eingehen müssen, soll sie nicht erneut in Zwangsverhältnisse abirren. Die Wirtschaftseliten haben den Markt zum Gott und das Ego zur Heiligsprechung ausgerufen. Es liegt an uns, diese Religion als Multitudo, als Wir in unserer Vielheit und Unvollkommenheit, zu durchkreuzen. Es kommt – hier ist an Ernst Bloch zu erinnern – darauf an, das Hoffen zu lernen. Damit ist mitnichten das platte, dumme Hoffen gemeint, dass alles irgendwie gut werde, sondern das auf genauer Wahrnehmung des Möglichen gegründete Hoffen. Das Mögliche, dieses »Noch-Nicht« (Bloch), kündigt sich heute schon an. Überall sind Zeichen zu sehen, zu hören, zu fühlen, wenn wir nur genau hinschauen, genau hinhören, genau hinspüren. Dazu brauchen wir aber auch die Stille, das Innehalten, die Abkehr von den Verblendungen und dem Getöse der kapitalistischen Warenwelt. Solche Inseln uns heute schon zu schaffen, hilft uns beim Entwerfen und Bauen der Brücken zu einer anderen Welt.

Literatur

Abholz, Heinz-Harald (1970): Die Rolle des industriellen Arbeitsplatzes für die Ätiologie psychischer Erkrankungen, in: Das Argument, 1970, Jg. 10(60), Sonderband »Kritik der bürgerlichen Medizin«, S. 142-151.

Adler, Viktor (1924): Rede betreffs des Verbots giftigen Phosphors, in: Sozialdemokratische Arbeiterpartei Österreichs (Hrsg.), Victor Adlers Aufsätze, Reden und Briefe, Drittes Heft, Wien, S. 139-171.

Adorno, Theodor W. (1966): Negative Dialektik, Frankfurt a.M.

Adorno, Theodor W. (1975): Zum Verhältnis von Soziologie und Psychologie: Rede zum 60. Geburtstag Max Horkheimes am 14. Februar 1955, in: Adorno, Theodor W.: Gesellschaftstheorie und Kulturkritik, Frankfurt a.M., S. 95-135.

Adorno, Theodor W. (2007): Vorlesung über Negative Dialektik: Fragmente zur Vorlesung 1965/66, Frankfurt a.M.

Alheit, Peter (1996): Biographisches Lernen als gesellschaftlicher Veränderungsprozess, in: Ahlheim, Klaus/Bender, Walter (Hrsg.): Lernziel Konkurrenz? Erwachsenenbildung im »Standort Deutschland«, Opladen, S. 179-196.

Angehrn, Emil (2003): Interpretation und Dekonstruktion, Weilerswist.

Arendt, Hannah (1967): Vita activa oder vom tätigen Leben, München.

Asholt, Wolfgang/Ette, Ottmar (Hrsg.) (2010): Literaturwissenschaft als Lebenswissenschaft: Programm – Projekte – Perspektiven, Tübingen.

Assländer, Friedrich/Grün, Anselm (2010): Spirituell arbeiten: Dem Beruf neuen Sinn geben, Münsterschwarzach.

Aulmann, Heinz (1990): Gemeinsamkeiten und Unterschiede in der Verhütung und Entschädigung von Arbeitsunfällen und Berufskrankheiten in der Bundesrepublik Deutschland und der Deutschen Demokratischen Republik, in: Die BG, Heft 4/1990, S. 184-199.

Baeck, Leo (1905/1991), Das Wesen des Judentums, Wiesbaden.

Bänzinger, Peter-Paul (2013): Fordistische Körper in der Geschichte des 20. Jahrhunderts – eine Skizze, in: Body Politics – Zeitschrift für Körpergeschichte, 2013, Jg. 1(1), S. 5-10, online: http://bodypolitics.de/de/wp-content/uploads/2013/05/Heft_1_02_baenziger_koerper_end.pdf abgerufen am 8.2.2016.

Bartholomeyczik, Sabine/Donath, Elke/Schmidt, Sascha/Rieger, Monika A./Berger, Elisabeth/Wittich, Andrea/Dieterle, Wilfried E. (2009): Arbeitsbedingungen im Krankenhaus, Dortmund/Berlin/Dresden.

Bauer, Edith (2008): Entwicklungslinien ethischer Paradigmen der Sozialen Arbeit, in: Soziale Arbeit, Heft 8/2008, S. 282-292.

Bauer, Edith (2009): Alice Salomon und Hannah Arendt, (2009), in: Soziale Arbeit, Heft 10/2009, S. 366-373.

Bauer, Karl-Heinrich (1963): Das Krebsproblem: Einführung in die allgemeine Geschwulstlehre für Studierende, Ärzte und Naturwissenschaftler, Berlin/Göttin-

gen/Heidelberg.
Bauman, Zygmunt (1995): Postmoderne Ethik, Hamburg.
Bauman, Zygmunt (2009): Gemeinschaften. Auf der Suche nach Sicherheiten in einer bedrohten Welt, Frankfurt a.M.
Baur, Xaver/Schneider, Joachim/Woitowitz, Hans-Joachim/Valasco-Garrido, Marcial (2012): Gibt es Unterschiede in den gesundheitlichen Wirkungen von Chrysotil- und Amphibol-Asbest?, in: Pneumologie, 2012, Jg. 66(8), S. 497–506.
Baxmann, Inge/Gruß, Melanie/Göschel, Sebastian/Lauf, Vera (2009): Arbeit und Rhythmus – Lebensformen im Wandel, München.
Beck, Ulrich (1988): Gegengifte: Die organisierte Unverantwortlichkeit, Frankfurt a.M.
Becker, Karina/Brinkmann, Ulrich/Engel, Thomas/Satzer, Rolf (2014): Handbuch Gesundheit und Beteiligung: Neue Instrumente für Gesundheitsschutz in Betrieben und Behörden, Hamburg.
Bedorf, Thomas (2010): Verkennende Anerkennung: Über Identität und Politik, Frankfurt a.M.
Bedorf, Thomas (2011): Andere: Eine Einführung in die Sozialphilosophie, Bielefeld.
Benhabib, Seyla (1995): Selbst im Kontext: Kommunikative Ethik im Spannungsfeld von Feminismus, Kommunitarismus und Postmoderne, Frankfurt a.M.
Benhabib, Seyla (2009): Zur Utopie und Anti-Utopie in unseren Zeiten: Rede anlässlich der Verleihung des Ernst-Bloch-Preises, Ludwigshafen.
Benkert, Otto (2005): Stress-Depression: Die neue Volkskrankheit und was man dagegen tun kann, München.
Biesecker, Adelheid/Kesting, Stefan (2003): Mikroökonomik: Eine Einführung aus sozialökologischer Perspektive, München.
Birkner, Martin/Foltin, Robert (2006): (Post-)Operaismus: Von der Arbeiterautonomie zur Multitude, Stuttgart.
Birnbacher, Dieter (1992): Theodor W. Adorno – Negative Dialektik. In: Interpretationen – Hauptwerke der Philosophie. 20. Jahrhundert. Stuttgart, S. 335-361.
Bogun, Roland/Hildebrandt, Eckard (1994): Arbeitsschutz und Umweltschutz: Die Fallstudie Bremer Vulkan: Werkstattbericht FS 94-205, Berlin.
Böhme, Arthur (1961): Asbestose, in: Baader, Ernst Wilhelm (Hrsg.): Handbuch der gesamten Arbeitsmedizin: II. Band: Berufskrankheiten, 2. Teilband, Berlin/München/Wien, S. 216ff.
Bonhoeffer, Dietrich (1949): Ethik, München.
Braidotti, Rosi (2014): Posthumanismus: Leben jenseits des Menschen, Frankfurt a.M.
Bräutigam, Christoph/Evans, Michaela/Hilbert, Josef/Öz, Fikret (2014): Arbeitsreport Krankenhaus, Arbeitspapier der Hans-Böckler-Stiftung Nr. 306, Düsseldorf.
Braverman, Harry (1985): Die Arbeit im modernen Produktionsprozess, Frankfurt a.M.

Bröckling, Ulrich (2007): Das unternehmerische Selbst. Soziologie einer Subjektivierungsform, Frankfurt a.M.

Bruns, Florian (2009): Medizinethik im Nationalsozialismus, Stuttgart.

Bühl, Walter L. (1998): Verantwortung für soziale Systeme: Grundzüge einer globalen Gesellschaftsethik, Stuttgart.

Bundesagentur für Arbeit (2014): Sozialversicherungspflichtige Bruttoarbeitsentgelte. Reihe Arbeitsmarkt in Zahlen, Nürnberg.

Bundesanstalt für Arbeitsschutz und Arbeitsmedizin (Hrsg.) (2013): Gefährdungsbeurteilung psychischer Belastungen: Erfahrungen und Empfehlungen, Berlin.

Busch, Kathrin (2012): Jean-Luc Nancy – Exposition und Berührung. in: Alloa, Emmanuel/Bedorf, Thomas/Grüny, Christian/Klass, Tobias N. (Hrsg): Leiblichkeit: Geschichte und Aktualität eines Konzeptes, Tübingen, S. 305-319.

Büssing, André/Glaser, Jürgen (2003): Dienstleistungsqualität und Qualität des Arbeitslebens im Krankenhaus, Göttingen.

Butler, Judith (2007): Kritik der ethischen Gewalt, Frankfurt a.M.

Butler, Judith (2012): Kann man ein gutes Leben im schlechten führen? Frankfurter Rundschau vom 15. September 2012.

Centralstelle für Arbeiterwohlfahrtseinrichtungen (1906): Die Belehrung der Arbeiter über die Giftgefahren in der gewerblichen Industrie, Berlin.

Chargaff, Erwin (1981): Das Feuer des Heraklit, Stuttgart.

Clark, Andy/Chalmers, David (2013): Der ausgedehnte Geist, in: Fingerhut, Jörg/Hufendiek, Rebekka/Wild, Markus (Hrsg.) (2013): Philosophie der Verkörperung, Frankfurt a.M., S. 205ff.

Conert, Hansgeorg (1998): Vom Handelskapital zur Globalisierung. Entwicklung und Kritik der kapitalistischen Ökonomie, Münster.

Connell, Raewyn W. (1999): Der gemachte Mann: Konstruktion und Krise von Männlichkeiten, Opladen.

Danzer, Gerhard (1995): Psychosomatische Medizin, Frankfurt a.M.

Debitz, Uwe et al. (2014): Der Leitfaden zum Screening Gesundes Arbeiten. 3. vollständig überarbeitete Auflage. Hrsg. v. Initiative für eine Neue Qualität der Arbeit, Berlin.

Deutsche Gesetzliche Unfallversicherung (2009): »Regel Benutzung von Atemschutzgeräten«, BGR/GUV-R 190, St. Augustin.

Dörner, Klaus (2002): Arzt vom Anderen her, in: Schnell, Martin W. (Hrsg.): Pflege und Philosophie: Interdisziplinäre Studien über bedürftige Menschen, Bern, S. 137-172.

Dörner, Klaus (2007): Über die Tugend des Verstehens, in: Sozialpsychiatrische Informationen, Heft 4/2007, S. 2-4.

Dreitzel, Hans Peter (1968): Die gesellschaftlichen Leiden und das Leiden an der Gesellschaft: Vorstudien zu einer Pathologie des Rollenverhaltens, Stuttgart.

Dufner, Meinrad (2004): Rollenwechsel. Münsterschwarzacher Kleinschriften, Münsterschwarzach.

Eggertson, Laura (2008): Asbestos panelists accuse government of misusing science,

in: Canadian Medical Association Journal, Jg. 179(9), S. 886-887.
Ehrenberg, Alain (2008): Das erschöpfte Selbst: Depression und Gesellschaft in der Gegenwart, Frankfurt a.M.
Ehrenberg, Alain (2011): Das Unbehagen in der Gesellschaft, Frankfurt a.M.
Elsner, Gine (2011): Schattenseiten einer Arztkarriere. Ernst Wilhelm Baader (1892-1962): Gewerbehygieniker & Gerichtsmediziner, Hamburg.
Elsner, Gine (2014): Staatstragende Arbeitsmedizin: Franz Xaver Koelsch (1876-1970), Bayerischer Landesgewerbearzt von der Monarchie bis zur Bundesrepublik, Hamburg.
Epstein, Samuel S. (1979): The Politics of Cancer, New York.
Esposito, Roberto (2010): Person und menschliches Leben, Zürich/Berlin.
Farina, Antonio (2013): Produktionsverhältnisse und sozialer Konflikt in den Bremer Werften zwischen dem Ersten Weltkrieg und der Räterepublik (1914–1919), in: Sozial.Geschichte Online, 2013, Jg. 5(12), S. 8-38.
Feuerstein, Günther (1997): Industrialisierung des Krankenhauses?, in: Rehberg, Karl-Siegbert (Hrsg.): Differenz und Integration: die Zukunft moderner Gesellschaften, Opladen, S. 278-282.
Fingerhut, Jörg/Hufendiek, Rebekka/Wild, Markus (Hrsg.) (2013): Philosophie der Verkörperung, Frankfurt a.M.
Fite, James (2004): U.S. Shipyards – A History of Massive Asbestos Exposure and Disease, Vortrag auf der Internationalen Asbestkonferenz 2004, online: http://worldasbestosreport.org/conferences/gac/gac2004/ws_H_2_e.php abgerufen am 8.2.2016.
Flick, Uwe (1995): Qualitative Forschung: Theorie, Methoden, Anwendung in Psychologie und Sozialwissenschaften, Reinbek bei Hamburg.
Floret, Theobald (1913): Das Aufgabengebiet des Fabrikarztes, in: Zentralblatt für Gewerbehygiene, 1913, Jg. 1(3), S. 81–95.
Förster, Krischan (2007): Gefährliche Ladung in Jutesäcken, Weser-Kurier vom 2. März 2007, S. 16.
Foucault, Michel (1976): Mikropolitik der Macht, Berlin.
Foucault, Michel (2005): Subjekt und Macht, in: Foucault, Michel: Schriften in vier Bänden. Dits et Ecrits, Band IV (1980-1988), Frankfurt a.M., S. 269-294.
Frese, Michael/ Greif, Siegfried/Semmer Norbert (Hrsg.) (1978): Industrielle Psychopathologie. Bern/Stuttgart/Wien.
Fuchs, Thomas (2000): Leib, Raum, Person, Stuttgart.
Fuchs, Thomas (2012): Das Gehirn – ein Beziehungsorgan: Eine phänomenologisch-ökologische Konzeption, Stuttgart.
Funk, Rainer (2005): Ich und Wir: Psychoanalyse des postmodernen Menschen, München.
Geißler, Heike (2014): Saisonarbeit, Leipzig.
Georg, Arno/Peter, Gerd/Dechmann, Uwe/Katenkamp, Olaf/Meyn, Christina/Peter, Andreas (2015): SelbstWertGefühl: Psychosoziale Belastungen in Change-Management-Prozessen, Hamburg.

Gerhardt, Volker (1999): Selbstbestimmung: Das Prinzip der Individualität, Stuttgart.
Geuskens, Goedele A./Koppe, Lando/van den Bossche, Seth N.J./Joling, Catelijne, I. (2012): Enterprise restructuring and the health of employees: a cohort study, in: Journal of Occupational and Environmental Medicine, 2012, Jg. 54(1), S. 4-9.
Giersiepen, Klaus/Spalek, Michael (2011): Karpaltunnelsyndrom als Berufskrankheit, in: Deutsches Ärzteblatt, 2011, Jg. 108(14), S. 238-242.
Glasberg, Ann-Louise/Eriksson, S./Norberg, A. (2007): Burnout and ›stress of conscience‹ among healthcare personnel, in: Journal of Advances Nursing, 2007, Jg. 57(4), S. 392-403.
Glaser, Hermann (1993): Bildungsbürgertum und Nationalismus: Politik und Kultur im Wilhelminischen Deutschland, München.
Gorz, André (1989): Kritik der ökonomischen Vernunft: Sinnfragen am Ende der Arbeitsgesellschaft, Berlin.
Gottstein, Adolf/Schloßmann, Arthur/Teleky, Ludwig (Hrsg.) (1925–1927): Handbuch der sozialen Hygiene und Gesundheitsfürsorge, 6 Bände, Berlin.
Graf, Simon (2013): Leistungsfähig, attraktiv, erfolgreich, jung und gesund: Der fitte Körper in post-fordistischen Verhältnissen, in: Body Politics – Zeitschrift für Körpergeschichte, 2013, Jg. 1(1), S. 139-157.
Gray, Janet/Evans, Nancy/Taylor, Brynn/Rizzo, Jeanne/Walker, Marisa (2009): State of the evidence: The connection between breast cancer and the environment, International Journal of Environment and Health, 2009, Jg. 15(1), S. 43–78.
Griffin-Cohen, Marjorie/Brodie, Janine (Hrsg.) (2007): Remapping Gender in the New Global Order, London/New York.
Gugutzer, Robert (2012): Verkörperungen des Sozialen, Bielefeld.
Han, Byung-Chul (2010): Müdigkeitsgesellschaft, Berlin.
Han, Byung-Chul (2014): Psychopolitik. Neoliberalismus und die neuen Machttechniken, Berlin.
Harnack, Adolf von (1900/1977): Das Wesen des Christentums, Gütersloh.
Hasenclever, D. (1969): MAK-Werte für gesundheitsschädliche mineralische Stäube. In: Jahrbuch 1969 des Vereins Deutscher Revisionsingenieure (VDRI). Braunschweig, S. 73-79.
Hasselhorn, Hans-Martin/Müller, Bernd Hans/Tackenberg, Peter (2005): Scientific Report July 2005, Wuppertal, online: www.econbiz.de/archiv1/2008/53604_lifting_bending_tasks.pdf) abgerufen am 8.2.2016.
Hauptverband der gewerblichen Berufsgenossenschaften (2007): Faserjahre, in: BK-Report 1/2007, St. Augustin.
Held, Josef et al. (2011): Was bewegt junge Menschen? Lebensführung und solidarisches Handeln junger Beschäftigter im Dienstleistungsbereich, Wiesbaden.
Hien, Wolfgang (2004): Staatliche Gewerbeaufsicht muss bleiben – Stärkung und Modernisierung des Systems notwendig, in: Soziale Sicherheit: Zeitschrift für Arbeit und Soziales, 2004, Jg. 53(4), S. 182-191.
Hien, Wolfgang (2008): »Irgendwann geht es nicht mehr«: Älterwerden und Ge-

sundheit im IT-Beruf, Hamburg.
Hien, Wolfgang (2009): Pflegen bis 67?: Die gesundheitliche Situation älterer Pflegekräfte, Frankfurt a.M.
Hien, Wolfgang (2014): Authenticity and Individual Mindfulness within Organisations: Problems and Perspectives, in: Becke, Guido (Hrsg.): Mindful Change in Times of Permanent Reorganisation, Berlin/Heidelberg, S. 73-88.
Hien, Wolfgang/Bödeker, Wolfgang (Hrsg.) (2008): Frühberentung als Folge gesundheitsgefährdender Arbeitsbedingungen? Beiträge zum Stand der wissenschaftlichen Diskussion, Bremerhaven.
Hien, Wolfgang/Kapp, Sonja/Gonnermann, Andrea (2010): Gute Krankenpflege in Bremen auf dem Prüfstand: Gutachten zu den Ergebnissen einer ver.di-Fragebogenaktion im Klinikum Bremen-Mitte, Bremen.
Hien, Wolfgang/König, Christina/Milles, Dietrich/Spalek, Rolf (2002): Am Ende ein neuer Anfang?: Arbeit, Gesundheit und Leben der Werftarbeiter des Bremer Vulkan, Hamburg.
Hien, Wolfgang/Spalek, Rolf/Joussen, Ralph/Funk, Gudrun/von Schilling, Renate/Helmert, Uwe (2007): Ein neuer Anfang war's am Ende nicht: Zehn Jahre Vulkan-Pleite: Was ist aus den Menschen geworden?, Hamburg.
Hirigoyen, Marie-France (2002): Wenn der Job zur Hölle wird: Seelische Gewalt am Arbeitsplatz und wie man sich dagegen wehrt, München.
Höper, Wolfgang E. (2008): Asbest in der Moderne: Industrielle Produktion, Verarbeitung, Verbot, Substitution und Entsorgung, Münster.
Hofmann, Werner (1971): Ideengeschichte der sozialen Bewegung des 19. und 20. Jahrhunderts, Berlin.
Holst, Elke et al. (2012): DIW-Führungskräfte-Monitor. DIW (Deutsches Institut für Wirtschaftsforschung), Berlin.
Hoppe, Brigitte (1985): Luis Lewin (1850–1929): Sein Beitrag zur Entwicklung der Ethnopharmakologie, Toxikologie und Arbeitsmedizin, Dissertationsschrift, Berlin, Freie Universität.
Horkheimer, Max (1947): Eclipse of Reason, New York. (deutsch 1967: Zur Kritik der instrumentellen Vernunft, Frankfurt a.M.).
Houston, Susan/Casanova, Marc A./Leveille, Marygrace/Schmidt, Kathryn L./Barnes, Sunni A./Trungale, Kelli R./Fine, R.L. (2013): The intensity and frequency of moral distress among different healthcare disciplines, in: Journal of Clinical Ethics, 2013, Jg. 24(2), S. 98-112.
Huppertz, Michael (2009): Achtsamkeit. Befreiung zur Gegenwart, Paderborn.
Husserl, Edmund (1982): Die Krisis der europäischen Wissenschaften und die transzendentale Phänomenologie, Hamburg.
Hüther, Gerald (1997): Biologie der Angst – Wie aus Stress Gefühle werden, Göttingen.
Hüther, Gerald (2011): Was wir sind und was wir sein könnten, Frankfurt a.M.
IG Metall (2005): Freiwillig die Gesundheit riskieren, Frankfurt a.M.
IGA (Initiative Gesundheit und Arbeit) (2014): IGA-Report 27, Essen.

Ikeda, Satoshi (2007): Masculinity and masculinism under globalization: reflections on the canadian case, in: Griffin-Cohen, Marjorie/Brodie, Janine (Hrsg.) (2007): Remapping Gender in the New Global Order, London/New York, S. 111-130.
Isaksen, Lise Widding (2007): Gender, care work and globalization: local problems and transnational solutions in the Norwegian welfare state, in: Griffin-Cohen, Marjorie/Brodie, Janine (Hrsg.) (2007): Remapping Gender in the New Global Order, London/New York, S. 44-58.
Jansen, Markus (2015): Digitale Herrschaft: Über das Zeitalter der globalen Kontrolle und wie Transhumanismus und synthetische Biologie das Leben neu definieren, Stuttgart.
Juthberg, Christina et al. (2008): Stress of conscience and perceptions of conscience in relation to burnout among care-providers in older people. In: Journal of Clinical Nursing, Bd. 17, S. 1897-1906.
Kaminsky, Carmen (2008): Public-Health-Ethik als Bereichsethik, in: Bundesgesundheitsblatt, Heft 2/2008, S. 127-136.
Karmaus, Wilfried/Schienstock, Gerd (1979): Körperliche, psychische und soziale Auswirkungen von Nacht- und Schichtarbeit. In: Wilfried Karmaus et al.: Stress in der Arbeitswelt. Köln
Kast, Verena (2002): Krisen des flexiblen Menschen: Individualpsychologische Perspektiven, in: Kast, Verena/Tálos, Emmerich (Hrsg.): Krisen des flexiblen Menschen, Wien.
Keil, Annelie (1999): Zur Leibhaftigkeit menschlicher Existenz, in: Alheit, Peter/Dausien, Bettina/Fischer-Rosenthal, Wolfram/Hanses, Andreas/Keil, Annelie (Hrsg.): Biographie und Leib, Gießen, S. 73-91.
Kersting, Karin (2013): Coolout in der Pflege: Eine Studie zur moralischen Desensibilisierung, Frankfurt a.M.
Keupp, Heiner (2010): Vom Ringen um Identität in der spätmodernen Gesellschaft. Vortrag bei den 60. Lindauer Psychotherapietagen. Onlineversion: /www.ipp-muenchen.de/texte/keupp_10_lindau_ringen.pdf.
Kisker, Karl Peter/Bauer, Manfred (Hrsg.) (1991): Psychiatrie, Psychosomatik und Psychotherapie, Stuttgart.
Koch, Egmont R. (1981): Krebswelt: Krankheit als Industrieprodukt, Köln.
Koelsch, Franz (1913): Arbeit bzw. Beruf in ihrem Einfluss auf Krankheit und Sterblichkeit, in: Mosse, Max/Tugendreich, Gustav (Hrsg.): Krankheit und soziale Lage, München, S. 154-232.
Koelsch, Franz (1947): Lehrbuch der Arbeitshygiene, Band 1, Stuttgart.
Koelsch, Franz (1963): Lehrbuch der Arbeitsmedizin, Band. 1, Stuttgart.
Konetzke, Gerhard W./Gibel, W./Swart, H./Lohs, Kh. (1980): Krebserzeugende Faktoren in der Arbeitsumwelt, Berlin.
Königswieser, Roswitha (2000): Das Feuer großer Gruppen, in: Königswieser, Roswitha/Keil, Marion (Hrsg.): Das Feuer großer Gruppen, Stuttgart, S. 30-44.
Kratzer, Nick/Dunkel, Wolfgang/Becker, Karina/Hinrichs, Stephan (2011): Arbeit und Gesundheit im Konflikt: Analysen und Ansätze für ein partizipatives Ge-

sundheitsmanagement, Hamburg.

Kreisky, Eva (2003): Neoliberale Körpergefühle: Vom neuen Staatskörper zu profitablen Körpermärkten, Vortrag im Rahmen der Ringvorlesung »Brüche – Geschlecht – Gesellschaft: Leibes/Übungen« des Gender Kollegs der Universität Wien, online: http://129.187.84.1/internet/schoenberger/Download/SKU/Kreisky%20K%C3%B6rpergef%C3%BChle%20.pdf abgerufen am 8.2.2016.

Krenn, Manfred (2014): Kapitalistische Dynamik und die gesellschaftliche Organisation von Pflege- und Sorgearbeit, Working Paper der DFG-ForscherInnengruppe Postwachstumsgesellschaften, Working Paper 5/2014, Jena.

Kroenke, Candyce H./Spiegelman, Donna/Manson, JoAnn/Schernhammer, Eva S./Colditz, Graham A./Kawachi, Ichiro (2007): Work characteristics and incidence of type 2 diabetes in women, in: American Journal of Epidemiology, 2007, Jg. 165(2), S. 175-183.

Kronig, Ralf (2012): SAP: Viele Burnout-Fälle: Der Arbeitsdruck belastet immer mehr Beschäftigte, in: Gute Arbeit, Heft 7-8/2012, S. 39-41.

Krull, Stephan (2010): Radikale Arbeitszeitverkürzung zwischen Traum und Albtraum, in: Luxemburg, Heft 3/2010, S. 94-96.

Krull, Stephan/Massarrat, Mohssen/Steinrücke, Margareta (2009): Schritte aus der Krise: Arbeitszeitverkürzung, Mindestlohn, Grundeinkommen: Drei Projekte, die zusammengehören, Hamburg.

Kuhn, Joseph: »Gute Arbeit«: Betriebliche Gesundheitsförderung im gesellschaftlichen Kontext. In: ASUpraxis – Arbeitsmedizin, Sozialmedizin, Umweltmedizin 43, S. 61-63.

Kühn, Hagen (2006): Der Ethikbetrieb in der Medizin: Korrektur oder Schmiermittel der Kommerzialisierung, Wissenschaftszentrum Berlin für Sozialforschung (WZB), Berlin.

Labisch, Alfons (1992): Homo Hygienicus: Gesundheit und Medizin in der Neuzeit, Frankfurt a.M.

Lacan, Jacques (1991): Das Ich in der Theorie Freunds und in der Technik der Psychoanalyse: Das Seminar, Buch II (1954-1955), Berlin.

Lange, Oskar (1968): Einführung in die Ökonometrie, Berlin.

Lasch, Christopher (1995): Das Zeitalter des Narzissmus, Hamburg.

Lenz, Fritz (1932): Menschliche Auslese und Rassenhygiene (Eugenik), München.

Levinas, Emmanuel (1995): Zwischen uns: Versuche über das Denken an den Anderen, München.

Lewin, Kurt (1920): Die Sozialisierung des Taylor-Systems: Eine grundsätzliche Untersuchung der Arbeits- und Berufs-Psychologie, Schriftenreihe Praktischer Sozialismus, Heft 4 Gesellschaft und Erziehung, Hannover.

Liek, Erwin (1925): Der Arzt und seine Sendung, München.

Lobnig, Hubert/Grossmann, Ralph (2013): Organisationsentwicklung im Krankenhaus, Berlin.

Lohmann-Haislah, Andrea (2012): Stressreport Deutschland: Psychische Anforde-

rungen, Ressourcen und Befinden, Dortmund/Berlin/Dresden.
Mandel, Ernest. (1972): Der Spätkapitalismus, Frankfurt a.M.
Marchart, Oliver (2010): Die politische Differenz: Zum Denken des Politischen bei Nancy, Lefort, Badiou, Laclau und Agamben, Frankfurt a.M.
Marcuse, Herbert (1967): The One-Dimensional Man. Beacon Press, Boston 1964. (Deutsch 1967: Der eindimensionale Mensch, Neuwied.)
Marian, Esther (2009): Zum Zusammenhang von Biographie, Subjektivität und Geschlecht, in: Bernhard Fetz (Hrsg.): Die Biographie – Zur Grundlegung ihrer Theorie, Berlin, S. 169-197.
Marx, Karl (1844/1974): Ökonomisch-philosophische Manuskripte, Leipzig.
Marx, Karl (1970): Das Kapital, Band 1, MEW 23, Berlin.
Marx, Karl/Engels, Friedrich (2009): Manifest der Kommunistischen Partei, Zittau.
Merleau-Ponty, Maurice (1945): Phénoménologie de la Perception. Paris. (Deutsch 1965: Phänomenologie der Wahrnehmung, Berlin.)
Meschnig, Alexander/Stuhr, Mathias (2003): Arbeit als Lebensstil, Frankfurt a.M.
Meyer-Drawe, Käthe (1990): Illusionen von Autonomie, München.
Meyn, Christina/Katenkamp, Olaf/Georg, Arno/Dechmann, Uwe/Peter, Gerd (2015): Gesundheit und Beteiligung in Change-Prozessen, Dortmund.
Milles, Dietrich/Müller, Rainer (1985): Berufsarbeit und Krankheit, Frankfurt a.M.
Milles, Dietrich/Schmacke, Norbert (1999): Ludwig Teleky und die westdeutsche sozialhygienische Akademie: Arbeiten für eine soziale Medizin (1903-1939), Düsseldorf.
Mueller, Paul S. et al. (2011): »I felt like the angel of death«: role conflicts and moral distress among allied professionals employed by the US cardiovascular implantable electronic device industry. In: Journal of Interventional Cardiac Electrophysiology, Onlineversion: www.springerlink.com/content/p3n0266h703u4u07/
Müller, Rainer (2014): Zur Unhintergehbarkeit von Leiblichkeit, Körperlichkeit bei der Gestaltung von Arbeit, in: Becke, Guido/Senghaas-Knobloch, Eva (Hrsg.): Erwartungskonflikte in betrieblichen Veränderungsprozessen, Psychosoziale Gesundheitsgefährdungen und Gestaltungsansätze, Universität Bremen.
Müller, Rainer/Milles, Dietrich (1984): Beiträge zur Geschichte der Arbeiterkrankheiten und der Arbeitsmedizin in Deutschland, Bremerhaven.
Nancy, Jean-Luc (2003): Corpus, Berlin.
Nason G./Liddy S./Murphy T./Doherty E.M.: (2013): A cross-sectional observation of burnout in a sample of Irish junior doctors, in: Irish Journal of Medical Science, 2013, Vol. 182(4), S. 595-599.
Neckel, Sighard/Wagner, Greta (Hrsg.) (2013): Leistung und Erschöpfung: Burnout in der Wettbewerbsgesellschaft, Frankfurt a.M.
Negt, Oskar (2009): Politische Bildung und Demokratie. Vortrag zum 50-jährigen Bestehen des Bildungshauses Jägermayrhof. Linz: Arbeiterkammer Oberösterreich, S. 52-67.

Neuberger, Oswald (1985): Arbeit. Begriff – Gestaltung – Motivation – Zufriedenheit, Stuttgart.
Neuberger, Oswald (2006): Mikropolitik und Moral in Organisationen, Stuttgart.
Neumann, Volker/Theile, A./Löseke, S./Tannapfel, Andrea (2011): Neue Aspekte zur Pathologie der Asbestose, in: Arbeitsmedizin, Sozialmedizin, Umweltmedizin, 2011, Jg. 46(10), S. 569-579.
Notz, Gisela (2012): Theorien alternativen Wirtschaftens: Fenster in eine andere Welt, Stuttgart.
Pannekoek, Anton (1918): Neue Aufgaben, in: Arbeiterpolitik vom 23. November 1918.
Pannekoek, Anton (2008): Arbeiterräte: Texte zur sozialen Revolution, Fernwald.
Parin, Paul (1992): Der Widerspruch im Subjekt, Hamburg.
Petzold, Hilarion (1986): Leiblichkeit, Paderborn.
Pföhler, Mirjam (2010): Klinische Behandlungspfade, Berlin.
Plücker, Wolfgang (2012): Personalbedarfsermittlung im Krankenhaus, Wuppertal.
Proctor, Robert N. (2002): Blitzkrieg gegen den Krebs: Gesundheit und Propaganda im Dritten Reich, Stuttgart.
Quante-Brandt, Eva (Hrsg.) (2009): Jahresbericht 2009 der Gewerbeaufsicht der Freien Hansestadt Bremen, online: http://gesundheit.bremen.de/sixcms/media.php/13/Gewerbeaufsicht%20JB%202009%20%20.pdf abgerufen 8.2.2016.
Rätz, Werner/Paternoga, Dagmar/Mahler, Hermann (2014): Solidarisch aus der Krise wirtschaften: Jenseits des Wachstums, Hamburg.
Rau, Ebo (2014): Chakrade. Heilbotschaften, geistige Heilmittel, Amberg.
Rauh, Philipp/Leven, Karl-Heinz (2013): Ernst Wilhelm Baader (1892–1962) und die Arbeitsmedizin im Nationalsozialismus, Frankfurt a.M.
Reckwitz, Andreas (2008): Subjekt (Reihe Einsichten), Bielefeld.
Reich, Warren T. (2004): Wer verdient Fürsorge? Gesundheitsreform und die Werte, die unsere Gesundheitssysteme formen, in: Zeitschrift für medizinische Ethik, 2004, Jg. 50(3), S. 247–261.
Rentsch, Thomas (2014): Philosophie des 20. Jahrhunderts: Von Husserl bis Derrida, München.
Ribolitis, Erich (1997): Die Arbeit hoch? Berufspädagogische Streitschrift wider die Totalverzweckung des Menschen im Post-Fordismus, München.
Riesman, David (1958): Die einsame Masse. Reinbek bei Hamburg.
Rifkin, Jeremy (2004): Das Ende der Arbeit und ihre Zukunft, Frankfurt a.M.
Rigos, Alexandra (1998): Ein Toter pro Tag, in: Der Spiegel, Heft 47/1998, S. 232-236.
Rosa, Hartmut (2009): Kritik der Zeitverhältnisse. Beschleunigung und Entfremdung als Schlüsselbegriffe der Sozialkritik. In: Jaeggi, R./Wesche, T. (Hrsg.): Was ist Kritik? Frankfurt a.M, S. 23-54.
Rosa, Hartmut (2012): Weltbeziehungen im Zeitalter der Beschleunigung: Umrisse einer neuen Gesellschaftskritik, Frankfurt a.M.

Rosenthal, Gabriele (2014): Interpretative Sozialforschung, Weinheim.

Roth, Karl-Heinz (1985): Sozialer Fortschritt durch Menschenzüchtung: Der Genetiker und Eugeniker H.J. Muller (1890-1967), in: Hansen, Friedrich/Kollek,Regine (Hrsg.): Gen-Technologie: Die neue soziale Waffe, Hamburg, S. 120-151.

Roth, Karl Heinz (2007): Empirie und Theorie: Die Marxsche Arbeitswertlehre im Licht der Arbeitsgeschichte, Teil 1, in: Sozial.Geschichte. Zeitschrift für historische Analyse des 20. und 21. Jahrhunderts, 2007, Jg. 22 (2), 2, S. 45-67.

Rushton, L./Bagga, S./Bevan, R./Brown, T.P./Cherrie, J.W./Holmes, P./Fortunato, L. /Slack, R./van, Tongeren, M./Young, C./Hutchings, S.J. (2010): Occupation and cancer in Britain, in: British Journal of Cancer, 2010, Jg. 102(9), S. 1428-1437.

Sandner, Günther (2003): Schicksalsgemeinschaft Unternehmen: Systemisches Consulting und die Ideologie der Restrukturierung, in: Sandner, Günther/Schönbauer, Ulrich (Hrsg.): Unternehmensreorganisation und Arbeitnehmerinteressenvertretung, Wien.

Sarasin, Philipp (1995): Die Rationalisierung des Körpers: Über »Scientific Management« und »biologische Rationalisierung«, in: Jeismann, Michael (Hrsg.): Obsessionen: Beherrschende Gedanken im wissenschaftlichen Zeitalter, Frankfurt a.M., S. 78-115.

Sauer, Dieter (2013): »Organisatorische Revolution«: Umbrüche in der Arbeitswelt – Ursachen, Auswirkungen und arbeitspolitische Antworten, Hamburg.

Schauerte, Birgit/Hasselmann, Oliver/Kohl, Katharina/Lück, Patricia/Herdegen, Regina (2012): Restrukturierung: Gesunde und motivierte Mitarbeiter im betrieblichen Wandel. Initiative Gesundheit und Arbeit (IGA), IGA-Fakten 4, o.O.

Schloemann, Johann (2015): Jetzt aber los. In: Süddeutsche Zeitung v. 2.1.2015, S. 15.

Schmidt, Angela (2000): Mit Haut und Haaren: Die Instrumentalisierung der Gefühle in der neuen Arbeitsorganisation, in: Denkanstöße – IG Metaller in der IBM, Frankfurt a.M.

Schmidt, Ulf (2009): Hitlers Arzt Karl Brandt: Medizin und Macht im Dritten Reich, Berlin.

Schröder, Peter (2007): Public-Health-Ethik in Abgrenzung zur Medizinethik, in: Bundesgesundheitsblatt, Heft 1/2007, S. 103-111.

Selikoff, Irving J./Churg, Jacob/Hammond, E. (1964): Asbestos Exposure and Neoplasia, Journal of American Medical Association, 1964, Jg. 188(1), S. 22–26.

Sennett, Richard (1998): Der flexible Mensch: Die Kultur des neuen Kapitalismus, Berlin.

Sennett, Richard (2005): Die Kultur des neuen Kapitalismus (Drei Vorlesungen), Berlin.

Shanahan, Michael J./Freeman, Jason (2013): Wie Gene das Sozialverhalten prägen – und umgekehrt, in: Spektrum der Wissenschaft, Dezember 2013, S. 36-45.

Siegrist, Johannes (2005): Medizinische Soziologie, München.

Siegrist, Johannes (2015): Arbeitswelt und stressbedingte Erkrankungen: For-

schungsevidenz und präventive Maßnahmen, München.
Sigerist, Henry E. (1952): Krankheit und Zivilisation. Geschichte der Zerstörung der menschlichen Gesundheit. Frankfurt a.M./Berlin.
Sloterdijk, Peter (1999): Regeln für den Menschenpark: Ein Antwortschreiben zu Heideggers Brief über den Humanismus, Frankfurt a.M.
Sohn-Rethel, Alfred (1978): Warenform und Denkform, Frankfurt a.M.
Späth, Patrik (2014): Und was machst du so? Fröhliche Streitschrift gegen den Arbeitsfetisch, Zürich.
Sprenger, Anne (1989): Teilnehmende Beobachtung in prekären Handlungssituationen: Das Beispiel Intensivstation, in: Aster, Reiner (Hrsg.): Teilnehmende Beobachtung, Frankfurt a.M., S. 35-56.
Statistisches Bundesamt (2014): Mikrozensus (Fachserie 1, Reihe 4.1.2). Bevölkerung und Erwerbstätigkeit, Beruf, Ausbildung und Arbeitsbedingungen der Erwerbstätigen in Deutschland, Wiesbaden.
Staudinger, Barbara (2009): Emmanuel Levinas, Göttingen.
Stratmeyer, Peter (2002): Das patientenorientierte Krankenhaus: Eine Einführung in das System Krankenhaus und die Perspektiven für die Kooperation zwischen Pflege und Medizin, Weinheim.
Strohm, Oliver/Ulich, Eberhardt (Hrsg.) (1997): Unternehmen arbeitspsychologisch bewerten: Ein Mehr-Ebenen-Ansatz unter besonderer Berücksichtigung von Mensch, Technik, Organisation, Zürich.
Stüber, Christiane/Feuerstein, Günther (Hrsg.) (2013): Berufsethos im Krankenhaus: Zu den Auswirkungen der Ökonomisierung auf die berufsethischen Orientierungen des medizinischen Personals im Krankenhaus, Stuttgart.
Süddeutsche Zeitung (2014): Beilage »Berufsziel« 2/2014: 10 Jahre, 10 Trends, 10 Impulse, München.
SVR - Sachverständigenrat zur Begutachtung der Entwicklung im Gesundheitswesen (2012): Wettbewerb an der Schnittstelle zwischen ambulanter und stationärer Gesundheitsversorgung, Bonn.
Teleky, Ludwig (1913): Suum cuique: Eine Entgegnung auf Dr. Th. Floret, in: Zentralblatt für Gewerbehygiene, 1913, Band 1, S. 289-292.
Tempel, Günther (2006): Die Auswirkungen sozialer Polarisierung: Zur Entwicklung der Lebenserwartung und Sterblichkeit in ausgewählten Bremer Wohngebieten: Kommunale Gesundheitsberichtserstattung, Bremen, online: https://ssl.bremen.de/gesundheitsamt/sixcms/media.php/13/3_nb_GBE_Die+Auswirkungen+sozialer+Polarisierung.pdf abgerufen 8.2.2016.
Tennstedt, Florian (1981): Sozialgeschichte der Sozialpolitik in Deutschland, Göttingen.
Theweleit, Klaus (1978): Männerphantasien, Band 2, Frankfurt a.M.
Thielemann, Ulrich (2009): System Error: Warum der freie Markt zur Unfreiheit führt, Frankfurt a.M.
Thomas, Konrad (1964): Die betriebliche Situation der Arbeiter, Stuttgart.
Tremolada, Marta/Schiavo, Simone/Tison, Tiziana/Sormano, Emilia/De Silvestro,

Giustina/Marson, Piero/Pierelli, Luca (2015): Stress, burnout, and job satisfaction in 470 health pro-fessionals in 98 apheresis units in Italy: A SIdEM collaborative study, Journal of Clinical Apheresis, 2015, Jg. 30(5), S. 297-304.

Ulich, Eberhard/Wülser, Marc (2012): Gesundheitsmanagement in Unternehmen: Arbeitspsychologische Perspektiven, Wiesbaden.

Umweltbundesamt (1980): Luftqualitätskriterien: Umweltbelastung durch Asbest und andere faserige Feinstäube, Bericht 7/80, Berlin.

Vardar, Erdem/Kumar, Ramapati/Dao, Ruben/Harjono, Marietta/Besieux, Martin/Brachet, Isabelle/Wrzoncki, Elin (2005): End of Life Ships: The Human Costs of Breaking Ships, Amsterdam/Paris, online: www.fidh.org/IMG/ pdf/shipbreaking2005a.pdf abgerufen 8.2.2016.

VDÄÄ (Verein demokratischer Ärztinnen und Ärzte) (2015): Einladung zur Mitarbeit an einer Kampagne gegen die DRGs: Schluss mit der Kommerzialisierung des Gesundheitswesens, o.O., online: http://krankenhaus-oder-fabrik.de abgerufen 8.2.2016.

Veerkamp, Ton (2005): Der Gott der Liberalen: Eine Kritik des Liberalismus, Hamburg.

Verein Deutscher Revisionsingenieure e.V. (1969): VDRI Jahrbuch 1969, o.O.

Virno, Paolo (2005): Grammatik der Multitude. Untersuchungen zu gegenwärtigen Lebensformen, Berlin.

Vogd, Werner (2006): Die Organisation Krankenhaus im Wandel: Eine dokumentarische Evaluation aus Sicht der ärztlichen Akteure, Bern.

Vogd, Werner (2009): Rekonstruktive Organisationsforschung: Qualitative Methodologie und theoretische Integration, Opdaden/Farmington Hills.

Voswinkel, Stephan (2002): Bewunderung ohne Würdigung? Paradoxien der Anerkennung doppelt subjektivierter Arbeit. In: Honneth, Axel (Hrsg.): Befreiung aus der Mündigkeit. Paradoxien des gegenwärtigen Kapitalismus. Frankfurt a.M., S. 65-92.

Weber, Max (1973): Politik als Beruf, in: Weber, Max: Soziologie, Universalgeschichtliche Analysen, Politik, Stuttgart, S. 167–185.

Weber, Wolfhard (1988): Arbeitssicherheit: Historische Beispiele, aktuelle Analysen, Reinbek bei Hamburg.

Wehkamp, Karl-Heinz (2008): Public-Health-Ethik, in: Bundesgesundheitsblatt, Heft 2/2008, S. 119–126.

Weizsäcker, Viktor von (1956): Pathosophie, Göttingen.

Westgaard, Rolf H./Winkel, Jört (2009): Occupational musculoskeletal and mental health: Significance of rationalization and opportunities to create sustainable production systems: A systematic review, in: Applied Ergonomics, 2009, Jg. 42(2), S. 261-296.

Whitehead, Phyllis B./Herbertson, Robert K./Hamric, Ann B./Epstein, Elizabeth G./Fisher, Joan M. (2015): Moral distress among healthcare professionals: report of an institution-wide survey, in: Journal of Nursing Scholarship, 2015, Jg. 47(2), S. 117-125.

Wilkinson, Richard/Pickett, Kate (2009): Gleichheit ist Glück: Warum gerechte Gesellschaften für alle besser sind, Frankfurt a.M.
Winker, Gabriele (2015): Care Revolution, Schritte in eine solidarische Gesellschaft, Bielefeld.
Woitowitz, Hans-Joachim/Norpoth, Klaus (2009): Ethische Aspekte im Zusammenhang mit tödlich verlaufenden Berufskrankheiten, in: Baur, Xaver/Letzel, Stephan/ Nowak, Dennis (Hrsg.): Ethik in der Arbeitsmedizin, Landsberg, S. 121-144.
Wolf, Michael (2009): Die Organisierung des sozialen Krieges: zur staatspolitischen Dimension der Hartz-IV-Reform, in: Grundrisse, Heft 31/2009, S. 10-21.
Wompel, Mag (2012): Jagd auf Kranke, 2. Auflage, Bochum.
Wulf, Andreas (2001): Der Sozialmediziner Ludwig Teleky (1872-1957) und die Entwicklung der Gewerbehygiene zur Arbeitsmedizin, Frankfurt a.M.
Ziegler, Yvonne/Graml, Regine (2011): Die Illusion von der Vereinbarkeit von Familie und Karriere, in: GPI – Gleichstellung in der Praxis, Heft 2/2011, S. 15-21.
Zoll, Rainer(1993): Alltagssolidarität und Individualismus. Zum soziokulturellen Wandel, Frankfurt a.M.

Nachweise

Public-Health-Praxis braucht Berufsethik. Plädoyer aus historischer Perspektive. Aus: Zeitschrift für medizinische Ethik 57 (2011), S. 173-184.

Geschichte der Arbeitsmedizin von der Monarchie bis zur Bundesrepublik. Der Landesgewerbearzt Franz Xaver Koelsch. Besprechung von: Gine Elsner, Staatstragende Arbeitsmedizin. Franz Xaver Koelsch (1876–1970), Bayerischer Landesgewerbearzt von der Monarchie bis zur Bundesrepublik, Hamburg 2014. Aus: Sozial.Geschichte Online 15 (2015), S. 141-150 (www.stiftung-sozialgeschichte.de).

Arbeitsmedizin im Nationalsozialismus. Die verdeckte Geschichte des Ernst Wilhelm Baader. Besprechung von: Philipp Rauh/Karl-Heinz Leven, Ernst Wilhelm Baader (1892-1962) und die Arbeitsmedizin im Nationalsozialismus, Frankfurt a.M. 2013. Aus: Sozial.Geschichte Online 13 (2014), S. 108-113 (www.stiftung-sozialgeschichte.de).

Die Asbestkatastrophe. Geschichte und Gegenwart einer Berufskrankheit. Aus: Sozial.Geschichte Online 16 (2015), S. 89-128 (https://sozialgeschichteonline.wordpress.com).

Der kalkulierte menschliche Kollateralschaden. Die Zerstörung der Persönlichkeit im Neoliberalismus. Aus: Grundrisse, Zeitschrift für linke Theorie und Debatte. Nr. 43, 2012, S. 46-53.

Restrukturierungen – schicksalhaft gegeben? Zu den gesundheitlichen Folgen verselbständigter Verwertungsprozesse. Aus: Express – Zeitschrift für sozialistische Betriebs- und Gewerkschaftsarbeit, Heft 12/2014, S. 5-6, Heft 1/2015, S. 2-3 sowie Heft 8/2015, S. 2-3.

Paradoxien der betrieblichen Gesundheitspolitik – und mögliche Auswege. Aus: prävention 01/2015, S. 20-25.

Arbeit, Gesundheit und Leben unter kritisch-theoretischer Perspektive. Vortrag anlässlich der Auftaktveranstaltung des Vereins für kritische Arbeits-, Gesundheits- und Lebenswissenschaft, http://verein-agl.de/eroeffnungsrede/.

Leiblichkeit. Eine ebenso elementare wie schwierige Kategorie einer kritischen Theorie des Subjekts. In: Grundrisse. Zeitschrift für linke Theorie und Debatte, Heft 51/2014, S. 4-15.

Alle anderen, hier nicht aufgeführten Beiträge sind Eigenbeiträge zu diesem Band.